Naturschutz Norddeutschland

**Naturschutzverband
Deutscher Bund für Vogelschutz (Hrsg.)**

Jahrbuch 1989
Naturschutz
Norddeutschland

Kallmeyer'sche Verlagsbuchhandlung

Die Beiträge dieses Jahrbuches sind von den Autoren eigenverantwortlich erstellt worden und geben nicht immer unbedingt die Meinung des Herausgebers wieder. Der Reinerlös dieses Buches kommt der Naturschutzarbeit des DBV zugute. Viele der Bild- und Textautoren haben zugunsten dieser Arbeit auf ihr Honorar verzichtet. Dafür danken wir ihnen!

Der Herausgeber

Abbildungsnachweis:

Buhse: S. 84; Butzke: S. 2, 19, 25, 39, 41, 70, 71, 108, 122 oben, 123 unten; Dannenmeyer: S. 9, 10, 11; Deppner: S. 6/7; Dethlefsen: S. 57; Dulitz: S. 36, 73, 87, 91, 111, 122 unten, 123 oben, 125; Elies: S. 81; Finn: S. 26, 29, 30, 154/155; Gaumert: S. 51 rechts, 52, 53, 54; Grimm: S. 109; v. Hagen: S. 146, 147, 148; Hartmann: S. 62, 63, 64, 65, 66; Helm: S. 150, 151, 153; Janke: S. 78; Kaiser: S. 99, 101, 102, 103; Kühn: S. 120; Lampe: S. 43, 126, 127, 130; Ließ: S. 45; Linden: S. 37; Mannes: S. 27, 104/105, 135, 137, 138, 139; Marktanner: S. 34; Noll: S. 73; Oerten: S. 33; Rehfeldt: S. 46, 47, 49; Reuther: S. 131, 133, 134; Schmatzler: S. 93, 94, 95, 96; Schreiber: S. 141, 142, 144, 145; Schubert: S. 30, 34; Voß: S. 58, 67, 69, 70 links, 71, 112, 113, 114, 116; Verein Jordsand: S. 60/61; Wulbeck: S. 51.

Titelabbildung: © G + J Fotoservice, D. Kaleth
Luftbildfreigabe Seite 23, BRG — R 5765/528 —

CIP-Titelaufnahme der Deutschen Bibliothek
Jahrbuch ... Naturschutz Norddeutschland/Dt. Bund für
Vogelschutz (Hrsg). - Seelze: Kallmeyer
 Erscheint jährl. - Aufnahme nach 1988 (1987)
 ISSN 0933-9795

 1988 (1987) -

©1989 Kallmeyer'sche Verlagsbuchhandlung GmbH,
D- 3016 Seelze
Alle Rechte, auch das der fotomechanischen Wiedergabe,
vorbehalten.
Betreuung: Deutscher Bund für Vogelschutz, Olaf Tschimpke,
Dr. Reiner Uloth
Redaktion: Barbara Dulitz
Gestaltung: Fred Butzke
Druck: Schröer, Seelze
ISBN 3-7800-2260-5, ISSN 0933-9795

Inhalt

Naturschutz aktuell

Der Teichrohrsänger – Vogel des Jahres 1989
Klaus Ruge   8

Umweltschutz mit Tradition –
Der DBV wird 90 Jahre alt
Olaf Tschimpke   12

Die Umweltverträglichkeitsprüfung (UVP) –
ein umweltpolitischer Etikettenschwindel?
Albert Caspari   17

Golf - Sport ohne Grenzen?
Gabriele Köppe   20

Obstbäume sind Lebensräume
Reiner Uloth   25

Schmetterlinge
Heidrun Kleinert   31

Ein neues Bündnis:
Aktionskonferenz "Landwirtschaft und Natur"
Olaf Tschimpke   37

Der Einfluß landwirtschaftlicher Flächen
auf kleine Fließgewässer
Mathias Ließ   44

Bewertung von Fließgewässern
Gunnar Rehfeldt   46

Die Fischfauna Norddeutschlands –
Gefährdung und Schutzmöglichkeiten
Detlev Gaumert   50

Die Auswirkung der Nordseeverschmutzung
auf Meerestiere
Volkert Dethlefsen   56

Naturschutz in Wissenschaft und Forschung

Ein norddeutscher Zoologe in der Antarktis
Bericht einer Forschungsexpedition
Gerd Hartmann   62

Nationalpark Schleswig-Holsteinisches Wattenmeer
Helmut Grimm   67

Schwermetalle in Wattsedimenten
Georg Irion   74

Die Versalzung der Weser –
Hinweise auf gravierende Störungen
Günter Buhse   79

Bodenversauerung - ein Problem des Naturschutzes
Jürgen Prenzel, Jürgen Schauermann   86

Schutz der Hochmoore in Niedersachsen
Eckhard Schmatzler   90

Die Aller-Aue –
bedrohter Lebensraum für Pflanzen und Tiere
Thomas Kaiser   98

Naturschutz in der Praxis

Die Hecke, das lebende Netz
Helmut Grimm   106

Beendet die Wattenjagd!
Günther Rose, Eilert Voß   112

Der Boden – Voraussetzung gesunder Pflanzen
Hedwig Deppner   117

Das Hügelbeet – eine Alternative zur Beetkultur
Berndt Kühn   120

Kletterpflanzen – grünes Kleid für graue Mauern
Hedwig Deppner   122

Bachrenaturierung – eine Jahrhundertaufgabe
Bernd Lämpe   126

Ein Platz für Fischotter
Norbert Prauser   131

Die Wiedereinbürgerung des Uhus –
ein Spannungsfeld im Naturschutz
Peter Mannes   135

Abtorfung im Naturschutzgebiet Hahnenmoor
Matthias Schreiber   141

Hummeln – vom Aussterben bedroht
Eberhard von Hagen   146

Umgehungsstraße
durch Beverniederung verhindert
Hans-Jörg Helm   150

Autoren dieses Buches   156

Naturschutz aktuell

Der Teichrohrsänger – Vogel des Jahres 1989

Klaus Ruge

Ausgewählt zum Vogel des Jahres 1989 wurde der Teichrohrsänger vom Deutschen Bund für Vogelschutz und dem Landesbund für Vogelschutz in Bayern.

Röhrichte, vor allem Schilfröhrichte, sind der Lebensraum des Teichrohrsängers. Diese Lebensräume sind gefährdet, bedroht. Flurbereinigungen, Entwässerungen, Uferverbauungen, Abwassereinleitungen in Flüsse - all das vernichtet das Röhricht. So häufig heute vom Waldsterben gesprochen wird - allerdings ohne aus den Folgen zu lernen -, so selten hört man etwas vom Schilfsterben. Mit dem Schilf stirbt aber nicht nur der Teichrohrsänger. Wie die anderen "Jahresvögel" steht auch der Teichrohrsänger stellvertretend für eine ganze Lebensgemeinschaft: für Rohrammer und Rohrdommel, für Drosselrohrsänger und Rohrschwirl, für Wasserralle und Rohrweihe und natürlich auch für all die vielen tausend Insektenarten, die in Schilf und Schilfhalmen wohnen.

Der Maitag hatte kaum begonnen. Der See lag vor mir, verschleiert vom Nebel, umsäumt von Röhricht. Da ertönte das Lied eines Teichrohrsängers: "Tiri, tiri, tiri, tirtirtir, zkzkzk zk zerr zerr zerr, tiri tiri, dscherk, dscherk, dscherk, heid heid, hit, tret tret tret". Ich nahm mein Fernglas, und dann erkannte ich ihn, den kleinen bräunlichen Vogel, ziemlich hoch oben an einen Schilfhalm geklammert, keine 15, vielleicht nur 12 Meter von mir entfernt. Unermüdlich trug er sein Lied vor.

Lange konnte er noch nicht da sein, denn erst Ende April kehren die Teichrohrsänger von ihrer Reise aus dem fernen Südafrika südlich des Äquators zurück.

Sogar über Mittag schmetterte der Vogel sein Lied, einmal von diesem Rohrhalm, dann von jenem. Der Bereich, in dem er sich aufhielt, mochte 20 vielleicht 30 Meter Durchmesser haben. 40, 50 Meter weiter links hörte ich schon einen anderen Teichrohrsänger.

Am folgenden Tage entdeckte ich einen weiteren Teichrohrsänger. Er sah genauso aus wie der erste, aber er sang nicht. Zweifellos war es ein Weibchen. Ich konnte beobachten, wie es an den Rohrhalmen zur Wasserfläche hinabrutschte, aus dem flutenden, faulenden Pflanzengemisch einen langen Halm herausfischte. Dann kletterte es um den Schilfhalm herum und wickelte den Halm oberhalb einer Blattspreite um den Stengel. Dort faßte es das andere Ende an und machte es am nächsten Halm fest. Diese angefeuchteten tropfnassen Halme lassen sich leichter verflechten, und so, wie auf einer Leine aufgespannte Wäsche, trocknet die Sonne die Halme sehr schnell. Dabei werden sie auch kürzer und ziehen an.

Teichrohrsängernester, die im Röhricht gebaut werden, sind von Wind und Wellenschlag bedroht, vor allem in den Randbereichen. Darum ist die Nestmulde tief und der Nestrand nach innen gewölbt. So können Eier und Junge nicht hinausrollen. Die Jungen klammern sich im Nest so fest, daß man Mühe hätte, sie aufzunehmen.

Das Nest wird vom Weibchen allein gebaut. Aber das Männchen bewacht sein Weibchen gleichsam auf Schritt und Tritt.

Gegen Ende Mai beginnt das Weibchen mit dem Eierlegen. Verglichen mit anderen Offenbrütern sind die Eizahlen gering: Ein Gelege besteht nur aus vier grauen gewölkten Eiern. Zwar beteiligt sich das Männchen nicht am Nestbau, aber beim Brüten hilft es. Am Tage jedenfalls lösen sich Männchen und Weibchen regelmäßig ab. Die Brutdauer ist kurz, 12 Tage nur. Dann schlüpfen aus den Eiern die kleinen, blinden, spärlich bedunten Jungen. Jetzt müssen die Eltern Futter sammeln. Das Männchen findet nur

Abb. 1: Röhrichte - bedrohter Lebensraum für viele Lebewesen

noch wenig Zeit zum Singen. Die anfangs vom Männchen behaupteten Territoriumsgrenzen werden während der Jungenaufzucht nicht mehr verteidigt und eingehalten. Jetzt werden auch Nahrungsquellen ausgebeutet, die außerhalb des Territoriums liegen.

In Gebüschzonen, die ans Röhricht grenzen, gibt es reiche Beute: Spinnen, vielerlei Insekten, wie Zweiflügler, Blattläuse, Raupen. Meist sind es kleine Beutetiere, zwei bis sieben Millimeter groß, die der Teichrohrsänger sammelt. Er klettert, hüpft, springt an den Halmen und am Blattwerk, pickt hier, pickt da und fliegt dann mit einem Schnabel voll Futter zu den Jungen.

Die Jungen wachsen schnell, bald öffnen sich die Ohren, die Augen, und die braunen Federn brechen aus den Kielen. Schon nach 10 - 12 Tagen können die Teichrohrsängerkinder das Nest verlassen. Noch können sie nicht fliegen, und sie werden weiterhin von den Eltern gefüttert.

Teichrohrsänger haben hohe Verluste bei der Jungenaufzucht. Nur aus 45 % aller gelegten Eier kommen die Jungen wirklich zum Ausfliegen. Sturm und Regen zerstören die Nester und setzen den Jungvögeln zu. Andere Nester werden ausgeraubt: vom Iltis, von Krähenvögeln, auch von Menschen. Recht oft legt auch der Kuckuck sein Ei in das Nest der Teichrohrsänger, und der ausschlüpfende Jungkuckuck wirft seine Stiefgeschwister aus dem Nest. Doch die Natur hat vorgesorgt, daß Teichrohrsänger durch diese natürlichen Ursachen nicht aussterben. Geht ein Gelege verloren, legt das Weibchen neue Eier. Rund 20 % aller Teichrohrsänger haben eine zweite Brut. Durch dieses Nachlegen erstreckt sich die Brutdauer bis in den August hinein. Zu jener Zeit ziehen die ersten Teichrohrsänger schon wieder in ihre Überwinterungsgebiete. Diese Reise machen sie öfter: Teichrohrsänger können bis zu 12 Jahre alt werden.

Lebensraum Röhricht

Die Lebensräume, in denen Teichrohrsänger miteinander leben, sind reich an senkrechten Strukturen: an Brennesselstengeln, an langen Schilfblättern, an den festen Halmen der Rohrkolben. Zwischen den Halmen verankern die Teichrohrsänger ihre Nester, auf den Rohrkolben finden die Männchen ihre Singwarten. Im Mai, wenn die Vögel ihre Sommerquartiere wieder beziehen, beherrschen noch die alten Röhrichthalme das Bild der Uferzone. Das junge Schilf ist noch niedrig.

Doch ein Schilfhalm von knapp einem halben Meter wächst bis in den August hinein bis zu Übermannshöhe. Vielleicht ist die Unübersichtlichkeit der Schilfbestände ein Grund dafür, daß die Reviere von Teichrohrsängern so klein sind, 200 bis 500 m² nur. Die höchsten Siedlungsdichten findet man dort, wo altes und junges Schilf nebeneinander stehen. Bis zu 50 Brutpaare auf jeweils 10.000 m² - so groß ist ungefähr ein Fußballfeld - haben die Ornithologen gezählt. Vielleicht ist die Dichte des Röhrichtwaldes der Grund dafür, daß die Reviergrenzen bald nach der Paarbildung nicht mehr verteidigt werden. Bei einer so hohen Siedlungsdichte müssen alle Nahrungsquellen genutzt werden.

An Seen, an Teichen, an Flüssen und Kanälen oder in nassen Senken könnten Röhrichte stehen: Überall könnten Teichrohrsänger leben. Und nicht nur sie, sondern auch Rohrammer, Rohrschwirl, Wasserralle, vielleicht auch Rohrdommel, Zwergdommel und natürlich Drosselrohrsänger.

Der Drosselrohrsänger ist ein Verwandter des Teichrohrsängers. Er ist schwerer als der nur 12 g leichte Teichrohrsänger; er wiegt rund 30 g. Anders als sein Verwandter besitzt ein Drosselrohrsänger-Männchen mehrere Weibchen.

Insgesamt gibt es etwa 28 Rohrsängerarten: gestreifte wie etwa der Schilfrohrsänger und einfarbige wie der Teichrohrsänger.

Teichrohrsänger sind bedroht

Im alten Brehm ist zu lesen, daß der Teichrohrsänger sein Wohngebiet mehr und mehr ausbreite und auch an Menge merklich zunehme. Das war um 1880. Heute ist es ein Glückstreffer, einen Teichrohrsänger zu finden, und in vielen Gegenden ist er eine Kostbarkeit. Überall in unserer Landschaft wurde das Wasser vertrieben, Moore entwässert, Flußufer begradigt, Bäche vertieft, Senken aufgefüllt. Wiesen werden bis an die Flüsse genutzt, oder es wird bis an den Uferrand geackert. Senken, Tümpel, Teiche wurden nicht selten mit Bauschutt oder Erdraum aufgefüllt. Bei der Flurbereinigung wurden Bäche zu kleinen Rinnen. Ufersäume werden von Bootfahrern, Schwimmern und Surfern beunruhigt. Selbst die Angler haben auf den Bruterfolg einen sehr ungünstigen Einfluß.

Manche Tiere beeinträchtigen oder zerstören das Röhricht, den Lebensraum des Teichrohrsängers: der Bisam und stellenweise die Graugans. Schlimmer aber ist das Schilfsterben, das als Folge der Überdüngung unserer Gewässer auftritt.

Heute sind viele Brutbereiche des Teichrohrsängers verwaist. In den letzten 20 Jahren, so schätzen die Biologen, ist der Bestand in gestörten Gebieten um 40 - 70 % zurückgegangen. Heute sind Teichrohrsänger so selten, daß sie in den meisten Bundesländern auf die Rote Liste gesetzt werden mußten.

Gefährdet sind auch mit dem Teichrohrsänger verwandte Arten. Seggenrohrsänger sind bei uns schon in den 50er Jahren ausgestorben. Stark zurückgegangen ist der Drosselrohrsänger, vor allem im Nordwesten und Westen unseres Landes. Auch der einst häufige Schilfrohrsänger ist nur noch selten anzutreffen, und seine Bestände sind bedroht. Nur der Sumpfrohrsänger, der weniger auf Feuchtbereiche angewiesen ist, sondern mehr in der trockenen Hochstaudenflur vorkommt, z.B. auch in Brennesseln, ist nicht merklich zurückgegangen.

Abb. 2: Der Teichrohrsänger bindet sein Nest an die Halme des Röhrichts.

Hilfe für den Teichrohrsänger

Wir können dem Teichrohrsänger - wie vielen anderen Tieren - nur helfen, wenn wir seine Lebensräume schützen. Da der Teichrohrsänger viele Kleinlebensräume, wie mit Schilf bewachsene Ufer von Bachrändern und Gräben sowie Röhrichte in Wiesen und Flachwasserbereichen, bewohnt, gilt es, gerade in der Gemeinde darauf hinzuwirken, diese Gebiete nicht gedankenlos zu zerstören. Viele Kleinstrukturen sind in den vergangenen Jahren bei Flurbereinigungen verlorengegangen - auch da können wir durch unsere Mitsprache wichtige Lebensräume erhalten. Oft sind die Naturschutzstellen nicht ausreichend über das Vorkommen bestimmter Arten unterrichtet und sollten entsprechend informiert werden.

Da Erholungsbetrieb und Angeln die Schilfbereiche stark schädigen kann, ist auch hier eine Abstimmung mit den Gemeinden und eine Beratung der unteren Naturschutzstellen nötig.

Manche DBV-Gruppe hat in den letzten Jahren bei der Pflege von Riedwiesen und Röhrichten mitgeholfen. Durch das Mähen soll die fortschreitende Verbuschung aufgehalten werden. Gute Teichrohrsänger-Bestände fanden die Ornithologen in Wiesengebieten, die wieder vernäßt wurden. In alten Kiesgruben und Klärbecken finden sich Teichrohrsänger ein, sobald sich Röhricht angesiedelt hat. Als Leitsatz sollte jedoch gelten, daß es allemal besser ist, bestehende Lebensräume und Teichrohrsängerpopulationen zu erhalten, als in der Landschaft etwas Neues anlegen zu wollen. Lebensgemeinschaften, die wir schützen wollen, lassen sich nicht einfach "machen"; sie müssen wachsen in vielen Jahren und Jahrzehnten.

Abb. 3: Vogel des Jahres 1989: Der Teichrohrsänger

Umweltschutz mit Tradition – Der DBV wird 90 Jahre alt

Olaf Tschimpke

Jubiläen im Naturschutz sind so eine Sache: Ist einem wirklich zum Feiern zumute angesichts der sich dramatisch verschlechternden Situation unserer Umwelt? Andererseits ist vielleicht doch eine erfolgreiche Verbandspolitik mit stetig steigenden Mitgliedszahlen ein Grund zum Feiern und ein Signal, daß immer mehr Menschen bereit sind, im Umweltschutz umzudenken.

Deshalb sei es hier erlaubt, eine kurze Chronik von Deutschlands größter und ältester Naturschutzorganisation zu geben. Sie beschreibt gleichzeitig ein entscheidendes Stück deutscher Naturschutzgeschichte. Man wird überrascht feststellen, daß viele der heute aktuellen Forderungen so neu nicht sind, sondern schon einmal gestellt wurden.

Die Anfänge

Seit 1870 wurde in ganz Deutschland eine große Zahl von Vogelschutzvereinen gegründet. Es fehlte aber an einer Persönlichkeit, die integrierend landesweit wirken wollte und die zahlreichen örtlichen Aktivitäten zu einem Ganzen zusammenfügen konnte. Gefunden wurde sie in Lina Hähnle. Als Frau eines Industriellen war sie finanziell unabhängig. Zudem besaß sie große organisatorische Fähigkeiten sowie die für eine Aufbauarbeit notwendige Motivation. Es gelang ihr in kürzester Zeit, bedeutende Persönlichkeiten für ihr Anliegen zu gewinnen, so daß schon wenige Monate nach der Gründung des Schwäbischen Bundes der Vogelfreunde 1898, im Dezember des selben Jahres die Gründung des Bundes für Vogelschutz (BfV) beschlossen wurde. Vollzogen

Abb.1: Die Gründerin des Bundes für Vogelschutz (BfV): Frau Lina Hähnle

wurde diese am 1. Februar 1899 in der Liederhalle in Stuttgart.

Aufgrund des niedrigen Jahresbeitrags von nur 50 Pfennigen und des hohen persönlichen Engagements von Frau Hähnle, insbesondere in finanzieller Hinsicht, stiegen die Mitgliedszahlen sofort steil an.

Zu Beginn des Jahres 1899 registrierte der BfV eine Mitgliederzahl von 1000, zum Ende des Jahres war sie bereits auf 3500 angestiegen. Die Aufgabe des Bundes für Vogelschutz wurde 1899 in einem Aufruf wie folgt umschrieben: *"Den Statuten gemäß macht der BfV es sich zur Aufgabe, in ausgedehntem Maße zum Schutze und zur Vermehrung der nützlichen Vögel beizutragen, und hofft, dieses Ziel durch sachgemäße Belehrung in Schrift und Wort, durch verständige Einwirkung auf die Jugend, durch gemeinsames Vorgehen mit anderen Vereinen gleicher oder ähnlicher Richtung, vor allem aber dadurch zu erreichen, daß er groß und klein, reich und arm zur Mitwirkung heranzuziehen sucht."*

Ganz ungewöhnlich war von Beginn an die Rolle der Frauen im Bund für Vogelschutz. Einer Untersuchung von Prof. Dominic, Ohio States Universität, kann man entnehmen, daß im Jahr 1903 24 der 59 lokalen Sammler-Gruppen des BfV unter der organisatorischen Leitung einer Frau standen. 1902 wurden erstmals Jahreshefte herausgegeben, in denen man über die Tätigkeit des Vereins berichtete. Bis zum Ende des Jahres 1903 waren bereits 85 Ortsgruppen entstanden. Ab 1907 erschienen in Buchform für einen geringen Preis Beschreibungen der Vogelarten: erste Schritte in Richtung einer wegweisenden Umwelterziehung und -bildung.

Ein Aufruf aus dem Jahre 1906, verfaßt von dem bekannten Naturschriftsteller Herrn Prof. Dr. Günther, dokumentiert eine veränderte Zielsetzung in der Arbeit des Bundes für Vogelschutz. Man hatte erkannt, daß man der Vogelwelt nur helfen kann, wenn man umfassenden Naturschutz betreibt. In dem von Prof. Günther verfaßten Aufruf heißt es u. a.: "Schuld an dem Rückgang der Vogelzahlen ist die Umwandlung des Landes durch die fortschreitende Kultur und unsere Achtlosigkeit und Rücksichtslosigkeit bei all unseren Maßnahmen."
Weiter formulierte Prof. Günther: "Wir wollen nicht nur die Vögel, sondern unsere gesamte Tierwelt erhalten. Wir sind weit davon entfernt, gegen die Tier-Vernichtung zu predigen, die den Vögeln schaden könnten oder sogar wirklich schaden... Maßnahmen für den Vogelschutz kommen aber auch den anderen Tieren zugute. Im Gebüsch, was wir anpflanzen, finden auch der Igel und das Wild Deckung, und hier können ungestört die Pflanzen blühen und gedeihen, die viele farbenprächtige Schmetterlinge und andere Insekten zu ihrem Leben brauchen.
Und das ist es, was wir zur Erhaltung unserer Tierwelt brauchen: Flecke unberührter Natur, Stellen, die nur der Schönheit und dem Interesse dienen, nicht zu materiellem Gewinn ausgenutzt werden."
Die Ziele des Bundes für Vogelschutz (BfV) werden nun so umschrieben: *"Der Bund für Vogelschutz will bedrohte Stellen in unserem Vaterlande,*

Abb. 2 : Mitgliedsausweis des Bundes für Vogelschutz

deren Schönheit und Eigenart der Spekulation und Ausnutzern zum Opfer fallen sollen, ankaufen und retten". Als Beispiel benennt Prof. Günther die Nordseeinseln: "Steinerne Strandpromenaden verdrängen grüne Wiesen und sandige Dünen, und die Eigenart der Insel und ihrer Tierwelt ist durch das anwachsende Badeleben und die mit diesem fortschreitende Spekulation auf das Höchste bedroht. Hier gilt es Plätze anzukaufen, um der Strandflora und den Strandvögeln Asyle zu schaffen, ihnen, deren herrlicher Flug weiten Strecken zur Verschönerung verhilft und die nur ein kleines, ungestörtes Fleckchen brauchen, um erhalten zu bleiben."
Unterschrieben wurde dieser denkwürdige Aufruf von einer Vielzahl bekannter Persönlichkeiten, u. a. dem Dichter und Nobelpreisträger Gerhart Hauptmann, dem Komponisten Engelbert Humperdinck und dem Zoologen Ernst Haeckel.
Als Folge der gestiegenen Aktivitäten des Bundes für Vogelschutz traten viele Prominente ihm auf Lebenszeit bei: u. a. die Könige von Sachsen und Württemberg, von Bulgarien und Rumänien, die Königin von Schweden und nicht zuletzt der Fürst zu Schaumburg-Lippe. Ein ganz besonderes Mitglied auf Lebenszeit konnte schließlich 1912 gewonnen werden: der amerikanische Präsident Wilson.

1909 kommt es im BfV zu einer Weltpremiere: Herr Hähnle, der Sohn der Gründerin, ließ als Erster in der Welt Stereofotos und sogenannte Laufbilder, d.h. 35 -mm- Filme von Vögeln, zeigen und fand damit weltweite Beachtung.
Ausgehend von den süddeutschen Hochburgen konnte der Bund für Vogelschutz nunmehr auch in Norddeutschland Fuß fassen. Auf dem Gebiet des heutigen Niedersachsen entstanden BfV-Gruppen in Braunschweig, Hildesheim und Wilhelmshaven.

Reichsbund für Vogelschutz

Eingetragener Verein

Staatl. anerkannte Versuchs- und Musterstation Steckby (Anhalt)

Stuttgart

55 000 Einzelmitglieder. Ueber 150 Schutzgebiete.

*

Durch Erlaß des Herrn Reichsforstmeisters als Oberster Naturschutzbehörde allein anerkannter Vogelschutzverein

*

Jahresheft 1943

Bericht für die Zeit vom 1. Oktober 1940 bis 30. September 1942

Geschäftsstellen:

Berlin C 2, Poststraße 31, Ecke Königstraße 6a	Postscheckkonto Berlin Nr. 5215
Giengen/Brenz (Württemberg)	Postscheckkonto Stuttgart Nr. 1000
Graz, Heinrichstraße 13	Postscheckkonto Wien Nr. 27235
Stuttgart, Jägerstraße 34	Postscheckkonto Stuttgart Nr. 1000
Wien XIX, Hungerbergstraße 15	Postscheckkonto Wien Nr. 11271

Geschäftsstellen der Landesverbände:

Landesgruppe Hessen und Nassau Darmstadt, Adolf-Hitlerplatz	Postscheckkonto Frankfurt Nr. 66605
Landesbund Sachsen-Anhalt Halle/Saale, Gustav-Nachtigal-Str. 19	Postscheckkonto Leipzig Nr. 98679
Landskron Sudetengau,	Postanschrift: Siebigstraße 425
Landesgruppe Niederschlesien Militsch, Reg.-Bez. Breslau,	Postanschrift: Landratsamt

Letztes Jahresheft des Reichsbundes für Vogelschutz

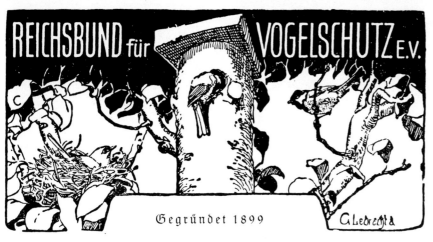

Abb. 3: Titelseite der Mitglieder-Zeitschrift des BfV

Abb. 4 und 5: Beispiele für Aktivitäten des Deutschen Bundes für Vogelschutz (DBV)

Naturschutzpolitische Pionierleistungen

Ein erster politischer Erfolg war die Verabschiedung eines Deutschen Vogelschutzgesetzes durch den Reichstag. Als erstes Schutzgebiet wurde bereits 1899 eine Vogelinsel bei Gingen an der Brenz angepachtet und hergerichtet. 1911 wurde in Buchau ein erstes 74 Morgen großes Schutzgebiet am Federsee gekauft.

Auf Drängen des Bundes für Vogelschutz verordnete das Reichskolonialamt für die Kolonien Deutsch-Neuguinea und Samoa den völligen Schutz der Paradiesvögel. Andere Länder, wie die USA, England, Belgien und Frankreich, schlossen sich diesem Vorgehen an. Der BfV setzte mit dieser Aktion erste Akzente im internationalen Naturschutz.

1914 versuchte man die Umwelterziehung und -bildung bei Jugendlichen zu verstärken. So heißt es im Jahresbericht: “Die obersten Schulbehörden in Württemberg haben uns angeregt, ein Merkblatt an die Schulen zu verteilen. Getreu unserem Grundsatz, den Vogelschutz stets unter den Gesichtspunkten des Natur- und Heimatschutzes aufzufassen, haben wir uns bei diesem Schülerflugblatte nicht auf die Vögel beschränkt, sondern auch die Pflanzen und die übrige Tierwelt einbezogen.”

1913 hatte der Bund für Vogelschutz bereits 50 Schutzgebiete angekauft, gepachtet oder in Pflege genommen. Darunter war die Insel Mellum zwischen der Jade- und Wesermündung, einschließlich der umgebenden Wattengebiete (insgesamt 525 km^2), die dem BfV vom großherzoglichen Oldenburgischen Staatsministerium auf 12 Jahre verpachtet wurde.

Trotz des ersten Weltkrieges und des damit verbundenen Verlustes von einigen Ortsgruppen blieb die Mitgliederzahl des Bundes für Vogelschutz mit nahezu 40.000 fast konstant.

1920 gab der BfV wieder eine Zeitschrift für Vogelschutz und andere Gebiete des Naturschutzes heraus.

Die Weltwirtschaftskrise

Die Zeit der Geldentwertung brachte es mit sich, daß die üblicherweise an die Mitglieder verschickten Mitteilungen und Berichte des BfVs über Jahre hinweg aus finanziellen Gründen nicht herausgebracht werden konnten. Ebenso litt die ehrenamtliche Mitarbeit vieler BfV-Mitglieder unter der hohen Inflationsrate, weil aufgrund der daraus resultierenden Vermögensverluste die persönliche finanzielle Unabhängigkeit der ehrenamtlichen Mitglieder oft nicht mehr gegeben war. Dennoch war der Bund für Vogelschutz damals in Europa der mitgliedsstärkste Verein seiner Art.
1928 setzte sich Hermann Hähnle das erste Mal im Namen des BfV mit den Folgen der sogenannten Feldbereinigung für den Naturhaushalt auseinander. Schon damals warnte er vor den schädlichen Auswirkungen der Flurbereinigung im Zuge der weiteren Industrialisierung der Landwirtschaft.

Das Dritte Reich

Im 3. Reich wurde der Bund für Vogelschutz gleichgeschaltet: Auf Verordnung des Reichsforstministeriums, dem der Naturschutz unterstellt war, wurde ein Reichsbund für Vogelschutz eingerichtet, in den die Mitglieder des alten Bundes für Vogelschutz übernommen wurden. Der Verein blieb zwar selbständig, der Vorsitzende mußte aber vom Reichsforstmeister bestätigt werden.
Im Juni 1935 wurde dann das Reichsnaturschutzgesetz veröffentlicht, in dem die Einrichtung staatlicher Behörden für den Naturschutz bzw. Vogelschutz festgeschrieben wurde.

Erst seit diesem Zeitpunkt gab es die Unterscheidung zwischen staatlichem und privatem Naturschutz. Naturschutz war nunmehr als ein allgemeines Anliegen von der Regierung bestätigt.
1937 wurde der Bund für Vogelschutz als alleiniger Reichsbund für Vogelschutz mit Sitz in Berlin anerkannt und die übrigen Vereinigungen ihm angeschlossen. Die Geschäftsstelle konnte jedoch nach kurzer Zeit wieder nach Stuttgart zurückverlegt werden.
Während des 2. Weltkrieges wurde die Arbeit des Bundes für Vogelschutz aufrecht erhalten - so gut es ging.

Neubeginn

1946 erteilten die damaligen Militärregierungen die Genehmigung zur Aufnahme der Arbeiten für den Bund für Vogelschutz. Man wählte Herrn Hermann Hähnle, den Sohn der Gründerin, zum neuen Präsidenten des Vereins.
1947 nahm der Landesbund für Vogelschutz in Niedersachsen - in der britisch besetzten Zone - seine Arbeit wieder auf. Im Hotel "Zur Sonne" in Kreiensen fand die Gründungsversammlung der Landesgruppe Niedersachsen im Bund für Vogelschutz e. V. statt.
1949 erschienen erstmalig wieder Jahreshefte.
1950 brachte der Abgeordnete Steinhörster eine Eingabe in den Bundestag ein, daß dem Bund für Vogelschutz jährlich ein Betrag von DM 20.000 zur Verfügung gestellt werden sollte. Diese Eingabe wurde vom Bundestag einstimmig beschlossen. Diese damals sehr großzügige Regelung steht im krassen Gegensatz zum Verhalten der Landesregierung in Niedersachsen heute. Ehrenamtlicher Naturschutz erfährt von dieser keinerlei Förderung mehr, die Kosten für die Stellungnahmen nach § 29 des Bundesnatur-

schutzgesetzes muß in Niedersachsen von den Verbänden selbst aufgebracht werden.
1965 konnte der Verband dann ein stetiges, wenn auch langsames Anwachsen der Mitgliederzahlen auf etwa 57.000 verzeichnen. Im Jahre 1965 beschloß man eine Neu-Organisation und Umbenennung des Verbandes: Aus dem Bund für Vogelschutz wurde der Deutsche Bund für Vogelschutz.
1966 wurde dem DBV der Weißstorch als Wappenvogel vom Internationalen Rat für Vogelschutz zugeteilt. Den neuen Anforderungen entsprechend wurde eine hauptamtlich geleitete Geschäftsstelle eingerichtet. Die Ziele des DBV wurden in Richtung auf einen modernen Natur- und Umweltschutz neu festgelegt.
Mit dem Erwerb des Teichgutes Wallnau und dem Aufbau des DBV-Naturschutzseminars in Sunder gelang es dem DBV, zwei Großprojekte von nationaler Bedeutung im Naturschutz zu realisieren.
Das stark steigende Umweltbewußtsein führte dazu, daß sich die Mitgliederzahl des DBV im letzten Jahrzehnt verdoppelt hat: auf heute nahezu 150.000 in der Bundesrepublik Deutschland.
Die heutige Arbeit des DBV ist von einer zunehmenden Professionalisierung sowie einer verstärkten Einflußnahme auf die Entscheidungsträger bei Politik und Verwaltung geprägt. Dieses ist die Konsequenz der mangelnden Umweltvorsorge, die in den letzten Jahrzehnten von den Entscheidungsträgern unserer Gesellschaft betrieben wurde.

Diese Kurzchronik stützt sich im wesentlichen auf den 1987 im Wirtschaftsverlag in der Reihe "Verbände der Bundesrepublik Deutschland" erschienenen Band über den Deutschen Bund für Vogelschutz. Autoren dieses Buches sind die Herren Hanemann und Simon.

Die Umweltverträglichkeitsprüfung (UVP) – ein umweltpolitischer Etikettenschwindel?

Albert Caspari

Im Jahr 1988 sollen nach dem Willen der europäischen Umweltpolitiker endlich einheitliche Richtlinien zur Bewertung von Umweltfolgen geplanter Projekte in Kraft treten. Gemeint ist hier die Umweltverträglichkeitsprüfung, einprägsam abgekürzt als UVP.

Jährlich werden etwa 1 - 2 % des Bruttosozialprodukts für Umweltschutzaufgaben aufgewandt. Dagegen belaufen sich nach vorsichtiger Schätzung die durch Umweltverschmutzung verursachten Schäden auf derzeit etwa 3 - 5 % des Bruttosozialprodukts. Schon allein aus ökonomischen Gründen liegt es daher nahe, bereits im Vorfeld von Bauprojekten und Entwicklungsprogrammen zu überprüfen, welche Auswirkungen auf die Umwelt von dem jeweiligen Vorhaben zu erwarten sind.

Schon in den 70er Jahren forderten die Umwelt- und Naturschutzverbände größere Vorhaben, die einen Eingriff in den Naturhaushalt darstellen, einer umfassenden Bewertung ihrer Umweltverträglichkeit zu unterziehen. Wie wichtig eine UVP als Kernstück einer vorausschauenden Umweltpolitik ist, zeigen die Negativbeispiele des Rhein-Main-Donau-Kanals, der Verdeichung bei der Nordstrander Bucht, des Baus der Bundesautobahn Hamburg-Berlin sowie der Startbahn-West des Frankfurter Flughafens. Hätten die Verantwortlichen bei diesen Projekten eine UVP durchgeführt, wäre die erhebliche umweltzerstörerische Wirkung rechtzeitig deutlich geworden.

Ein erster Gesetzesentwurf für eine vorsorgende Umweltverträglichkeitsprüfung scheiterte 1973. In dem selben Maße, wie das Instrument der UVP in der Argumentation von Wissenschaftlern, Verwaltungsfachleuten und Naturschutzverbänden Bedeutung erlangte, wurde ihre möglicherweise zentrale Funktion bei einer vorsorgenden Umweltplanung von den Politikern unterschätzt oder nicht ernst genommen.

Erst am 27. Juni 1985 wurde eine entsprechende EG-Richtlinie verabschiedet. Noch einmal drei Jahre Zeit - Stichtag war der 2. Juli 1988! - wurde den Mitgliedsstaaten eingeräumt, um die EG-Richtlinie zur UVP in nationales Recht einzuarbeiten.

Zumindest auf dem Papier, nämlich in der Formulierung der "Richtlinien des Rates vom 27.6.1985 über die Umweltverträglichkeitsprüfung bei bestimmten öffentlichen und privaten Projekten", haben die Verantwortlichen erkannt, "daß die beste Umweltpolitik darin besteht, Umweltbelastungen von vornherein zu vermeiden, statt sie erst nachträglich in ihren Auswirkungen zu bekämpfen" und "daß bei allen technischen Planungs- und Entscheidungsprozessen die Auswirkungen auf die Umwelt so früh wie möglich berücksichtigt werden müssen".

Eine Angleichung der in den einzelnen Mitgliedsstaaten der EG bereits bestehenden Rechtsvorschriften wird aus vorwiegend wirtschaftspolitischen Erwägungen gefordert: Unterschiedliche Rechtsvorschriften für die Umweltverträglichkeitsprüfung "können zu ungleichen Wettbewerbsbedingungen führen und sich somit unmittelbar auf das Funktionieren des Gemeinsamen Marktes auswirken".

Die Umweltauswirkungen eines Projektes sollen hinsichtlich der Bestrebungen beurteilt werden, "die menschliche Gesundheit zu schützen, durch eine Verbesserung der Umweltbedingungen zur Lebensqualität beizutragen, für die Erhaltung der Artenvielfalt zu sorgen und die Reproduktionsfähigkeit des Ökosystems als Grundlage allen Lebens zu erhalten".

Die Richtlinie soll angewandt werden auf Projekte, die "die Errichtung von baulichen oder sonstigen Anlagen, sonstige Eingriffe in Natur und Landschaft einschließlich derjenigen zum Abbau von Bodenschätzen" beinhalten.
Eine Umweltverträglichkeitsprüfung muß somit zum Beispiel durchgeführt werden
- bei der Planung von Raffinerien, Kraftwerken, Endlagerungsstätten von radioaktivem Material und Abfallbeseitigungsanlagen, vor dem Bau von Autobahnen, Seehandelshäfen und Schiffahrtswegen sowie Talsperren,
- vor der Durchführung von Flurbereinigungsprojekten und Landgewinnungsmaßnahmen,
- im Bergbau (Einzelheiten vgl. Anhang I und II der EG-Richtlinie).

Es werden gewisse Mindestangaben seitens des Projektträgers verlangt. Sie umfassen nach Art.5 mindestens
- "eine Beschreibung des Projekts nach Standort, Art und Umfang;
- eine Beschreibung der Maßnahmen, mit denen bedeutende nachteilige Auswirkungen vermieden, eingeschränkt und soweit möglich ausgeglichen werden sollen;
- die notwendigen Angaben zur Feststellung und Beurteilung der Hauptwirkungen, die das Projekt voraussichtlich für die Umwelt haben wird."
Bei der Abschätzung der zu erwartenden Auswirkungen des Projektes auf die Umwelt wird nach folgenden Umweltbereichen differenziert:
1. Luft/Lärm
2. Klima
3. Boden
4. Wasser
5. Tier- und Pflanzenwelt
6. Landschaft
7. Siedlungsgefüge
8. Ver-/Entsorgung
9. Sonstiges (Produktion, Nutzung)
Als eines der Kernstücke der Richtlinie ist eine stärkere Beteiligung der Öffentlichkeit vorgesehen. Danach sollen die Mitgliedsstaaten
- "den betroffenen Personenkreis bestimmen;
- bestimmen, wo die Informationen eingesehen werden können;
- präzisieren, wie die Öffentlichkeit unterrichtet werden kann, z. B. Veröffentlichungen in Lokalzeitungen, Veranstaltung von Ausstellungen mit Plänen, Zeichnungen, Tafeln, graphischen Darstellungen, Modellen;
- bestimmen, in welcher Weise die Öffentlichkeit angehört werden soll, z. B. durch Aufforderung zur schriftlichen Stellungnahme und durch öffentliche Umfrage;
- geeignete Fristen für die verschiedenen Phasen des Verfahrens festsetzen, damit gewährleistet ist, daß binnen angemessener Fristen ein Beschluß gefaßt wird." (Artikel 6)

Nachdem eine Entscheidung hinsichtlich eines Projektes getroffen wurde, muß sie mit den entsprechenden Begründungen und Abwägungen ebenfalls der Öffentlichkeit zugänglich gemacht werden.
An vielen Stellen ist die EG-Richtlinie noch interpretationsbedürftig. Sie läßt sowohl schärfere Regelungen der Mitgliedsstaaten als auch eine Reduzierung auf eine Minimallösung zu. Zu fragen ist, welchen Weg die Bundesregierung einschlagen wird.

Anforderungen der Naturschutzverbände an die UVP

Folgende Forderungen sind für die Durchführung einer UVP aus Sicht des Naturschutzes unverzichtbar:
1. Eine umfassende ökologische Bestandsaufnahme muß jeder Planung vorausgehen. Diese darf nicht nur streng fachbezogen angelegt werden, sondern muß geplante Projekte medienübergreifend ganzheitlich einschätzen.
2. Die UVP ist als mehrstufiges Verfahren durchzuführen. Entsprechend dem Grundsatz einer möglichst frühzeitigen Prüfung ist sie bereits auf der Ebene des Raumordnungsverfahrens (ROV) einzuführen. Da genaue Angaben des Projektträgers sowie die Auswirkungen des Vorhabens erst im Planfeststellungs- bzw. Genehmigungsverfahren festgestellt werden, ist dort eine zweite konkretere Stufe durchzuführen. Auch ein Verzicht auf das Projekt (Nullvariante) muß möglich sein. Genau diese Konsequenz lehnte die Niedersächsische Landesregierung in einer Stellungnahme vom 17.11.1987 jedoch ab. Die Bundesrepublik solle bei der EG-Richtlinienformulierung bleiben, die lediglich vorschreibt, daß die Ergebnisse der UVP im Genehmigungsverfahren zu "berücksichtigen" sind.
3. Es muß überall dort eine UVP vorgeschrieben werden, wo Auswirkungen auf die Umwelt zu erwarten sind: also nicht nur für Projekte, die in den Anhängen I und II der EG-Richtlinie aufgeführt werden, sondern auch für Programme, Pläne und Verwaltungsvorschriften. So läßt beispielsweise der Gesetzesentwurf aus dem Umweltministerium noch offen, ob für Öl-Suche und -förderung eine UVP durchzuführen ist.
4. Eine unabhängige UVP-Stelle sollte die UVP sowohl selber durchführen als auch delegieren können, Nachkontrollen bei durchgeführten Vorhaben vornehmen und ein Dokumentationssystem zur Erarbeitung methodischer Hilfen und das Zusammentragen der gemachten Erfahrungen landesweit organisieren. Über den Aufbau eines UVP-Amtes, wie es in den Niederlanden besteht, ist nachzudenken. Der Gesetzesentwurf des Umweltministeriums legt die Hauptverantwortung weiterhin in die Hände von Genehmigungsbehörde und Projektträger. Hiervor warnte der Sachverständigenrat für Umweltfragen be-

reits in seiner Stellungnahme vom November 1987:"Es ist zu erwarten..., daß er (der Projektträger, Anm. d. Red.) dazu neigen wird, durch eine selektive Auswahl und insbesondere eine einseitige Bewertung der Information die möglichen schädlichen Umweltauswirkungen eher in einem zu milden Licht erscheinen zu lassen, um das Vorhaben nicht zu gefährden oder die Kosten für Vermeidungs- und Ausgleichsmaßnahmen gering zu halten."

5. Das Ergebnis der UVP muß über das übliche behördeninterne Abstimmungsverfahren hinaus eine rechtsverbindliche öffentliche Entscheidung darstellen. Den nach § 29 BNatschG anerkannten Naturschutzverbänden ist die Möglichkeit der Verbandsklage einzuräumen. Bei Entscheidungen ist im Zweifelsfall ökologischen Belangen der Vorrang zu geben.

6. Eine weitgehende, direkte Beteiligung der Öffentlichkeit ist als eine der zentralen Forderungen der EG-Richtlinie sicherzustellen. Hierzu gehört auch das sogenannte "Scoping-Verfahren", bei dem unter Beteiligung der Öffentlichkeit der Untersuchungs- und Bewertungsrahmen der UVP festgelegt wird. Im laufenden Verfahren ist der Öffentlichkeit Akteneinsicht zu gewähren.

7. Das zu erwartende UVP-Gesetz muß auch für bereits laufende Verfahren anwendbar sein. Überall dort, wo der Abwägungsprozeß noch nicht begonnen hat (letzter Öffentlichkeitstermin) ist es nur logisch, daß das bestmögliche Verfahren zur Ermittlung der Umweltdaten angewendet wird. Die öffentliche Planung darf nicht hinter den bereits allgemein anerkannten Umweltstandards zurückbleiben. Viele der Großprojekte, die verbindlich überprüft werden müßten, haben eine Bauzeit von fünf bis zehn Jahren. Wer heute einen Genehmigungsantrag stellt - etwa für ein Kernkraftwerk, eine Wiederaufbereitungsanlage, eine Sondermülldeponie - darf nicht der UVP-Prüfung entgehen. Bundesminister Töpfer verfügt offenbar nicht über die notwendige Rückendeckung, um über Minimallösungen im UVP-Bereich hinausgehen zu können. Allein die Vorstellung eines UVP-Gesetzentwurfes wurde ihm schon von einigen Vertretern der Bundesländer, unter ihnen auch Niedersachsen, als Übereifer angekreidet, obwohl der Entwurf keinen der oben angeführten sieben Kernpunkte der Sache nach berücksichtigt. In Niedersachsen selbst nahm das Kabinett kurzerhand dem Landes-Umweltministerium die UVP-Planung aus der Hand (obwohl dort ein UVP-Referent existiert) und verabschiedete schon im Dezember 1987 eine Vorlage, die

Abb. 1: Zeichen einer kostenintensiven Fehlplanung: die Schnellstraße endet im Brachland. Zukünftig soll der Bau von Autobahnen erst einer Umweltverträglichkeitsprüfung unterzogen werden.

Neuerungen oder Ansprüche an die Industrie und die Verwaltungsorgane möglichst vermeiden wissen will.
Es ist deutlich zu spüren, woher der Wind weht, und es ist zu befürchten, daß Rückenwind für den Naturschutz nicht zu erwarten ist.
Gerade deshalb sollte jeder am Erhalt von Umwelt und Natur Interessierte in Zukunft darauf achten, daß bei Planungen und Projekten in seiner Gemeinde großangekündigte UVP´s nicht zum umweltpolitischen Etikettenschwindel werden.

Golf – Sport ohne Grenzen?

Gabriele Köppe

In den letzten Jahren gewinnt der Golfsport auch in unserem Land zunehmend eine größere Anhängerschaft. Golf erfordert Ausdauer, Geduld, Selbstdisziplin und Fairneß. Der Golfsport kann von Personen jeden Alters und Geschlechts ausgeübt werden und gehört zu den am meisten verbreiteten Individualsportarten der Welt. Er hat viel mit einer anderen beliebten Freizeitbeschäftigung gemeinsam, dem Wandern.

Dies mag auch ein Grund für die ständig wachsende Beliebtheit sein. Weltweit nimmt der Golfsport Rang 3 der am meisten ausgeübten Sportarten ein. Etwa 37 Millionen frönen dem Golf. Während 1907 ganze 7 Spieler registriert waren, sind in der Bundesrepublik z. Zt. fast 100 000 Golfer zu verzeichnen, die auf rund 210 Plätzen spielen. Allein in Niedersachsen gibt es schon mehr als 35 Plätze, weitere sind in Planung. Wenn man die Prognosen des Deutschen Golfverbandes heranzieht, die von 1000 Golfplätzen auf einer Gesamtfläche von 90.000 ha um das Jahr 2000 ausgehen, wird der Trend zum Volkssport deutlich.

Struktur von Golfplatzanlagen

Die Meinungen zum Für und Wider von Golfplätzen sind keineswegs einhellig. Während die Befürworter in der Realisierung von Golfplätzen die Chance sehen, Ziele des Natur- und Landschaftsschutzes zu verfolgen, sprechen die Gegner von "ökologischer Augenwischerei" und übermäßiger Flächeninanspruchnahme. Eine Analyse der Standorte bestehender Anlagen ergab folgende Verteilung:
- 25 % liegen im innerstädtischen Bereich oder direkt am Ortsrand,
- 25 % wurden auf ehemaligem Grünland in Waldrandlage errichtet,
- 17 % auf Wiesen oder Weideflächen,
- 14 % auf landwirtschaftlichen Nutzflächen,
- 12 % direkt in den Wald gebaut,
- 8 % befinden sich in den Zwischenräumen von Verkehrswegen.

18-Loch-Golfplätze beanspruchen in der Regel rund 60 ha, Golfplätze mit 9 Löchern mindestens 25 ha Fläche. Hauptteile des Golfplatzes sind
- Tee (Abschlagfläche),
- Fairway (Spielbahn),
- Green (Rasenfläche um das Loch),
- Rough (Rauhe)

sowie Clubhaus, Parkplätze, Anfahrtswege.

Fairway

Mit einer durchschnittlichen Größe von 300 m Länge und 40 m Breite beansprucht jede Spielbahn 1,2 ha, d.h. bei einer 9-Loch-Anlage insgesamt 10,8 ha und bei einem 18-Loch-Platz 21,6 ha. Das sind mindestens 40% der Golfplatzfläche. Künstlich angelegte oder vorhandene Hindernisse innerhalb der Spielbahnen, wie kleine Gewässer, Sandlöcher (Bunker) oder Bodenwellen, dienen der Erhöhung der Schwierigkeiten des Spiels.

Um den Spielern optimale Voraussetzungen zu bieten, werden Spielbahnen alle ein bis zwei Wochen auf 2 bis 3 cm Rasenhöhe geschnitten, mit Dünger, Herbiziden und Pestiziden behandelt und wenn notwendig auch bewässert.

Green

Die 400 - 800 qm großen Greens liegen am Ende jeder Spielbahn und beanspruchen insgesamt 0,36 ha bzw. 0,72 ha, d. h. 2 - 5 % der Gesamtfläche. Die Greens benötigen die intensivste Pflege auf dem Golfplatz. Die Bedingung, daß die Rasenhöhe 0,5 cm nicht überschreiten darf, erfordert tägliches Mähen. Das setzt besonders widerstandsfähige Gräser voraus. Da die Bodenverhältnisse selten den Ansprüchen der Grassorten gerecht werden, wird eine regelmäßige Düngung,

Bewässerung und Behandlung mit Herbiziden und Pestiziden notwendig.

Rough

Roughs sind zwischen den Spielbahnen liegende Bereiche, die auf dem Wege zu der nächstfolgenden Spielbahn durchschritten werden müssen. Je nach Pflegemaßnahme werden sie unterschieden in Semirough, Rough und Hardrough.

Während das Semirough beidseits der Spielbahn in einer Breite von 2 bis 3 m alle 2 Wochen auf 5 cm Rasenhöhe geschnitten wird, benötigt das anschließende Rough jährlich um 4 bis 8 Schnitte auf eine Rasenhöhe von 8 cm. Das Hardrough wird 1 bis 2 mal im Jahr gemäht. In diesem Bereich können auch Gehölze und eine Hochstaudenflora gedeihen.

Die Fairways und Greens unterliegen - wie oben geschildert - einer intensiven Pflege. Untersuchungen haben ergeben, daß Pestizide in einer Menge eingesetzt werden, die durchschnittlich auf einer intensiv landwirtschaftlich genutzten Fläche aufgebracht werden, nämlich im Durchschnitt pro Platz 3,5 kg je Hektar und Jahr. Dazu kommen pro Hektar und Jahr 285 kg Dünger; im Vergleich dazu werden in ackerbaulich intensiv genutzten Gebieten 270 kg pro Hektar und Jahr aufgebracht.

Bedenkt man, daß diese Mengen nicht auf dem gesamten Golfplatzareal verteilt werden, sondern nur auf 40 bis 65 % der Fläche, so wird die übermäßig intensive Belastung der Flächen deutlich. Daraus folgt, daß Golfplätze in der Regel z. Zt. keineswegs extensiv bewirtschaftet werden und für die Landschaft keine Entlastung gegenüber der landwirtschaftlichen Nutzung darstellen.

Abb. 1: Hier grenzt der Golfplatz unmittelbar an einen Wald.

Vorbehalte aus Naturschutzsicht

Die kritische Einstellung des Naturschutzes gegenüber der Anlage von Golfplätzen richtet sich gegen die folgende Argumentation der Befürworterseite:
- Landwirtschaftliches Grünland wird vor Umbruch zu Ackerland und vor weiterer Intensivierung bewahrt.
- Neue Grünlandflächen werden angelegt.
- Golfplätze sind landschaftsökologisch günstiger zu bewerten als landwirtschaftliche Nutzflächen.
- Es besteht die Möglichkeit einer bewußten Biotopgestaltung durch die Anlage von Kleinlebensräumen.
- Durch die Anlage von Roughs werden Grünflächen von jeglicher Nutzung ausgeklammert.
- Vorhandene naturnahe Biotope bleiben erhalten.
- Golfplatzbiotope tragen zum Artenschutz bei.

Insgesamt wird in der Öffentlichkeit auf die grundsätzlich positiven ökologischen Wirkungen von Golfplatzanlagen, auf Naturhaushalt und Landschaftspflege hingewiesen.
Dagegen stehen die Argumente der Naturschutzseite.
- Als Standorte für Golfplätze werden attraktive Landschaftsteile mit Wald- und Grünlandbeständen, Brachland und Gewässern, nicht selten in oder angrenzend an Naturschutz- und Landschaftsschutzgebiete gewählt.
- Die Anlage von Golfplätzen bedeutet einen Eingriff in Natur und Landschaft, durch den Biotope und deren Lebensgemeinschaften beeinträchtigt oder sogar vernichtet werden (Auffüllen von Wasserflächen, Rodung von Wald, Verrohrung von Bächen, Veränderung der Bodenreliefs, Umwandlung von Brachflächen, Be- und Entwässerung).
- Golfplätze beanspruchen große Flächen für eine kleine Minderheit.

Untersuchungen der Auswirkung von Golfanlagen auf den Naturhaushalt des betreffenden Gebietes haben in Rheinland-Pfalz gezeigt, daß bei der Standortwahl nur in einigen Fällen Gebiete ausgewählt wurden, die intensiv landwirtschaftlich genutzt wurden, u.a. auch deswegen, weil sie aufgrund ihrer geringen landschaftlichen Vielfältigkeit für Golfclubs nicht attraktiv genug waren. Nicht umsonst steht der landschaftliche Reiz des Geländes an erster Stelle bei der Standortfindung, gefolgt vom landschaftlichen Reiz des Umlandes, niedrigen Pachtpreisen und der Frage der politischen Realisierbarkeit.

In logischer Konsequenz werden für die Anlage der Golfplätze meist Bereiche genutzt, die in der Regel mit den noch relativ naturnahen Restflächen unserer Landschaft deckungsgleich sind: Wald-, Grünland- und Brachflächen mit kleinflächiger Ackernutzung in hügeliger Landschaft mit schöner Aussicht.
"Jeder Golfer ist erpicht, seinen Sport in einer typischen, unverwechselbaren Natur auszuüben" oder "Die Eigenart der Landschaft findet sich im Golfplatz unverfälscht wieder", so bestätigt der Deutsche Golfclub in seiner Broschüre diese Entwicklung.
Die mit der Anlage eines Golfplatzes einhergehende Veränderung der Biotopstruktur drückt sich nach der rheinland-pfälzischen Erhebung in folgender Entwicklung aus: Während der Anteil des Sportrasens, der Hecken und Kleingehölze sowie der Kleingewässer relativ stark zunahm, verdoppelte sich die Fläche der zweischürigen Mähweiden nur. Der Bestand an Ackerflächen, intensiv genutzten Weiden und Brachflächen verringerte sich. Auffallend hoch ist die Abnahme ehemaliger Mischwaldbestände.

Es hat sich auch gezeigt, daß der Anteil der durch den Menschen beeinflußten, d. h. der intensiv genutzten Flächen zugenommen hat.
Die Bewertung der durch die Nutzungsumwandlung geschaffenen Bedingungen für Tiere und Pflanzen ergab, daß Flächen ohne oder mit sehr geringer Bedeutung als Lebensraum zunahmen und Flächen mit hoher, mittlerer oder geringer Bedeutung als Lebensraum deutlich abnehmen.

Die geringe Wertigkeit der Biotope ist durchaus nachzuvollziehen, wenn man die intensive Behandlung der Greens, Fairways sowie der anschließenden Semiroughs in Betracht zieht. Der häufige Schnitt, die Verwendung von Dünger, Pestiziden und Herbiziden wirken vernichtend auf einen artenreichen Pflanzen- und Tierbestand. Nur die anpassungsfähigen Arten können hier bestehen. Da aufgrund eines angestrebten schnellen Spieldurchgangs die Bahnen möglichst breit angelegt werden, bleiben für die Roughs, auf denen sich artenreiche Wiesen entwickeln könnten, und für vielfältig strukturierte Hardroughs in Relation zur Gesamtplatzgröße in den seltensten Fällen ausreichend Platz.
Die Erfordernisse eines "landschaftlichen Golfplatzes", nämlich ein Spielbahnanteil von maximal einem Drittel der Gesamtfläche, werden bei der Mehrzahl der bisherigen Anlagen nicht erreicht. Der Einsatz von Pflegegeräten, wie z. B. Mäh- und Kehrmaschinen, Düngemittelverteiler, Belüftungsgeräten, und nicht zuletzt der von Spielbahn zu Spielbahn die Roughs durchquerende Spieler verursachen Beeinträchtigungen der Natur. Aufgrund der geringen Biotopfläche wandern störempfindliche Tierarten mit großer Fluchtdistanz ab, anpassungsfähigere Arten nehmen ihren Lebensraum ein.
In der Regel bringt die Anlage eines Golfplatzes eine Veränderung der Vornutzung sowie der Bodengestaltung mit sich. Aufgrund der intensiven

Bewirtschaftung auf 50 - 65 % der Gesamtfläche können diese Bereiche kaum mehr dem Grünland oder der landwirtschaftlichen Nutzfläche zugerechnet werden; sie sind allenfalls mit Sportanlagen zu vergleichen. Nicht zu unterschätzen sind die Auswirkungen der Nebenflächen, wie Clubhaus, Zuwegung und Plarkplatz, auf die Umwelt.

Da die meisten Plätze in der freien Landschaft vorgesehen werden, unterliegen sie der Naturschutzgesetzgebung. Der Bau von Golfanlagen läßt sich naturschutzrechtlich als Eingriff in Natur und Landschaft bewerten und kann aus Naturschutzgründen untersagt oder durch Auflagen verbessert werden. Ein Ausgleich für Schäden ist im Gesetz vorgesehen. In Niedersachsen zeigen Erfahrungen der letzten Jahre, daß die Planung oder Erweiterung von Golfanlagen erhebliche Probleme mit sich bringt und aufgrund der kritischen Standortwahl aus Naturschutzsicht als nicht ausgleichbare Eingriffe gem. §§ 10/11 des Nieders. Naturschutzgesetzes (NNatG) einzustufen und abzulehnen sind.

Zu besonders schwerwiegenden Eingriffen gehören z. B. das Roden von Wald, das Verrohren oder Auffüllen von Bachläufen, die Umwandlung von Brachflächen mit z. B. einer Hochstaudenflora zu monotonem Golfrasen oder aber das Planieren des Bodenreliefs. Aus Erfahrung muß bei der Anlage eines Golfplatzes auch mit der Vernichtung schützenswerter Pflanzenbestände gerechnet werden, auch dann, wenn Kartierungen den vorhandenen Lebensräumen die Schutzwürdigkeit bestätigt haben.

Golfplatzplanungen machten auch vor gefährdeten Ökosystemtypen nicht halt. Die Beanspruchung von Landschaftsschutzgebieten oder deren Umgehung für die Anlage von Golfplätzen ist leider kein Einzelfall. Wegweisend mag hier die jüngste Rechtsprechung des Oberverwaltungsgerichtes Lüneburg sein, die besagt, daß sich Golfplätze und Landschaftsschutzgebiete ausschließen.

Forderungen des Naturschutzes

Eine Annäherung von Naturschutz und Golfsport kann nur erreicht werden, wenn bei der Anlage und Biotoppflege von Golfplätzen mehr Rück-

Abb.2: Der Golfplatz bei Rheden/Leine

sicht auf Naturschutzbelange genommen wird. Gefordert ist die Bereitschaft eines jeden Golfspielers, Kompromisse zugunsten der Natur einzugehen.

Oberstes Ziel aller Planungen muß die Erhaltung der Landschaft einschließlich der Biotopsubstanz sein, erst in zweiter Linie die Landschaftsentwicklung. Golf ist ein Sport der freien Landschaft und sollte in diese einbezogen werden und nicht umgekehrt.

Allen Planungen vorangestellt sein muß eine Untersuchung der Eignung des Bereiches aus der Sicht des Arten- und Biotopschutzes. Die Ergebnisse der Standortanalyse sind in den landschaftspflegerischen Begleitplan einzuarbeiten, dessen Realisierung bei der Bauausführung zu gewährleisten ist.

Die ökologische Qualität der Landschaft darf durch die Anlage eines Golfplatzes nicht herabgesetzt werden. Eine Planung ist nur umweltverträglich, wenn
- die in § 20 c Bundesnaturschutzgesetz (BNatSchG), genannten Biotope sowie Lebensräume seltener Tier- und Pflanzenarten oder Biotope, die langfristig für die Sicherung der Artenvielfalt benötigt werden, nicht beeinträchtigt werden;
- weder hinsichtlich der Umwelthygiene noch des Landschaftsbildes erhebliche Belästigungen zu erwarten sind;
- die Belastung nicht ersetzbarer Räume durch die ökologische Verbesserung bestehender Landschaftsteile und Umweltressourcen zumindest ausgeglichen wird.

Die Vermeidung von Beeinträchtigungen des Naturhaushaltes sowie des Landschaftsbildes gem. § 8 des Nieders. Naturschutzgesetzes (NNatG) durch Golfplätze ist in erster Linie eine Frage der Standortwahl. Je intensiver eine Fläche bewirtschaftet wird, je kulturbetonter und naturferner sie sich gestaltet, desto größer ist aus ökologischer Sicht die Eignung des Geländes für einen Golfplatz.

Der Umwandlung von Flächen, die dem Interesse der Allgemeinheit (z. B. Wald) dienen, ist mit Vorsicht zu begegnen. Große zusammenhängende Waldflächen, die z.B. in einem mit Wald nicht so reich bestücktem Naturraum vorkommen, sollten tabu sein. Weitere Aspekte, die bei der Standortwahl berücksichtigt werden sollten, sind
- guter Anschluß an ein Straßennetz mit öffentlichem Verkehrssystem, keine langen Erschließungsstraßen;
- Anschlußmöglichkeit an die Kanalisation;
- Nutzung vorhandener Gebäude.

Ein an den Naturschutzbelangen orientierter Golfplatz muß naturnahe und halbnaturnahe Pflanzenformationen, Vermehrungs- und Brutstätten seltener Tierarten und schutzwürdige Landschaftsbestandteile unberührt lassen und das von Natur aus entstandene Relief erhalten. Ausreichende Pufferzonen zu empfindlichen Lebensräumen müssen ausgewiesen werden.

Auf das Einbringen standortfremder Gehölze sowie die Anlage eines Drainagesystems ist zu verzichten.

Entscheidend für die Bewertung der ökologischen Qualität von Golfplätzen ist die Art und Weise der Pflege, die sich an ökologischen Kriterien orientieren und nur extensiv erfolgen muß. So darf auf Spielbahnen kein Dünger- und Pestizideinsatz mehr erfolgen. Mit der Reduzierung der Düngermengen läßt sich z. B. der Pflegeaufwand erheblich verringern, da ein rasches Wachsen der Gräser ausbleibt.

Hier muß die ökologisch orientierte Aus- und Weiterbildung des oft aus fachfremden Berufen kommenden Pflegepersonals und der Platzmeister einsetzen, die umdenken lernen müssen. Die Golfanlage ist nicht nur Sportplatz, sondern stellt eine biologisch aktive Umwelt dar. Auch das Informationsdefizit der aktiven Golfer in Bezug auf Natur- und Landschaftsschutz läßt sich durch gezielte Information, auch z. B. durch Clubnaturschutzwarte, verbessern.

Golfplätze müssen allgemein zugänglich sein

Die Anlage von Golfplätzen darf die Erholungsfunktion einer Landschaft für Spaziergänger nicht unberücksichtigt lassen. Grundsätzlich müssen die Plätze der Allgemeinheit zugänglich gemacht werden. Anpflanzungen, die ein Ausgrenzen der Öffentlichkeit zum Ziel haben, sind zu untersagen.

In Zukunft sollten nur Planungen nach dem Leitbild "landschaftlicher Golfplatz" verwirklicht werden, bei dem höchstens ein Drittel der Gesamtfläche einer Anlage genutzt werden soll und der Rest der Biotopgestaltung zur Verfügung steht.

Dem erhöhten Flächenverbrauch, nämlich etwa 46 ha bei einem 9-Loch-Platz bzw. rund 92 ha bei einem 18-Loch-Platz, kann begegnet werden, indem auf eine Massierung kleinflächiger und damit ökologisch geringwertiger Plätze zugunsten einiger großer im Sinne des Naturschutzes gestalteter Anlagen verzichtet wird.

Mögliche positive Auswirkungen von Golfplätzen auf die Umwelt könnten sicherlich gesteigert werden, wenn Planungen den ökologischen Kriterien entsprechen, spezielle Pflegepläne aufgestellt und eine Überwachung der landschaftspflegerischen Maßnahmen garantiert werden würden.

Aus Naturschutzsicht gesehen, bedarf es dringend einer weiteren Erforschung und Entwicklung vor allem der naturnahen Flächen auf deutschen Golfplätzen.

Obstbäume sind Lebensräume

Reiner Uloth

Anpflanzungen von hochstämmigen Obstbäumen verschiedener Sorten, die verstreut hier und da in der Gemarkung liegen, nennt man Streuobstwiesen. Dazu zählt auch die lange Reihe Obstbäume am Wegrand. Obstgarten und Streuobstwiese gehören seit Jahrhunderten zur Kulturlandschaft.

Jahr um Jahr werden Obstgärten und Streuobstwiesen gerodet. Mit ihnen verschwinden die Pflanzen und Tiere, die dort ihren Lebensraum gefunden hatten. Um ihren vollen ökologischen Wert zu erlangen, benötigen hochstämmige Obstbäume Jahrzehnte. Wir ernten, was unsere Großeltern gepflanzt haben, und wir müssen nachpflanzen, damit auch unsere Enkel ernten können!

Lebensraum Obstwiese

Obstwiesen mit vielen alten Bäumen sind keine "natürlichen" Landschaftsteile. Obstwiesen sind auf Pflege durch den Menschen angewiesen und mit lichtem Wald oder einer Parklandschaft vergleichbar. Sind Obstwiesen mit Büschen durchsetzt oder von einer Hecke umgeben, finden besonders viele Tierarten Unterschlupf und Lebensraum.

Der trockene Magerrasen vieler Streuobstwiesen ist der Lebensraum für Rasen-, Wiesen- und Wegameisen, die dem Wendehals, dem Grün- und dem Grauspecht als Nahrung dienen.

Abb. 1: Schweineweide unter Obstbäumen: früher üblich, heute störend

Der Vogel des Jahres 1988, der Wendehals, füttert seine Jungen am liebsten mit Ameisenpuppen.

Große Obstwiesen werden aus Artenschutzgründen nicht in einem Stück gemäht. Ungemähte Streifen, auf denen Pflanzensamen reifen, sollten mit gemähten Flächen abwechseln, auf denen die Vögel Nahrung suchen und Insekten erbeuten können.

Hochstämmige Obstbäume bilden früher und häufiger Baumhöhlen als andere Bäume. Steinkauz, Wiedehopf, Wendehals, Meisen, Spechte, Fledermäuse, Bilche, Hornissen und andere Tiere benötigen Baumhöhlen zum Überleben. Viele dieser Tiere sind im Bestand bedroht. Sie stehen in der "Roten Liste" der gefährdeten Arten. Auf extensiv bewirtschafteten Obstwiesen haben diese Tiere eine Überlebensmöglichkeit gefunden.

Häufigster Baum der Obstwiese ist der Apfelbaum. Am Hochstamm-Apfelbaum können annähernd 1 000 Arten von Spinnen, Insekten und anderen Tiere leben. Sie bilden eine Lebensgemeinschaft, in der jeder Art durch zahlreiche andere Arten die Massenvermehrung erschwert wird: Hochstamm-Obstbäume sind ein Reservoir für die biologische Schädlingsbekämpfung.

Außer ihrer Bedeutung für den Artenschutz besitzen hochstämmige Obstbäume weitere Funktionen in der Kulturlandschaft; sie
- gliedern und beleben die Landschaft,
- schützen den Boden vor Erosion,
- mildern Klimaeinflüsse,
- binden Gebäude und Siedlungen in die Landschaft ein,
- liefern Erträge für gesunde Ernährung.

Intensiv bewirtschaftete, artenarme, mit Düngemitteln und Chemikalien belastete Obstbaumanlagen können ökologisch keine Alternative für extensiv bewirtschaftete Obstgärten und Streuobstwiesen sein, die sich durch biologische Vielfalt und die Fähigkeit zur Selbstregulation auszeichnen.

Aber auch eine Obstbaum-Wiesenbrache verliert schon nach wenigen Jahren ihre Artenvielfalt. Werden die Flächen sich selbst überlassen, verbuschen sie und wachsen zu. Obstgarten und Streuobstwiese benötigen die Pflege durch den Menschen. Baumschnitt, Auslichtarbeiten, Nachpflanzen und Bodennutzung beeinflussen die Entwicklung und die Lebensdauer der Obstwiese. Dieser Pflegeaufwand dient dem Naturschutz, er hilft, den Artenreichtum unserer Kulturlandschaft zu erhalten. Wie weit die naturgerechte Pflege der Landschaft für den Eigentümer tragbar ist, hängt damit zusammen, welchen Preis wir dafür zu zahlen bereit sind.

Vorteilhafte Flächengrößen

Für den Naturschutz ist eine kleinparzellige Nutzung in den Streuobstgebieten vorteilhaft. Die unterschiedliche Nutzung durch die verschiedenen Eigentümer fördert eine ökologische Vielfalt, wie sie durch Auflagen und Pflegemaßnahmen einer Naturschutzbehörde kaum erreichbar ist.

Flurbereinigung geht in solchen Gebieten ganz besonders zu Lasten der ökologischen Vielfalt. Doch während die einzelnen Grundstücke eines Streuobstgebietes klein sein können, sollte die Fläche des Streuobstgebietes insgesamt groß und geschlossen sein, um ungünstige Randeinflüsse, beispielsweise aus intensiver landwirtschaftlicher Nutzung, gering zu halten. Trotzdem haben auch kleine,

Abb. 2: Der Steinkauz ist auf Baumhöhlen angewiesen.

Abb. 3: Der Wiedehopf jagt im Lebensraum Streuobstwiese Großinsekten.
Abb. 4: Obstbaumblüte im Mai in Catherlah

inselartige Streuobstgebiete sowie Obstbaumreihen Bedeutung für die Vernetzung der Landschaftsteile und als Rückzugsgebiet für Obstwiesenbewohner.

Nützliche Helfer

Die Reihe der in der biologischen Schädlingsbekämpfung nützlichen Helfer ist lang: Fast alle Vögel sind auch Insektenfresser. Durch Nistkästen und Vogelschutzhecken wird ihre Ansiedlung gefördert. Jedoch benötigen die verschiedenen Vogelarten unterschiedliche Nisthilfen. Nistkästen sollten Fluglochgrößen von 27 mm Durchmesser für Blaumeise und Tannenmeise, aber von 34 mm für Kohlmeise, Trauerschnäpper und Wendehals aufweisen. Ein Meisenpaar und seine Nachkommen kann in einem Jahr 50 000 Raupen und 20 000 000 Insekten erbeuten!
Durch die Bestäubungstätigkeit der Bienen wird bei Äpfeln der Ertrag verbessert. Es wachsen nicht nur mehr, sondern häufig auch größere Früchte.
Die Larve des Ohrwurms frißt pro Nacht 100 Blattläuse! Mit der Öffnung nach unten am Obstbaum aufgehängte Blumentöpfe, die guten Astkontakt haben und mit Holzwolle gestopft sind, geben den nachtaktiven Ohrwürmern einen sicheren Tagesunterschlupf.
Die Larven von Brack-, Erz- und Schlupfwespenarten leben in, an und von anderen Insekten. Die Larven von Florfliege und Marienkäfer sind bekannte Blattlausvertilger. Raupen-, Raub- und Schwebfliegen sind ebenfalls Helfer beim Kurzhalten von zur Massenvermehrung neigenden Insekten.
Das Fördern all dieser Helfer, die auf natürliche Art die Massenvermehrung von Obstschädlingen unter Kontrolle halten, geschieht durch Verbesserung ihrer Lebensbedingungen.

Dazu gehört eine artenreiche Kraut- und Blütenvegetation. Besonders gute Nektar- und Pollenspender sind Klee, Senf und Phacelia. Wichtig ist, daß während der ganzen Vegetationsperiode für die Insekten Blüten erreichbar sind und daß möglichst viele Arten standortüblicher Kräuter vorkommen.

Die Bäume einer Obstwiese

Obstbäume werden häufig nicht aus Samen, sondern vegetativ vermehrt. Auf eine Stammbasis, die Unterlage, wird das Edelreis gepfropft oder die Knospe einer Edelsorte gesetzt (okuliert). Je nach Unterlage wächst der Obstbaum stark oder schwach. Hochstämme entwickeln sich auf stark wachsender, Niederstämme auf schwach wachsender Unterlage.
Beim Setzen eines neuen Hochstamm-Obstbaumes achte man darauf, daß die Baumscheibe auf 100 cm Durchmesser grasfrei bleibt. Um das Nachwachsen der Gräser zu unterbinden, sollte man diesen Bereich mit Grasschnitt oder Rindenschnitzeln (Mulch) abdecken. Man kann auf der Baumscheibe auch eine entsprechend große Pappe befestigen, die bis zu ihrer Verrottung nach etwa 3 Jahren zwar Luft und Wasser durchläßt, aber das Licht abschirmt und dadurch die Wurzelkonkurrenz anderer Pflanzen um Wasser verhindert.
Durch Hacken offengehaltene Baumscheiben, die nicht mit Herbiziden behandelt und nicht gedüngt werden, sind Lebensraum für selten gewordene Wildkräuter.
Entscheidet man sich für das Pflanzen eines Hochstamm-Obstbaumes (ab 150 cm Stammhöhe), handelt man folgende Vor- und Nachteile ein:
Hochstamm-Obstbäume
- benötigen viel Platz,
- sind häufig Regionalzüchtungen und den Bedingungen vor Ort besonders gut angepaßt,

- sind langlebiger als Bäume auf schwach wachsender Unterlage,
- tragen erst mehrere Jahre nach dem Setzen Früchte, dann aber über viele Jahre,
- unterscheiden sich bei den Früchten stark im Aussehen, im Reifezeitpunkt, der Lagerfähigkeit und im Geschmack,
- ihre Ernte ist mühsam,
- der Pflegeaufwand ist gering.
Niederstamm-Obstbäume und Buschbäume dagegen
- werden in Obstplantagen intensiv gepflegt, stark gedüngt und mehrmals im Jahr mit Pflanzenschutzmitteln behandelt,
- tragen schon nach dem zweiten Standjahr Früchte,
- sind leicht abzuernten.
Trotz wirtschaftlicher Vorteile für Obstbauern mit Niederstamm-Obstbäumen gilt:
Niederstamm-Obstplantagen sind für beinahe alle Tier- und Pflanzenarten lebensfeindlich!
Hochstamm-Obstwiesen sind ein bevorzugter Lebensraum!

Erhaltet die alten Obstwiesen

Im Jahre 1839 waren 878 Apfelsorten registriert, davon sind noch 250 Sorten erhalten, doch nur ganze 70 Apfelsorten kamen 1980 auf den Markt! Außerdem kennt man etwa 200 Kirsch-, über 150 Birnen- und 60 Zwetschen/Pflaumensorten. Zu den fördernswerten alten Obstsorten gehören.
- Apfelsorten: Baumanns Renette, Geheimrat Oldenburg, Goldparmäne, Grafensteiner, Jakob Lebel, Kaiser Wilhelm, Landsberger Renette, Ontario, Roter Boskop, Zuccalmaglio;
- Birnensorten: Bosc´s Flaschenbirne, Clapps Liebling, Gellerts Butterbirne, Gute Graue, Gute Luise;
- Kirschsorten: Büttners Rote Knorpel, Hedelfinger Riesenkirsche, Ludwigs Frühe, Morellenfeuer;

- Zwetschensorten: Bühler Zwetsche, Erfinger Frühzwetsche, Hauszwetsche, Mirabelle von Nancy.

Wer Obstsaft trinkt, nicht nur die allgegenwärtigen Apfelsorten verlangt, zum Kochen und zum Backen besondere Sorten verwendet, Obst vom Hochstamm ab Hof oder auf dem Markt kauft und selber lagert, Schönheitsfehler duldet, kurzum, die alten Sorten bevorzugt, fördert Obstgärten, Streuobstwiesen und eine gesunde Umwelt. Zwar erwirtschaftet die Niederstamm-Obstkultur preisgünstiges, äußerlich schönes und lagerfähiges Obst, aber sie macht durch intensive Düngung und durch chemischen Pflanzenschutz Lebensräume für viele Pflanzen und Tiere unbewohnbar. Deshalb sollten Landwirte, die Streuobstwiesen extensiv bewirtschaften, aus Gründen des Natur- und Landschaftsschutzes gefördert und unterstützt werden. Ungespritztes Obst vom Hochstamm mag äußerlich nicht so schön aussehen wie Obst vom intensiv gepflegten, mehrmals behandelten Niederstamm, doch dafür belastet seine Produktion die Umwelt nicht. Extensiv bewirtschaftete Obstwiesen dienen nicht nur der Obstproduktion, sie bewahren auch den Artenreichtum der Kulturlandschaft!

Obstwiese in Bedrängnis

Ehemals umgab jedes Dorf ein Obstbaumgürtel. Die Früchte wurden zum Eigenverbrauch gelagert, eingekocht, in Schnitzeln getrocknet, zu Konfitüre verarbeitet, als Most gepreßt oder zu Schnaps gebrannt. Überzählige Früchte verfütterte man im Stall. Als man anfing, die Früchte in großem Stil zu vermarkten, begann das Rationalisieren und das Normieren.

Neu entwickelte, leicht zu erntende Obstsorten mit niedrigem Stamm, frühem Fruchtansatz und gleichbleibendem Ertrag verdrängten die alten Hochstammsorten. Hochstamm-Obstwiesen wurden gerodet (teilweise mit staatlicher Finanzhilfe) und einer intensiven Obst-, Acker- oder Grünlandwirtschaft zugeführt. Obstgärten in Ortsrandlage endeten als Bauland. Nur wo Hangneigung, Bodenverhältnisse und Klima einer Umstellung auf Intensivwirtschaft entgegenstanden, waren Obstwiesen weniger stark gefährdet.

Neupflanzungen von Hochstamm-Obstbäumen benötigen viel Zeit, um "biotopfähig" zu werden. Darum ist der Schutz alter Obstbäume doppelt wichtig. Bei Flurbereinigungen sollte versucht werden, Obstbaumbereiche für den Naturschutz auszuweisen. Außerdem können Obstwiesen und notfalls Einzelbäume mit (Steinkauz-) Höhlen von Naturschutzverbänden gepachtet werden, um sie vor der Vernichtung zu bewahren.

Abb. 5: Für den Siebenschläfer ist eine Streuobstwiese ergiebiger Nahrungsraum.

Obstwiesenbewohner Wendehals (*Jynx torquilla* L.)

Wenige Beobachter nur werden den goldammergroßen "Vogel des Jahres 1988" mit der an braune Borke erinnernden Gefiederzeichnung schon einmal gesehen haben. Vor wenigen Jahren war der mit den Spechten verwandte Wendehals, der seine Bruthöhle jedoch nicht selber zimmern kann, sondern auf bereits vorhandene Baumhöhlen oder Nistkästen angewiesen ist, ein nicht allzu seltener Brutvogel des Tieflandes und der sonnigen Gebirgstäler. Inzwischen ist sein Bestand stark zurückgegangen.

Der Wendehals liebt Wärme und Licht. Er besiedelt helle, trockene Wälder mit grasbestandenem Untergrund, Waldränder, Alleen, Parklandschaften und Hochstamm-Obstwiesen. Er klettert nicht wie andere Spechte am Baumstamm, sondern sucht seine Nahrung auf dem Boden, im trockenen Rasen. Hier fängt er mit seiner Leimrutenzunge Ameisen, nimmt aber auch andere Insekten.

Der Wendehals ist öfter zu hören als zu sehen. Seine Stimme klingt nasal, die schallende Rufreihe "gäh-gäh-gäh" erinnert an den Baumfalkenruf.

Mitte April bis Anfang Mai kommt der Wendehals aus seinem Winterquartier in Afrika und Asien. Der Wendehals ist der einzige Zugvogel unter den einheimischen Spechten. Sein Brutgebiet reicht von Westeuropa bis zum Pazifik. Sein Gelege enthält meist 7 - 11 Eier; die Brutdauer beträgt zwei, die Nestlingszeit drei Wochen. Bei günstigen Bedingungen kommt es zu einer zweiten Brut im Sommer.

In den letzten Jahren haben die kühlen und niederschlagsreichen Sommer dem Wendehals die Nahrungsgrundlage geschmälert. Doch wenn überall aus mageren Wiesenstreifen fette, gedüngte Weiden werden, wenn jeder Quadratmeter ackerbaren Bodens umgebrochen wird und die Flächen mit Herbiziden, Fungiziden und Insektiziden nebst reichlicher Düngung in ein Kunstbeet verwandelt werden, finden die von ihrem angestammten Lebensraum ausgeschlossenen Lebewesen auch anderswo keine Zuflucht. Die Landschaft ist heute nahezu überall flurbereinigt, ausgeräumt, chemisch behandelt und intensiv bewirtschaftet. So werden die betroffenen Arten selten, kommen auf die "Rote Liste" und sterben aus; es sei denn, Naturschützern gelingt es, doch noch einen Ersatzlebensraum sicherzustellen. In den letzten 30 Jahren hat der Wendehals nach Schätzung von Ornithologen über die Hälfte seines Lebensraumes verloren.

So zeigt sich beim Wendehals einmal mehr: Artenschutz heißt Biotopschutz! Stärker noch als bisher muß versucht werden, auch Obstbaumbereiche für den Naturschutz auszuweisen. Wenn wir in ihrem Bestand bedrohte Arten erhalten wollen, müssen wir uns noch stärker als bisher für den Biotopschutz einsetzen!

Abb. 6: Auch der Vogel des Jahres 1988, der Wendehals, ist ein Bewohner von Streuobstwiesen.

Schmetterlinge

Heidrun Kleinert

Die heutige Kulturlandschaft ist das Ergebnis einer jahrhundertelangen wirtschaftlichen Nutzung durch den Menschen. Insbesondere durch die bäuerliche Nutzung entstand dabei eine vielfältige und artenreiche Landschaft.

In den letzten Jahrzehnten jedoch ist die bis dahin extensive Nutzung vermehrt einer intensiven Bearbeitungsweise gewichen, so daß der anthropogene Einfluß auf die Natur die Grenze der Belastbarkeit vieler Landschaftsteile überschritten hat.

Als Folge der fortschreitenden Intensivierung der Landwirtschaft läßt sich in der Bundesrepublik Deutschland in den letzten Jahren ein galoppierendes Artensterben beobachten. Nach den "Roten Listen" der gefährdeten Tier- und Pflanzenarten in der Bundesrepu-

Eine blütenreiche Wiese bietet Nektar für viele Insekten.

blik Deutschland sind z. B. 31 % aller Farn- und Blütenpflanzen, 44 % aller einheimischen Brutvögel, 78 % aller Kriechtiere und 58 % der bei uns heimischen Lurche als in ihrem Bestand gefährdet einzustufen. Hohe Gefährdungsraten weisen auch die wirbellosen Tiere auf: 47 % der Schnecken, 49 % der Libellen, 52 % der Muscheln und 36 % der Großschmetterlinge werden in der Kategorie "gefährdet" geführt.

Während sich der traditionelle Artenschutz vor allem auf die Erfassung und den Schutz der Wirbeltiere - insbesondere der Vögel - konzentrierte, hat man in den letzten Jahren zunehmend die ökologische Bedeutung der wirbellosen Arten und damit die Notwendigkeit längst überfälliger Schutzmaßnahmen für diese Arten erkannt.

Diese späte Einsicht ist eigentlich erstaunlich, bedenkt man, daß die Wirbellosen mit mehr als 40 000 Arten im Vergleich zu den Wirbeltieren (etwa 500 Arten), den überwiegenden Teil der gesamten heimischen Fauna stellen. Dabei werden 60 % dieser 40 000 Arten allein von der Klasse der Insekten gestellt. Die Ordnung der Schmetterlinge repräsentiert mit immerhin 1420 Arten einen beachtlichen Anteil am heimischen Artenbestand.

Wie Untersuchungen zeigen, reagieren vor allem die Wirbellosen in ihrer Populationsdynamik empfindlich auf Veränderungen ihrer Lebensbedingungen, so daß ihnen in zunehmendem Maße eine besondere Bedeutung als Anzeiger (Indikator) anthropogener Einflüsse zukommt. So zeigen sie durch ihr Vorkommen oder ihr Verschwinden die Veränderungen in der Landschaft auf. Gleichzeitig ermöglichen Wirbellose Aussagen über den ökologischen Wert und die Schutzwürdigkeit bestimmter Landschaftsteile. Zahlreiche Wirbellose eignen sich zur ökologischen Bewertung von Lebensräumen, z.B. Laufkäfer, Regenwürmer, Spinnen, Asseln, Libellen, Schmetterlinge u. v. a. mehr. Die Wahl fällt dabei nicht auf Schmetterlinge und Libellen, weil diese aus wissenschaftlicher Sicht besonders geeignet wären, sondern weil diese attraktiven Tiergruppen positive Assoziationen und damit Betroffenheit bei Bürgern und Politikern auslösen.

An erster Stelle der Sympathieskala rangieren dabei ohne Zweifel die Schmetterlinge, vornehmlich die Tagfalter. Findet sich doch in dieser Tiergruppe eine unvergleichliche Vielfalt an Formen, Zeichnungen und Farben, die in ihrer Schönheit den Menschen in besonderem Maße anspricht. Eine unübersehbare Vielfalt kommt noch hinzu, wenn man die einzelnen Entwicklungsstadien der Schmetterlinge einbezieht: der unterschiedliche Bau und die artspezifische Färbung der Eier, die einzeln oder in Gruppen als Pyramiden oder Türmchen auf oder unter die Blätter der Raupenfraßpflanzen geklebt werden, außerdem die verschiedenartigen Raupen, die in mannigfaltiger Weise Strategien entwickelt haben, um unentdeckt von Feinden ihre Entwicklung vollziehen zu können oder gar ihre Feinde direkt abwehren können. Und schließlich die Puppe, das äußerliche Ruhestadium, in dem sich das Wunder der Umwandlung von der Raupe zum Falter vollzieht! Auch das Leben der Imagines ist faszinierend: Auf ihren Wanderzügen überwinden Admiral oder Totenkopf z.T. die unvorstellbare Strecke von Nordafrika bis Finnland. Der Windenschwärmer kann mit Geschwindigkeiten bis zu 90 km/h fliegen, und der Monarch kann 25 Milligramm Rohrzucker, in einem Liter Wasser gelöst, noch schmecken. In den Familien der Eulen, Bären und Spanner gibt es Arten, die die Ultraschallrufe der Fledermäuse (40 bis 80 Kiloherz) hören und sich so ihren Feinden entziehen können. Der Kaisermantel, eine Waldart, erobert das paarungswillige Weibchen mit einer Flugbalz. Andere Schmetterlingsarten, wie z. B. der Segelfalter, haben ihr eigenes Revier, dessen Grenzen sie ständig abfliegen und dabei fremde Männchen abwehren.

Sowohl hinsichtlich ihrer Nahrungsqualität als auch ihrer Biomasse sind Falter und Raupen wichtige Bestandteile der Nahrungskette. Darüber hinaus sind sie wichtige Bestäuber. Schmetterlinge sind eben nicht "nur" schön, sie haben auch ihre feste Funktion und Aufgabe in der Natur.

Zur Situation der Schmetterlinge

Nach realistischer Lagebeurteilung sind Schmetterlinge in ihrem Bestand gefährdet, und es steht zu befürchten, daß wir bei gleichbleibender Entwicklung wahrscheinlich in einigen Jahren nur noch wenige "Allerweltsarten", wie z. B. den Kleinen Fuchs oder das Tagpfauenauge, häufiger zu Gesicht bekommen werden.

Von den in der Bundesrepublik Deutschland lebenden 177 Tag- und Dickkopffaltern sind bereits 51 % gefährdet und zwei Arten verschollen. Ordnet man die Falter bestimmten Lebensräumen zu (nach Blab/Kudrna: "Hilfsprogramm für Schmetterlinge"), so ergibt sich folgendes Bild.

Alle 12 Schmetterlingsarten der Hochmoore und oligotrophen Flachmoore sind gefährdet bzw. stark gefährdet (eine Art gilt als verschollen). 9 gefährdete Arten leben noch in den Feuchtwiesen. Die Waldschmetterlinge sind mit 11 von 20 Arten, die Schmetterlinge des Wald-Offenland-Übergangsbereiches mit 3 von 23 Arten und die der trocken-warmen Rasengesellschaften und Gehölzvegetation mit 54 von 60 Arten in der Roten Liste vertreten. Weniger bzw.

Abb. 2: Leider noch immer üblich: Lebensraumvernichtung durch die Giftspritze

Im Wald

Die in der Forstwirtschaft durchgeführten Intensivierungsmaßnahmen haben für Schmetterlingsarten, die an den Lebensraum Wald angepaßt sind, schwerwiegende Folgen. Ein herkömmlich bewirtschafteter Wald bietet einen großen Strukturreichtum: eine reiche Kraut- und Strauchschicht, Waldlichtungen und Waldwege, die mit Stauden und Sträuchern gesäumt sind. Der sich stufig aufbauende Waldrand geht fließend zum Offenland über. Hier fliegen Waldarten wie der große Schillerfalter (*Apatura iris*), der Kaisermantel (*Argynnis paphia*), das Landkärtchen (*Araschnia levana*) u. v. a. mehr. In Aufforstungen mit dichtem, gleichmäßigem Baumbestand gibt es keine Waldlichtungen. Ebenso führen Entbuschungen und Begradigungen innerer und äußerer Grenzlinien von Wäldern zur Zerstörung vielfältiger Lebensnischen der einheimischen Waldschmetterlinge.

nicht gefährdet sind Falterarten, die das nährstoffreiche Offenland besiedeln, und die sog. Ubiquisten (= Allerweltsarten). Der Rückgang der Tagschmetterlingsarten ist besonders in Mitteleuropa stark ausgeprägt. Die Ursachen sind bekannt: es ist der anthropogen bedingte Verlust ihrer Lebensräume! Anthropogen bedingter Verlust an Lebensräumen - was heißt dies konkret?

Feuchtgebiete

Sumpfwiesen, Riedländer, Hochstaudenfluren, Hoch- und Flachmoore sind an sich für den Menschen landwirtschaftlich unproduktiv. Hier wird entwässert und aufgeschüttet, gedüngt oder aufgeforstet; es wird gebaut und zerschnitten. Flachmoore und Naßwiesen werden als Streuwiesen nicht mehr genutzt, weil die Streugewinnung in der modernen Landwirtschaft ihre Bedeutung verloren hat; Hochmoore werden abgetorft zur angeblichen Bodenverbesserung in Balkonkästen und Azaleenbeeten!
Allerorts wird das getan, was dem ökonomischen, technisch orientierten Denken des Menschen entspricht: höchste Produktivität erzielen, unbrauchbares Gelände nutzbar machen.
Betroffen sind hier Schmetterlinge, die auf Feuchtbiotope angewiesen sind. So ist z. B. der Hochmoorgelbling (*Colias palaeno*) an Hoch- und nährstoffarme Zwischenmoore gebunden; der Violette Silberfalter (*Argynnis ino*) und das Waldwiesenvögelchen (*Coenonympha hero*) bevorzugen Feuchtwiesen und Feuchtwälder.

Schmetterlingsparadies Wiese

Die Wiese ist die Lebensgrundlage der meisten Schmetterlinge, wobei unter dem Begriff Wiese jedoch nicht die monotonen grünen "Rasenmatten" zu verstehen sind, sondern ein Lebensraum mit einer Vielzahl verschiedener Pflanzenarten.
Je nach Bodenart und -typ, Beschattung, Feuchtigkeitsgrad, Hangneigung, Sonnenausrichtung und der Art der Nutzung lassen sich folgende Wiesentypen unterscheiden:
Fettwiesen sind stark gedüngte, artenarme Wiesen. Durch die intensive Stickstoffdüngung entwickelt sich auf diesen Wiesen ein dichter Graswuchs, in dem sich nur wenige durch die Düngung stark geförderte Pflanzenarten wiederfinden. Dadurch werden

die meisten Wildblumen zurückgedrängt oder vollständig unterdrückt. Dementsprechend finden hier nur wenige Schmetterlingsarten ihre Raupenfutterpflanzen und Saugblüten.

Magerwiesen sind wesentlich blumenreicher als Fettwiesen. Sie sind nährstoffarm, d. h. nicht oder nur wenig gedüngt und werden daher als "magere" Wiesen bezeichnet. Ist der Untergrund feucht, spricht man von Sumpfwiesen, die - zumindest früher - zur Streugewinnung genutzt wurden. Auf nassen Böden bilden sich Bestände aus verschiedenen Seggen (Carex-Arten), auf wechselfeuchten ist das Pfeifengras (*Molinia caerulea*) dominierend.

Halbtrockene bis halbfeuchte Wiesen werden als "mesophile" Wiesen bezeichnet. Typisch für solche Wiesen sind das Wiesenschaumkraut (*Cardamine pratensis*) und der Glatthafer (*Arrhenatherum elatius*).
An Südhängen auf mäßig trockenen, oft flachgründigen Böden wachsen die sog. Halbtrockenrasen. Je nach Bodenart entwickeln sich hier verschiedene Pflanzengesellschaften. So wird das Bild der Halbtrockenrasen auf Kalkböden z. B. von Aufrechte Trespe (*Bromus erectus*), Schafschwingel (*Festuca ovina*), Kleiner Wiesenknopf (*Sanguisorba minor*), Hufeisenklee (*Hippocrepis comosa*) geprägt.

In besonders wärmebegünstigten Lagen und auf stark nach Süden exponiertem Gestein bilden sich die Trockenrasen aus, deren Böden leicht erwärmbar sind und demzufolge schnell austrocknen. Trockenrasen weisen keinen durchgehenden Bewuchs auf und auch das Aufkommen von Büschen wird durch die Kargheit des Bodens verhindert. Ausdauernder Knäuel (*Scleranthus perennis*), Weiße Fetthenne (*Sedum album*), Gemeine Kugelblume (*Globularia elongata*),

Abb. 3: Der Violette Silberfalter lebt im Moor.
Abb. 4: Mit dem Rückgang an Trockenrasen-Flächen verlieren Raupe und Schmetterling des Schwalbenschwanz ihren Lebensraum.
Abb. 5: Ungespritzte Wegränder ermöglichen Artenvielfalt.

Flaches Rispengras (*Poa compressa*) und viele andere Pflanzenarten haben sich an diesen extremen Lebensraum angepaßt.

Halbtrockenrasen und Trockenrasen sind aus Sicht des Naturschutzes ganz besonders wertvoll. Hier gedeihen nicht nur Orchideen, hier sind die eigentlichen Schmetterlingsparadiese mit über 70 Arten, darunter: Märzveilchenfalter (*Fabriciana adippe*), Hainveilchenperlmutterfalter (*Clossiana dia*), Himmelblauer Bläuling (*Lysandra bellargus*), Dukatenfalter (*Heodes virgaureae*), Zwergbläuling (*Cupido minimus*), verschiedene Augenfalterarten (*Satyridae*) und Schwalbenschwanz (*Papilio machaon*).

In der Zerstörung solcher Trockenbiotope durch Bebauung, Aufforstung, Düngung oder durch Aufgabe traditioneller Nutzungsformen liegt die Ursache für das Verschwinden vieler Schmetterlingsarten. Insbesondere die Flurbereinigung in Rebbaugebieten hatte verheerende Folgen. Gerade in den wärmebegünstigten Trockenbereichen zwischen den Rebkulturen besitzen viele xerotherme Schmetterlinge ihren Siedlungsschwerpunkt. Als man in den Jahren nach 1920 die Reblauskrankheit in den Weinbaugebieten in den Griff bekam (durch die Einfuhr reblausresistenter Rebstöcke aus Amerika), bedeutete dies auch, daß nun die klassischen Weinlagen bereinigt werden konnten: großflächige Monokulturen, asphaltierte Rebwege und der Einsatz von Düngemittel und Bioziden ersetzten bald den extensiven und kleinflächigen Weinbau. Die typische Schmetterlingsfauna dieser xerothermen Gebiete wird zerstört oder bis auf wenige Restpopulationen verdrängt.

Die wichtigsten Forderungen des Schmetterlingsschutzes

Für einen wirklichen Schutz der Schmetterlinge müssen schnellstens weitreichende Maßnahmen ergriffen werden. In den folgenden Bereichen sind dies insbesondere:

Landwirtschaft
- drastische Reduzierung von Agrarchemikalien und Düngemitteln,
- Extensivierung der landwirtschaftlichen Produktion auf der gesamten Fläche,
- Förderung des ökologischen Landbaus,
- Erhaltung natürlicher Landschaftselemente wie Hecken, Bachläufe etc.
- Erhaltung von Magerwiesen in Form einschüriger, ungedüngter Mähwiesen,
- Erhaltung von Hochstammobstbaumgärten,
- Erhaltung von Feuchtmooren und Naßwiesen (als Streuwiesen bzw. ein- bis zweischürige Mähwiesen),
- Anlegung von Pufferzonen zwischen intensiv genutztem Wirtschaftsland und Hoch- und Zwischenmooren.

Forstwirtschaft
- Abkehr von reinen Koniferenforsten,
- keine standortfremden Baumarten,
- Herbizid- und Insektizidverbot,
- Erhaltung strukturreicher Waldränder und -lichtungen,
- Mahd der Waldränder erst ab August,
- Erhaltung von Altholzinseln,
- keine Asphaltierung der Waldwege.

Weinanbau
- Beendigung der Weinbergsflurbereinigungen,
- Erhaltung alter Rebmauern, Hecken, Trockenrasen,
- Herbizid-, Insektizid- und Fungizidverbot für extensiv genutzte Restflächen im Bereich der Weinberge,
- keine Asphaltierung der Rebwege.

Siedlung und Verkehr
- keine Straßen durch Feucht- und Trockenstandorte,
- Herbizidverbot für Straßenränder,
- keine Mahd der Straßenränder vor August.

Garten/öffentliche Anlagen
- Biozidverbot in öffentlichen Gartenanlagen,
- Naturwiesen statt Zierrasen,
- Pflanzung einheimischer Baumarten und Hecken,
- keine Verwendung von Torfmull,
- nur einmalige Mahd (nicht vor August).

Ein neues Bündnis:

Aktionskonferenz „Landwirtschaft und Natur"

Olaf Tschimpke

Die Agrarpolitik spielt nach wie vor eine entscheidende Rolle für den Naturschutz. Die Europäische Aktionskonferenz "Landwirtschaft und Natur", die vom 17. bis 20. März 1988 in Osnabrück stattfand, sollte in diesem Konfliktbereich neue Akzente setzen, indem Lösungsmöglichkeiten für die Agrar- und Umweltkrise aufgezeigt wurden. Das große Interesse - es konnten 1 500 Konferenz-Teilnehmer begrüßt werden - zeigt, in welchem Umfang diese Thematik heute in der öffentlichen Diskussion steht. Es beweist aber auch, daß trotz der Notwendigkeit, hier neue politische Ansätze zu finden, die entscheidenden Schritte noch nicht getan sind.

Die Abwesenheit vieler politischer Repräsentanten, insbesondere aber der offiziellen Vertreter des Niedersächsischen Landvolkes und des Deutschen Bauernverbandes, beweist, wie schwer man sich hier tut, sich mit einer umweltverträglichen Landwirtschaft auseinanderzusetzen. Dennoch: Schon allein die wirtschaftliche Not der Landwirte gebietet es, nach neuen Modellen zu suchen. Grünbrache, Flächenstillegung, Extensivierung und nachwachsende Rohstoffe sind Schlagworte, die auf neue Konzeptionen hinweisen. Die Themen der 10 Arbeitskreise auf der Europäischen Aktionskonferenz "Landwirtschaft und Natur" können als die Brennpunkte in der heutigen Agrar- und Umweltkrise angesehen werden:
1. Integrierter Pflanzenbau oder Öko-Landbau?
2. Flächenstillegung oder Extensivierung?
3. Massentierhaltung oder artgerechte Tierhaltung?
4. Nachwachsende Rohstoffe und ökologische Anforderungen an Produktalternativen;
5. Bio und Gentechnologie;
6. Preispolitik der EG und Einkommensübertragung;
7. Umweltverträgliche Landwirtschaft;
8. Lebensmittelqualität und Ernährung;
9. Dritte Welt und Agrarhandel;
10. Ökologische Regionalentwicklung.

Die Ergebnisse dieser Arbeitskreise sowie der gesamten Tagung wurden zusammengetragen in ein Aktionsprogramm ´Landwirtschaft und Natur´, das nunmehr eine fundierte Grundlage für eine Entwicklung in Richtung einer umweltverträglichen Landwirtschaft bilden soll.
Die Veranstalter-Verbände sind übereingekommen, dieses Programm, das nachfolgend abgedruckt ist, fortlaufend zu ergänzen und zu verbessern,

Abb. 1: Dr. Scholten eröffnete die Diskussion um das Bündnis zwischen Landwirtschaft und Naturschutz.

damit eine langfristige Grundlage für eine neue EG-Agrar- und Umweltpolitik geschaffen werden kann.

Aktionsprogramm Landwirtschaft und Natur

Die Landwirtschaftspolitik in den Ländern der Europäischen Gemeinschaft hat in den vergangenen Jahren dazu geführt, daß die Naturgüter in dramatischem Umfang belastet wurden. Gleichzeitig sind die sozialen Probleme im ländlichen Raum gestiegen: Immer mehr Landwirte müssen unter dem Druck des "Wachsens oder Weichens" aussteigen. Die Erzeugung von Überschüssen hat ein unvorstellbares Ausmaß angenommen. Die damit einhergehende Produktionsweise erfolgt unter Bedingungen, die - etwa bei der Massentierhaltung - ethisch nicht mehr vertretbar sind. Durch die Überschußproduktion wurde schließlich auch die Voraussetzung geschaffen für aggressive Dumping-Preise der wirtschaftlich starken Nationen in Nordamerika und in der Europäischen Gemeinschaft. Diese Politik ist in hohem Maße ungerecht und verwerflich gegenüber den Ländern der Dritten Welt, deren Menschen sie in wirtschaftliche Not bringt und deren Natur geplündert wird.

Die Veranstalterverbände sind sich darin einig, daß nur gemeinsam mit allen Betroffenen - Landwirten, Verbrauchern, Tier-, Umwelt- und Naturschützern sowie den Vertretern der betroffenen Länder in der Dritten Welt - Lösungswege für diese Agrarkrise gefunden und beschritten werden können. Grundlegende Interessen der einzelnen Bündnispartner werden daher als gemeinsames Ziel erkannt. Dazu gehören die Existenzsicherung der vielen klein- und mittelbäuerlichen Betriebe, die Erhaltung eines vielfältig strukturierten ländlichen Raumes, die Sicherung des Naturhaushaltes mit allen dazugehörigen Stoffkreisläufen, die Erhaltung und Rückgewinnung einer vielgestaltigen Landschaft, die Gewährleistung einer artgerechten Nutztierhaltung und eines gesundheitlich einwandfreien und verbrauchernahen Lebensmittelangebotes.

Die Agrarpolitiker in der Europäischen Gemeinschaft und ihren Mitgliedsstaaten bieten keine Perspektiven für einen Wandel in diese Richtung. Vielmehr setzen sie weiter auf den Wachstumspfad, der uns nur immer tiefer in die Sackgasse führt.

Der Deutsche Bund für Vogelschutz/ Deutscher Naturschutzverband (DBV), der Bund für Umwelt und Naturschutz Deutschland (BUND), die Verbraucherinitiative, der Bundeskongreß für entwicklungspolitische Initiativen/Agrarkoordination (BUKO), die Katholische Landjugendbewegung (KLJB), die Arbeitsgemeinschaft bäuerliche Landwirtschaft (ABL), der Deutsche Naturschutzring (DNR), die Naturfreunde/ Naturfreundejugend, die Arbeitsgemeinschaft beruflicher und ehrenamtlicher Naturschutz (ABN), der Deutsche Tierschutzbund (DTschB), die Naturschutzjugend im Deutschen Bund für Vogelschutz (DBV) sowie das Europäische Umweltbüro (EEB) und das International Council for Bird Preservation (ICBP) - unterstützt von vielen weiteren Organisationen aus dem In- und Ausland - treten ein:

...für eine umwelt- und sozialverträgliche landwirtschaftliche Produktion

Die heutige Art der Nahrungsmittelproduktion ist in keiner Weise umweltverträglich. Gesetzlich abgesichert belastet sie unsere Böden, das Wasser, die Luft und die Nahrungsmittel. Die bestehenden Güter - und Handelsklassen sowie Grenzwertziehungen begünstigen vielfach diese Mißstände.

Zudem trägt die "moderne, ordnungsgemäße" Landwirtschaft mit ihrem immensen Energie- und Rohstoffbedarf zur Plünderung wertvoller unersetzlicher Ressourcen überall auf dieser Welt bei. Diese Form von Landwirtschaft hat langfristig keine Überlebenschance und politisch keine Existenzberechtigung. Weder die Verantwortlichen in Parteien und Behörden, noch die zuständigen Interessenverbände haben bislang Reformmodelle vorgelegt, die auf eine grundlegende Änderung dieser schlimmen Fehlentwicklungen in der Agrarpolitik gerichtet sind. Im Gegenteil: Diese umwelt-

abträgliche Wirtschaftsform wird nicht nur verteidigt, sondern sogar noch vorangetrieben.

Wir benötigen eine Landwirtschaft, welche die belebte und die unbelebte Natur gleichermaßen achtet. Die ressourcenvernichtende Abhängigkeit der Landwirtschaft vom Energieverbrauch und von Importfuttermitteln sowie der Einfluß der chemischen Industrie und anderer Teile der Agroindustrie - wie Lebensmittelkonzerne und Agrarexporteure - müssen drastisch zurückgeschraubt werden.

Eine umweltverträgliche Landbewirtschaftung, wie sie von den Verbänden verstanden wird, muß eine Bodennutzung betreiben, die unnötige Boden- und Gewässerbelastungen vermeidet und die Bodenfruchtbarkeit erhält.

Sie muß zu einer deutlichen Senkung der Belastung des Grund- und Oberflächenwassers beitragen. Sie muß unnötige Belastungen durch Geruch, Lärm und Schadstoffe (wie Spritznebel u. a.) unterlassen. Sie muß die Erhaltung und die Wiederverbreitung wildlebender Pflanzen- und Tierarten sowie deren Lebensräume auf der gesamten Fläche gewährleisten.

Und sie muß schließlich die artgerechte Haltung von Nutztieren ermöglichen. Diese muß sich an den artspezifischen Bedürfnissen der Nutztiere orientieren.

Seit langem sind die Konzepte des integrierten Pflanzenbaus bzw. Pflanzenschutzes Grundlage landwirtschaftlicher Pflanzenschutzberatungen. Diese Konzepte werden von seiten der chemischen Industrie zur Optimierung des Einsatzes von Agrarchemikalien propagiert. Die Erfahrungen zeigen jedoch deutlich, daß sie keinen positiven Beitrag zum Abbau des Einsatzes von Agrarchemikalien leisten. Solche Konzepte tragen entgegen den propagierten Naturschutzabsichten der Chemieindustrie lediglich dazu bei, daß die Gefahren des Einsatzes von Agrarchemikalien heruntergespielt werden. Der integrierte Pflanzenbau hat sich als letzter Schritt auf dem falschen Weg erwiesen - und nicht als erster Schritt für einen Neuanfang.

Betriebe, die den ökologischen Landbau entsprechend den Richtlinien der IFOAM (Internationale Vereinigung biologischer Landbaubewegungen) betreiben, können die Ansprüche an eine umweltverträgliche Landwirtschaft weitgehend erfüllen. Es ist unbestritten, daß ein solcher Landbau die gesamte Ernährung der Bevölkerung sicherstellen kann. Außerdem werden die Überschüsse und die sozialen Folgekosten abgebaut. Die gesamte Agrarpolitik muß deshalb auf die Förderung dieser Landbaumethoden abzielen. Die Verbände fordern die Verabschiedung gesetzlicher Regelungen in der EG - notfalls aber auch im nationalen Alleingang - zur Förderung von Betrieben, die solche Landbaumethoden anwenden oder ihren Betrieb umstellen wollen.

Anfang 1988 haben die europäischen Regierungschefs ein Flächenstillegungsprogramm beschlossen, durch

Abb. 2: Oase im Kornfeld

das in der gesamten EG landwirtschaftliche Flächen aus der Produktion herausgenommen werden sollen. Dieses Programm wird weder die gewünschte Marktentlastung bringen, noch dient es dem Naturschutz. Es wird im Gegenteil zu einer weiteren Intensivierung und zusätzlichen Umweltbelastung auf den in der Produktion verbleibenden Regionen beitragen. Weniger rentable Flächen in benachteiligten Regionen, die ohnehin extensiv genutzt werden, fallen brach und verschärfen weiterhin die regionale Polarisierung. Unter dem Druck dieser Programme werden weitere klein- und mittelbäuerliche Betriebe aufgeben müssen.

Die Öffentlichkeit muß erkennen, daß die Programme lediglich aufgelegt wurden, um dem gefährlichen Strukturwandel ein positives Umweltimage zu verleihen. Die dringend notwendige Verminderung der Bewirtschaftungsintensität in Gunstlagen wird aber nicht erreicht.

Der richtige Weg zum Abbau der Überschüsse und zur Aufhebung des Konfliktes zwischen Landwirtschaft und Naturschutz liegt in der Extensivierung der landwirtschaftlichen Produktion auf der gesamten Fläche. Dies ist zu erreichen über die Bindung der Tierproduktion an die Fläche, durch Bestandsobergrenzen, durch eine Verteuerung von ertragssteigernden Produktionsmitteln wie etwa von Düngern, Pestiziden und Futterzusatzstoffen. Bestimmte Agrarchemikalien, wie Halmverkürzer, Totalherbizide, Atrazin und andere, die eine Intensivwirtschaft erst ermöglichen, sind zu verbieten. Ganz unabhängig von diesem Programm müssen Flächen für den Naturschutz bereitgestellt werden, auf denen keinerlei landwirtschaftliche Nutzung stattfinden darf, wie dies beispielsweise für Auwälder zutrifft.

Aufgrund der nicht mehr finanzierbaren Überschüsse sowie eines kaum noch zu steigernden Absatzes von Nahrungsmitteln in und außerhalb der EG, werden von verschiedenen Seiten in jüngster Zeit die nachwachsenden Rohstoffe als neue Perspektive für Umwelt und Landwirtschaft propagiert.

Die Erzeugung nachwachsender Rohstoffe soll angeblich zur Marktentlastung und Sicherung landwirtschaftlicher Einkommen beitragen. Dabei stehen vor allem Zucker, Stärke, pflanzliche Öle und Fette sowie Zellulose im Blickfeld. Es ist jedoch bereits erkennbar, daß diese Produktalternativen weder die bäuerlichen Einkommen sichern noch die Umwelt entlasten werden. Vielmehr ist davon auszugehen, daß durch den Anbau nachwachsender Rohstoffe der Einsatz von Agrarchemikalien noch erheblich steigen wird. Durch das vorgeschlagene Programm zur Ausweitung der nachwachsenden Rohstoffe werden die gegenwärtigen Probleme verschärft, zumal die Bio- und Gentechnologie weitere Wege zur Produktionssteigerung und Intensivierung eröffnet.

Als Einsatzfeld der Bio- und Gentechnologie ist vor allem die Landwirtschaft vorgesehen. Hybridsaatgut, Mineraldünger und Pestizide haben die "grüne Revolution" bewirkt. Nun soll die "gentechnische Revolution" in der Tier- und Pflanzenerzeugung folgen. Manipulationen am Erbmaterial mit dem Ziel einer einseitigen Leistungssteigerung bei Pflanzen und Tieren werden die Folge sein.

Die Anwendung der Bio- und Gentechnologie in der Landwirtschaft wird die negativen Auswirkungen der Agrarproduktion in eine neue Dimension potenzieren. Zusätzliche Risiken sind die Verdrängung von Wild- und Kulturpflanzen sowie Nutztierrassen und die Freisetzung von gentechnisch veränderten Bakterien und Viren.

Wir fordern die Verantwortlichen auf, den Einstieg in den Ausstieg aus der

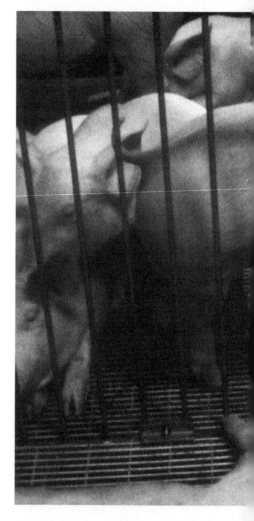

Bio- und Gentechnologie nicht wieder erst dann zu erwägen, wenn wir ein gentechnisches Tschernobyl erlebt haben. Wir appellieren an alle Menschen, sich nicht für ein gentechnisches Superexperiment zur Verfügung zu stellen, dessen schlimme Auswirkungen und Gefahren wir heute nur erahnen können.

... für eine umwelt- und sozialverträgliche Preispolitik

Die derzeitige Agrarpreispolitik in der Europäischen Gemeinschaft ist gekennzeichnet von Garantiepreisen,

Abb. 3: Diese Form der Schweinehaltung trägt den natürlichen Bedürfnissen der Tiere nicht Rechnung.

Importschranken und Exportsubventionen. Da Garantiepreise zumeist nur für verarbeitete Produkte bezahlt werden, profitieren die Landwirte hiervon am wenigsten. Für umsatzschwache Betriebe sind die Preise zur Erzielung eines angemessenen Einkommens viel zu niedrig, umsatzstarke Betriebe werden dagegen noch zusätzlich zur Mengenproduktion angespornt. Es gilt die Devise "Wachsen oder Weichen". Die Folge dieser Preispolitik - verbunden mit Produktivitätssteigerung durch den technischen Fortschritt - ist die sehr intensive und vielfach spezialisierte Landwirtschaft mit all ihren negativen Folgen für Natur und Umwelt. Diese Agrarpreispolitik zwingt zur Produktion nicht absetzbarer Überschüsse. Sie ist mitverantwortlich für die Einkommensprobleme und das Ausscheiden vieler kleinbäuerlicher Betriebe.

Für eine Reform der Agrarpreispolitik werden von den Veranstalterverbänden zwei Pfade diskutiert, um die Einkommenssituation landwirtschaftlicher Betriebe zu verbessern und gleichzeitig die Umwelt zu entlasten. Zum einen soll die Existenzsicherung für klein- und mittelbäuerliche Betriebe mit Hilfe direkter Einkommensübertragung erreicht werden. Entsprechende Zahlungen sollen dabei an eine umweltverträgliche Leistung gekoppelt sein. Direkte Einkommensübertragungen sollen verstärkt an die Stelle der bisherigen indirekten Subventionen - wie Garantiepreise, fünfprozentige Vorsteuerpauschale sowie Import- und Exporterstattungen - treten.

Ein anderer Weg wird in der Schaffung eines Staffelpreissystems gesehen. Danach soll den Landwirten für eine festgelegte Grundmenge ein höherer Preis gezahlt werden. Überproduktion soll durch preisliche Abstaffelung uninteressant gemacht werden, so daß eine Bevorzugung der umsatzstarken und agrarindustriellen Großbetriebe nicht mehr stattfindet. Auf diese Weise sollen die Rahmenbedingungen sowohl für eine sozial- als auch umweltverträgliche Landwirtschaft geschaffen werden.

Die Verbände sind darin einig, daß bestimmte umweltschädliche Produktionsfaktoren, die zu Höchsterträgen führen, mit besonderen Abgaben zu belegen sind. Dazu gehört insbesondere die rasche Einführung einer Stickstoffabgabe, wobei die Einnahmen daraus als produktionsneutrale Direktzahlung flächen- und betriebsbezogen an die Landwirte zurückgezahlt werden sollen. Die Rückzahlung soll dazu beitragen, daß diese Maßnahme für die Mehrzahl der landwirtschaftlichen Betriebe zumindest einkommensneutral ist. Organischer Dünger aus der Viehhaltung wird bei der Rückzahlung dementsprechend berücksichtigt, daß bei einer Viehdichte von z. B. 2 Großvieheinheiten (GV)/ha keine Ausgleichszahlung erfolgt.

Desweiteren ist ein Verbot bzw. die drastische Verteuerung bestimmter Pflanzenbehandlungsmittel erforderlich. Eine solche Verteuerung entspricht dem Verursacherprinzip, indem sie die umweltbelastende Produktion mit zusätzlichen Kosten belegt. Der so erzielte Abgabenfonds kann entweder zur Finanzierung direkter Einkommensübertragungen verwendet werden oder zur Finanzierung eines Staffelpreissystems.

... für eine eigenständige ländliche Entwicklung

Regionalpolitisch verursacht die gegenwärtige Agrarpolitik einen Strukturwandel, der zur weitgehenden Auflösung der Eigenständigkeit ländlicher Regionen führt. Historische und natürlich bedingte Ungleichgewichte zwischen ländlichen Gebieten und Ballungsräumen werden verstärkt.
Mit Hilfe der regionalen Wirtschaftsförderung soll zum einen die Industrialisierung des ländlichen Raumes vorangetrieben werden. Andererseits werden bestimmte Regionen gezielt den Entsorgungs-, Erholungs-, und Freizeitbedürfnissen von Großstädten und Ballungsräumen untergeordnet.
Die Verbände fordern auf regionaler Ebene eine verstärkte Zusammenarbeit zwischen den Betrieben gleicher Branchen und zwischen Landwirtschaft, Gewerbe, Handel und der Fremdenverkehrswirtschaft, mit dem Ziel, eine vielfältige, miteinander verflochtene Wirtschaftsstruktur in den Regionen zu entwickeln.
Für das Konzept der eigenständigen Regionalentwicklung ist nicht die Höhe der getätigten Investitionen vorrangiger Bewertungsmaßstab, sondern das durch das Projekt erzielbare zusätzliche regionale Einkommen, die Qualität geschaffener Arbeitsplätze sowie die Erhaltung einer lebenswerten Umwelt. Für diese Form der eigenständigen Regionalentwicklung müssen ausreichend finanzielle Mittel bereitgestellt werden.

... für eine artgerechte Tierhaltung

Tiere werden in unserer Industriegesellschaft immer mehr zu Produktionsmaschinen, Forschungsmodellen und Gebrauchsgegenständen degradiert. Bei der rationell betriebenen Tierhaltung werden möglichst viele Tiere auf engstem Raum gehalten. Dies ist aus ethischen Gründen nicht verantwortbar. Die Verbände verlangen:
- die Förderung der artgerechten Nutztierhaltung, die eine angemessene Pflege und Unterkunft bietet und ein artspezifisches Sozialverhalten der Tiere ermöglicht,
- die Förderung der artgerechten Ernährung ohne Zusatzstoffe,
- die Bindung der Tierhaltung an die Fläche und die Festlegung von Bestandsobergrenzen.
Gemeinsam werden die Verbände darauf hinwirken, das Bewußtsein der Bevölkerung über Mißstände in der Tierhaltung und Tierproduktion zu stärken.

... für eine Produktion qualitativ hochwertiger Nahrungsmittel

Landwirte sind heute mehr denn je zu Lieferanten für industriegerechte, maßgeschneiderte Rohstoffe geworden. Ihre Erzeugnisse gelangen immer seltener unbehandelt und unmittelbar an die Verbraucher.
Viele unserer Nahrungsmittel erleiden durch zunehmende Be- und Verarbeitung zu Halbfertig- und Fertigerzeugnissen erhebliche Qualitätseinbußen. Falsche Ernährung wie zu hohe Energiezufuhr und Mangel an Vitalstoffen führen zur Belastung des menschlichen Organismus. Schadstoffe in der Nahrungskette wirken sich zusätzlich belastend aus. Aus gesundheitlichen und ökologischen Gründen ist deshalb eine Ernährung mit möglichst schadstoffarmen und schonend erzeugten hochwertigen Lebensmitteln erforderlich. Nur frische, möglichst wenig be- und verarbeitete Nahrungsmittel haben hohe Gehalte an natürlichen Vitaminen, Mineralien und Vitalstoffen. Bestehende Güte- und Handelsklassenverordnungen führen jedoch dazu, daß makellos aussehende, gleichförmige Früchte höhere Preise erzielen als äußerlich nicht einheitliche Früchte mit hohen Gehalten an natürlichen Inhaltsstoffen.
Die Verbände fordern daher die Schaffung von Bestimmungen, die eine bessere und übersichtlichere Kennzeichnung und Qualitätseinstufung von Lebensmitteln durch die Verbraucher erlauben. Zusatzstoffe müssen deutlich und allgemeinverständlich angegeben werden. Darüber hinaus muß eine direkte Vermarktung, eher in Erzeuger-Verbraucher-Gemeinschaften, nachdrücklich gefördert werden. Hierzu ist eine Änderung des Marktstrukturgesetzes dringend erforderlich.

... für eine Landwirtschaftspolitik, die sich verantwortlich, fair und partnerschaftlich gegenüber der "Dritten Welt" verhält

Durch Entwicklungsstrategien wie die sogenannte "Grüne Revolution" sind starke Abhängigkeiten der Dritten Welt von Dünger-, Saatgut- und Pestizidimporten entstanden. Traditionelle und über lange Zeit bewährte Anbausysteme sind verdrängt worden. Durch intensive Monokulturen für den Export in die Industrieländer sind vielfach die Bedingungen für die Eigenversorgung der Bevölkerung und für eine umweltverträgliche Landwirtschaft zerstört worden. Damit vollzieht sich in den Ländern der Dritten Welt ein Prozeß ungeheurer Umweltzerstörung und Ressourcenplünderung. Die EG-Agrarpolitik ist für diese Prozesse mitverantwortlich.

Um dieser globalen Entwicklung entgegenzutreten, bedarf es der festen Einbindung des Umwelt- und Ressourcenschutzes in nationale und internationale Entwicklungsprojekte. Eine europäische Agrarpolitik darf keinesfalls zu Lasten der Dritten Welt betrieben werden.

Forderungen an die EG - Agrarpolitik

- Der Agrarhandelsaustausch sollte nur auf der Basis einer gesicherten Eigenversorgung mit Grundnahrungsmitteln aller Teilnehmer und auf Grundlage einer vielfältigen und umweltverträglichen Produktionsstruktur erfolgen.
- Die Nahrungsmittelhilfe ist innerhalb der nächsten Jahre auf reine Katastrophenhilfe zurückzuführen und soweit möglich mit Überschüssen aus der Dritten Welt zu bestreiten (Dreiecksgeschäfte).

Die Verbände sind mit der Europäischen Aktionskonferenz "Landwirtschaft und Natur" den ersten Schritt auf einem Weg gegangen, der partnerschaftlich aus der Agrarkrise herausführen soll. Auf der Basis der Gemeinsamkeiten werden die Verbände ihre Zusammenarbeit verstärken und darüber hinaus die Kontakte zwischen ihren Partnerorganisationen in den Ländern der Europäischen Gemeinschaft suchen und ausbauen. Gemeinsam rufen sie die Agrar- und Umweltpolitiker der Europäischen Gemeinschaft auf, dieses neue Bündnis als Gesprächspartner ernst zu nehmen und sich nicht länger von der blockierenden Politik der traditionellen Lobby-Organisationen unter Druck setzen zu lassen.

Abb. 4: Viel zu häufig wird der vorgeschriebene Abstand zwischen Bach und Ackergrenze nicht eingehalten; wie hier beim Welseder Bach.

Der Einfluß landwirtschaftlicher Flächen auf kleine Fließgewässer

Mathias Ließ

Der Mensch hat schon früh damit begonnen, Fließgewässer zu verändern. Seit dem Ende der Steinzeit (4000 v.Chr.) wurde Ackerland durch Rodung des Waldes gewonnen. Dies hatte eine verstärkte Erosion zur Folge, die jedoch erst im Mittelalter aufgrund einer intensiveren Landwirtschaft und eines stark steigenden Flächenbedarfs größere Ausmaße annahm. In dieser Zeit entwickelte sich auch der landwirtschaftliche Wasserbau, der immer mehr Fließgewässer den Bedürfnissen der Landwirtschaft anpaßte. Diese Bedürfnisse bestanden im wesentlichen darin, den Grundwasserstand einer Fläche auf der für Kulturpflanzen günstigen Höhe zu halten.

Um den bis in die jüngste Zeit ständig steigenden Flächenbedarf der Landwirtschaft zu befriedigen, wurde unsere Landschaft entsprechend ausgebaut. Es entstand ein in weiten Teilen strukturarmes Gebiet mit großen, maschinengerechten Feldern. Die eingebetteten Bäche wurden zur effektiven Grundwassersenkung und schnellen Wasserabführung begradigt.

Heutiger Stand

Die wasserbaulichen Maßnahmen wirken sich zunächst ertragssteigernd aus. Durch ihre kompromißlose Anwendung ziehen sie jedoch Probleme nach sich, die meist erst mittel- oder langfristig sichtbar werden. Die Bodenerosion ist inzwischen auf fast allen ackerbaulich genutzten Flächen zu einem solchen Problem geworden. Große Schläge sowie fehlende Randstreifen mit ganzjähriger Vegetation lassen selbst bei nur leicht hügeligem Gelände die jährliche Abschwemmung vom Oberboden auf mehrere Tonnen pro Jahr und Hektar anwachsen. Diese Abschwemmung hat ihr Maximum im Frühjahr, wenn starke Regenfälle auf den von Pflanzenwuchs noch unbedeckten Acker fallen. Die kinetische Energie der Regentropfen lockert die Bodenpartikel und bereitet so der Abschwemmung den Weg.

Da die Felder im allgemeinen bis unmittelbar an die Gewässerränder bewirtschaftet werden, können die mit Boden angereicherten Schwemmwässer ungehindert in die Bäche abfließen. Dadurch werden große Mengen Phosphat, Nitrat und Pestizide in die Fließgewässer eingetragen. Auf diese Weise gelangen 95% des Phosphats in die Bäche mit landwirtschaftlich genutzten Einzugsgebieten. Diese Nährstoffe bewirken - zumal dann, wenn das Gewässer nicht durch Bäume beschattet wird, - ein Verkrauten der Gewässer.

Außerdem wird durch Sedimentation des abgeschwemmten Bodens der Abfluß des Fließgewässers gestört. Regelmäßiges Räumen und Ausbaggern sind die kostenintensiven Folgen. Diese gestörten Lebensräume bleiben artenarm und sind kaum in der Lage, ihre Selbstreinigungskapazität zu entfalten. Eine weitere Verminderung der Lebensraumvielfalt wird durch monotone Uferbefestigung und Gewässerbegradigung geschaffen.

Ziel dieser Fließstreckenverkürzung ist eine erhöhte Abflußleistung und damit schnellere Grundwasserabsenkung in feuchten Jahreszeiten und auf nassen Standorten. Diese Degradierung der Bäche zu Abflußrinnen hat in

der Bundesrepublik Deutschland mit Ausnahme der Alpen bereits 90% der Fließstrecke erfaßt.

Ein Drittel des Trinkwassers wird in der Bundesrepublik aus Oberflächengewässern gewonnen. Die Notwendigkeit der Wasserreinhaltung und die Erhaltung der Selbstreinigungskapazität folgt daraus unmittelbar.

Schlußfolgerung

Der landwirtschaftliche Wasserbau hat sich bisher im wesentlichen an kurzfristigen Ertragssteigerungen orientiert. Ein Abwägungsprozeß der Interessen zwischen Landwirtschaft und Landschaftspflege (Lebensraumvielfalt, Trinkwasserregenerierung) hat nicht stattgefunden. Eine weitgehende Zerstörung naturnaher Fließgewässer durch Ausbau und Eutrophierung einerseits sowie Überschüsse in der Landwirtschaft andererseits, machen ein Umdenken nötig und möglich. In Zukunft muß der landwirtschaftliche Wasserbau teilweise andere Schwerpunkte setzen.

Naturschutz darf nicht als Forderung mit Selbstzweck gesehen werden, sondern als Mittel zur langfristigen Erhaltung der Umwelt.

Gewässer müssen von Randstreifen gesäumt werden, die in der Lage sind, einen großen Teil der oberflächlichen Abschwemmungen aufzuhalten.

Schon bei einem nur leicht geneigten Acker muß dieser unbearbeitete Randstreifen mehrere Meter breit sein, um nicht unterspült zu werden. Weiterhin soll dem Bach mindestens kleinräumig die Möglichkeit gegeben werden, Mäander zu bilden. Ein Mosaik aus vielfältigen Kleinstlebensräumen entsteht:

- Prallhänge mit einem dichten Geflecht aus uferstabilisierenden Erlenwurzeln,
- Gleithänge mit Röhrichtbewuchs,
- Strömungsberuhigte Zonen, in denen Schwebstoffe sedimentieren, deren organische Bestandteile abgebaut werden.
- Standortgerechte Bäume und Sträucher müssen zur Beschattung der Gewässer und der Randstreifen gepflanzt werden, um eine übermäßige Verkrautung zu verhindern.

Schon vor 500 Jahren erkannte Leonardo da Vinci: " Weil der Fluß um so schneller wird und das Ufer um so mehr zernagt, je gerader er ist, deshalb ist es nötig solche Flüsse entweder stark zu verbreitern oder sie durch viele Windungen zu schicken." So alt also viele Erkenntnisse sind, so aktuell sind sie auch heute noch.

Abb. 1: Oberflächige Überschwemmungen auf einem Acker nach starkem Regen

Bewertung von Fließgewässern
Gunnar Rehfeldt

Ökologische Bewertungen spielen heute bei der Planung von Nutzungen der Landschaft eine wichtige Rolle. Bewertungen sind die Voraussetzung für Entscheidungen über Nutzungsänderungen oder über Eingriffe in einzelne Landschaftsteile. Die Kriterien und die Merkmale, auf die sich eine Bewertung z. B. für die Bedeutung eines Landschaftsteils als Vorrangfläche für den Naturschutz bisher stützt, sind jedoch sehr unterschiedlich, oft sogar willkürlich.

Interessenbezogene Gewässerbeurteilung

Bewertungen werden heute von sehr verschiedenen Interessengruppen durchgeführt: von Fachbehörden, Planungsbüros oder von Gutachtern aus Verbänden oder Universitäten. Je nach fachlicher Voraussetzung und Zielsetzung fällt die Auswahl der Bewertungsmerkmale sehr unterschiedlich aus. So wird ein Wasserwirtschaftsamt zur Bewertung eines Gewässers vor allem physikalisch-chemische Parameter, kombiniert mit Angaben über Wasserorganismen heranziehen. Ein Naturschutzverband wird möglicherweise vor allem auffälligere Tiergruppen wie Fische oder Vögel für eine Bewertung in den Vordergrund rücken. Ein anderer Gutachter wird seine Untersuchung und Beurteilung hauptsächlich auf hydrologische Daten oder Mikroorganismen stützen. Entsprechend unterschiedlich wird die Interpretation der

Abb. 1: Frühjahrshochwasser im Harzvorland an der Innerste. Der Weidenauwald ist überflutet.

Abb. 2: Neuentstandene Kiesbank mit Pionierpflanzen der Ufersäume und Acker-Unkrautgesellschaften.

Erhebungsergebnisse ausfallen und den Planungsprozeß beeinflussen.

Wohl kaum ein anderes Ökosystem unterliegt derart vielfältigen Nutzungen und damit auch Belastungen durch den Menschen wie ein Fließgewässer. Insbesondere die Funktion eines Flusses als Abwasserkanal ist durch die Rheinkatastrophe von Basel wieder in den Blickpunkt des Interesses gerückt. Bereits seit Anfang dieses Jahrhunderts werden Fließgewässer unter dem Gesichtspunkt der Gewässerverschmutzung klassifiziert und bewertet. Aufgrund von Vorkommen bestimmter Zeigerorganismen, den sogenannten Saprobien, werden Rückschlüsse auf die Qualität des Wassers gezogen. Diese Bewertungsverfahren der Wassergüte sind mit zunehmender Kenntnis der Ansprüche der Wassertiere verfeinert worden. Sie gehen auch heute noch kombiniert mit chemischen Parametern als Saprobienindex in Güteklassifikationen von Gewässern ein.

Vielfach ist das Saprobiensystem jedoch nur bedingt einsetzbar. Es werden ökologisch sehr unterschiedliche Gruppen von Wasserorganismen zusammengefaßt. Die Bewertung unterschiedlicher Gewässertypen ist kaum vergleichbar. Auch die Akkumulation von Schadstoffen kann nicht beschrieben werden.

Eine alleinige Klassifizierung der Gewässergüte durch sehr grobe Kriterien kann heutigen Anforderungen an eine ökologische Bewertung von Fließgewässern nicht mehr genügen. Diese muß auch hydrologische und strukturelle Faktoren ebenso wie weitere biologische Daten über ein Fließgewässersystem miteinbeziehen. Dies kann nur durch eine Zusammenarbeit von Fachleuten verschiedener Disziplinen geleistet werden. Die Vielzahl von Interessengruppen aus Wasserwirtschaftspflege, Naturschutz, Landwirtschaft und Industrie erschwert jedoch gerade bei Fließgewässern die Erstellung komplexerer Bewertungsrahmen.

Ein Fließgewässer kann nicht isoliert ohne seine Aue gesehen werden. Mit dieser steht es durch periodische Überflutungen und Grundwasserströme in intensivem Austausch. Fließgewässer und Auen sind daher ein besonders komplexes Ökosystem mit einem im naturnahen Zustand kleinräumigen Mosaik verschiedener Strukturen und Vegetationstypen. Ausgehend vom Flußbett selbst, finden sich Kies- oder Schlammbänke, Altwässer in der Aue, Röhrichte, Hochstaudenfluren, Feuchtwiesen, je nach Feuchtezustand unterschiedli-

Abb. 3: Schwermetalliebender Galmeirasen mit der Hallerschen Grasnelke.

che Auwaldformen bis hin zu ausgesprochen trockenen Bereichen mit Magerrasen oder Steilwänden an Prallhängen. Hier fehlt es völlig an einheitlichen Bewertungsmerkmalen. Erschwerend wirkt sich aus, daß sich Fließgewässer landschaftsabhängig in ihrer Wasserführung, Struktur und Besiedlung erheblich unterscheiden.

Differenzierte Beurteilung eines Flußlaufs

Bäche und Flüsse ziehen sich mit langen Randlinien bandartig durch sehr unterschiedliche Landschaftsteile. Dies erfordert eine getrennte Bewertung von Quellbereichen, Ober-, Mittel- und Unterläufen und der dazugehörigen Auen sowie des gesamten Einzugssystems.

Am Beispiel eines Nordharzgewässers, der Innerste, sei diese Problematik näher erläutert. Nach der Gewässergütekarte des Niedersächsischen Wasseruntersuchungsamtes in Hildesheim ist der Fluß überwiegend der Güteklasse 2 bis 3 zuzuordnen. Einzelne Nebengewässer sind jedoch weitaus stärker belastet, denn es erfolgen Einleitungen durch die metallverarbeitende und chemische Industrie und von kommunalen Abwässern. Die Lebensgemeinschaft der Organismen des Gewässerbodens ist zugunsten belastungstoleranter Arten verändert. Staustufen sollen die Selbstreinigungskraft des Gewässers erhöhen. Das Gefälle und die hierdurch bedingte hohe Fließgeschwindigkeit sichern jedoch praktisch ganzjährig bis in den Mittellauf vergleichsweise hohe Sauerstoffgehalte. Lokal können daher Reinwasserorganismen selbst in den stärker belasteten Abschnitten vorkommen. Hierfür sind auch Grundwasserströme und Nebengewässer verantwortlich. Dies gilt besonders für die Elritze, die in Bereichen mit Altwässern geradezu in Massen vorkommt. Die Innerste zählt damit in Niedersachsen zu den Flüssen mit den größten Kleinfischbeständen. Entsprechend bedeutsam ist hier das Vorkommen fischfressender Vogelarten wie Eisvogel oder Säger.

Seit Anfang der 70er Jahre treten durch den Bau der Innerstetalsperre im Harzvorland die Hochwässer des zeitigen und späten Frühjahrs nicht mehr alljährlich auf. Zwar hat sich im Vorland eine "Freie" erhalten, das heißt ein Bereich, in dem der Fluß frei mäandrieren kann. Im natürlichen Zustand kommt es hier ständig erneut zu einer Ausbildung und Verlagerung von Kiesbänken und Altwässern. Das hier herrschende Gleichgewicht zwischen Sedimentation und Abtrag ist jedoch durch den Talsperrenbau teilweise gestört. Es kommt zu einer Akkumulation von Feinsedimenten, wodurch Kiesbänke innerhalb kurzer Zeit wieder verschwinden und Altwässer sehr schnell verlanden. Die artenreiche Ruderalvegetation und die für Wildflußauen typischen Pionierarten verschwinden.

Weiterhin ist der Auenboden durch Schwermetalle aus der Metallgewinnung und -verarbeitung im Harz belastet, insbesondere mit Blei und Zink. Auf höhergelegenen, flachgründigen Trockenstandorten haben sich daher schwermetalliebende Galmeirasen ausgebildet, eine abgesehen vom Okertal für Norddeutschland einmalige Pflanzengesellschaft. Auch sie ist ebenso wie die Weidenauenwälder auf die Hochwässer angewiesen. Die Eutrophierung des Bodens und der Eintrag von Feinsediment drängen diese Magerrasen zugunsten der häufigen Glatthaferwiesen allmählich zurück. Die Fauna dieser Schwermetallfluren ist ebenso wie die der Kiesbänke einmalig für Norddeutschland und weist eine Vielzahl gefährdeter Arten auf. Gerade die Schwermetallrasen zeigen besonders eindrucksvoll die enge Verzahnung von Hydrochemie und Hydrologie eines Fließgewässers und der Ausbildung seiner Auenstruktur und -vegetation.

Nach dem Talsperrenbau haben sich nicht nur einzelne natürliche Landschaftsteile des Ökosystems verändert. Durch den verstärkten Kiesabbau, aber auch durch die Anlage von Abwasserteichen, werden Teile der Aue in Teichlandschaften verwandelt. Neue Tierarten wie z. B. die Reiherente sind eingewandert und erhöhen die Zahl der Brutvogelarten an der Innerste im Harzvorland auf nahezu 100. Gleichzeitig aber verschwinden durch die lokale Abflußregulation und Uferbefestigung Arten der Steilwände wie der Eisvogel und bestimmte Hautflügler ebenso wie Laufkäferarten periodisch überfluteter Ufer. Typische Pionierarten der Auen werden zugunsten von Bewohnern konstanter Gewässertypen zurückgedrängt. Auch die landwirtschaftliche Nutzung der an die Aue angrenzenden Ackerflächen wurde intensiviert, und es werden verstärkt Düngemittel oder Silage in der Aue auf den empfindlichen Galmeirasen abgelagert.
Gleichzeitig hat die Erholungsnutzung zugenommen. Auf dem Fluß selbst tummeln sich Kanufahrer, an seinen Ufern stehen Angler, Reiten und Wandern als Freizeitbeschäftigung erfolgt selbst in den feuchteren Auwaldbereichen.

Diese Ausführungen machen deutlich, daß für eine ökologische Bewertung der Innerste und ihrer Aue einzelne Bewertungsmerkmale in keiner Weise genügen. Es ist zunächst eine geologische, hydrologische und strukturelle Charakterisierung (Auftreten von Altwässern, Breite der Aue u. a.) erforderlich, die auch historische Gesichtspunkte miteinbezieht. Nach ge-

Abb. 4: Frisch geschlüpfte und noch unausgefärbte Gebänderte Heidelibelle. Ein typischer Bewohner von Altwässern der Innersteaue.

zielten Erhebungen der Zeigerorganismen verschiedener für Fließgewässer repräsentativer Strukturen wie Kiesbänke, Magerrasen, Weidenauwälder, Altwässer und im Fließgewässer selbst, kann eine ökologische Bewertung einzelner Strukturen und Abschnitte des Gewässers erfolgen. Derartige Untersuchungen können aber in einem System, in dem nicht mehr alljährlich Hochwässer auftreten, nicht kurzfristig innerhalb weniger Monate, sondern nur über mehrere Jahre erfolgen.

Es besteht ein dringender Bedarf an Richtlinien, die Hinweise geben, welche Merkmale eines Ökosystems in eine Bewertung eingehen müssen, wie diese erhoben werden sollen und nach welchen Kriterien eine Bewertung erfolgen soll. Hierbei genügt es nicht, lediglich Kennzahlen oder Indices für Seltenheit, Gefährdung und Ansprüche einzelner Arten oder Artengruppen aufzuaddieren, um eine Rangfolge von Lebensräumen zu erhalten. Eine Bewertung muß sich landschaftsabhängig an der natürlichen oder naturnahen Situation des Ökosystems Fließgewässer orientieren, denn zumeist ist dies der funktionstüchtigste und leistungsfähigste Zustand im Naturhaushalt.

Die Fischfauna Norddeutschlands – Gefährdung und Schutzmöglichkeiten

Detlev Gaumert

Heute zählt man in Norddeutschland etwa 45 - 50 Fischarten. Neben den hier ursprünglich vorkommenden, den autochthonen Arten, sind inzwischen eine Anzahl weiterer Fischarten eingebürgert. Zu diesen Arten gehört der vor etwa einhundert Jahren in Deutschland eingeführte Zwergwels (*Ictalurus nebulosus*) ebenso wie der Bachsaibling (*Salvelinus fontinalis*). Von beiden Fischarten gibt es sich eigenständig erhaltende Populationen; eine Ausweitung des bisher besiedelten Gewässerareals ist jedoch nicht zu beobachten. Die Äsche (*Thymallus thymallus*), die in Niedersachsen von jeher zu den autochthonen Fischarten gehört hat, gilt heute in Schleswig-Holstein als eingebürgert.

Andere Fischarten kommen zwar in norddeutschen Teichwirtschaften, Fischzuchten und auch in freien Gewässern vor, pflanzen sich jedoch nicht erfolgreich fort. Hierzu gehören der aus Ostasien eingeführte Graskarpfen (*Ctenopharyngodon idella*), aber auch verschiedene fremde Lachsarten. Die Liste dieser Fischarten ist relativ lang; sie kann auch nicht als abgeschlossen gelten, da mit dem Einführen und Aussetzen weiterer Arten immer noch zu rechnen ist. Jüngstes Beispiel für einen solchen Fall ist das Auftreten des Blaubandbärblings (*Pseudorasbora parva*), der in Niedersachsen erstmalig im Jahre 1987 festgestellt wurde. Inzwischen gibt es Hinweise auf zwei weitere Vorkommen.

Der Blaubandbärbling ist ein kleiner Fisch; in Größe und Biotopansprüchen ist er mit dem heimischen Gründling vergleichbar. Seine Vermehrungsrate ist in den bayerischen Karpfenteichwirtschaften, aus denen die in Niedersachsen festgestellten Exemplare mit großer Wahrscheinlichkeit stammen, sehr hoch. Es gibt Hinweise darauf, daß der Blaubandbärbling den heimischen Gründling durchaus verdrängen kann. Allerdings ist noch ungeklärt, ob die Temperaturverhältnisse in den norddeutschen Fließgewässern für ein erfolgreiches Ablaichen ausreichen. Eine großräumige Verdrängung des Gründlings, der zu unseren häufigsten Fischen gehört und der in der aquatischen Nahrungskette damit eine erhebliche Bedeutung besitzt, würde zu ökologischen Folgen führen, deren Ausmaße aus heutiger Sicht noch nicht abzuschätzen sind.

Gewässer als Lebensraum

Vorkommen und Verbreitung der ursprünglichen norddeutschen Fischfauna wird, soweit sie nicht durch Besatzmaßnahmen beeinflußt wird, entscheidend von der Lebensraumqualität bestimmt. Die wiederum ist vorrangig abhängig von den Faktoren Wassergüte und Strukturvielfalt der Gewässer. Diese abiotischen Bedingungen bestimmen Aufbau und Vernetzungen innerhalb der aquatischen Nahrungsketten und prägen damit auch die biologischen Bedingungen für das Vorkommen einzelner Fischarten. Sie ist das Nahrungsangebot in einem Gewässer, das unter naturnahen Verhältnissen mit Phyto- und Zooplankton sowie dem Makrozoobenthos mit zahlreichen Arten breit gefächert ist; auch Fischbrut, Jungfische und Kleinfischarten gehören dazu. Kleinfischarten stehen nur in Ausnahmefällen am Ende der aquatischen Nahrungskette - ein Aspekt, der bei Neu- oder Wiederansiedlungsmaßnahmen unbedingt zu berücksichtigen ist. So wird die Forderung des Naturschutzes, in neu entstandene Abgrabungsgewässer nur Kleinfischarten oder aber gar keine Fische auszusetzen, dem Ziel einer naturnahen, dichtvernetzten aquatischen Nahrungskette nicht gerecht. Außerdem ist eine natürliche Zuwanderung von Fischarten im Gegensatz zu terrestrischen Pflanzen- und Tierarten in den meisten Fällen nicht möglich.

Sieht man einmal von kleinen und kleinsten Gräben und Bächen ab, so ist das Fehlen von Großfischen im Artenspektrum eines Gewässers stets ein Hinweis auf anthropogene Veränderungen im und am Gewässer. Die Lebensmöglichkeiten für die zahlreichen heimischen Arten hängen letztlich immer entscheidend von den abiotischen Bedingungen wie Sauerstoff- und Temperaturhaushalt, pH-Wert, den Strukturangeboten des Gewässerprofiles, den Strömungsverhältnissen und den Wassertiefen ab. Diese können durch Nutzung der Gewässer entscheidend beeinträchtigt werden.

Eingriffe in den naturnahen Zustand, der meist durch eine große Vielfalt an

Abb. 1: Einseitig geräumtes Bachbett

Abb. 2: Stark eutrophierter Bachlauf

Lebewesen geprägt ist, führen in aller Regel über eine Einschränkung der Lebensmöglichkeiten zu regressiven Bestandsentwicklungen. Hiervon sind zunächst die Arten mit ganz speziellen Biotopansprüchen betroffen: Die Groppe (*Cottus gobio*) reagiert mit einem Bestandsrückgang auf ein Absinken der Wassergüteklasse unter I/II. Das Vorkommen der Bachforelle (*Salmo trutta f. fario*) ist abhängig von der Anzahl der Unterstandsmöglichkeiten im Bach. Verschwinden die Großmuscheln durch unzureichende Wassergüte oder zu intensive Gewässerunterhaltung, so kann sich der Bitterling (*Rhodeus sericeus amarus*) nicht mehr fortpflanzen, der seine Eier in diese Muscheln ablegt. Aus diesen Gründen sind sicher zahlreiche Populationen dieser interessanten Klein-

Abb. 3: Sohlgleite in Hude

Abb. 4: Wehr in Fintau

fischart erloschen, obwohl der Bitterling ansonsten eine große ökologische Valenz besitzt.

Gefährdungsfaktoren

Die Reihe der Fischarten, deren Bestand durch Veränderungen in ihrem aquatischen Lebensraum infolge menschlicher Eingriffe zurückgeht, ließe sich noch lange fortsetzen. Aus heutiger Sicht gehören zu den hauptsächlichen Gefährdungsfaktoren
- der Ausbau von Gewässern, der in der Regel einheitliche Wassertiefen zur Folge hat und zu immer weniger differenzierten Strömungs- und Substratverhältnissen und oft zu stärkeren Schwankungen im Sauerstoff- und Temperaturhaushalt führt;
- die Maßnahmen der Gewässerunterhaltung, die - unabhängig vom gesetzlichen Auftrag - nicht selten durch intensive Krautung und Räumung jegliche Eigendynamik und Strukturierung der Gewässer unterbinden;
- die Belastung durch kontinuierliche oder gelegentliche Abwassereinleitungen, die auf einen Fischbestand selektierend wirken; nur wenige unempfindlichere Arten können sich auf Dauer noch halten;
- die erheblichen Nährstoff- und Sedimenteinträge in die Gewässer infolge von Ausbaumaßnahmen, bei denen Ufergehölzstreifen oder ungenützte Randstreifen beseitigt werden; als Resultat dieser indirekten Düngung treten Eutrophierungsphänomene auf, die wiederum intensivere Gewässerunterhaltungsmaßnahmen nach sich ziehen; Sedimentablagerungen schränken zudem die Laichmöglichkeiten der Kieslaicher unter den Fischen ein;
- Wanderhindernisse in Form von Abwasserbarrieren, unüberwindbaren Wehren, Sohlabstürzen und sonstigen Querbauwerken, die entweder den Zugang zu stromauf gelegenen Laichplätzen oder aber die natürliche Wiederbesiedlung von Gewässern und Gewässerteilstrecken verhindern.

Eine ganze Anzahl weiterer Gefährdungsfaktoren könnte hier noch aufgelistet werden, die im Einzelfall als Ursache für regressive Bestandsentwicklungen zu benennen sind. Meist wirken jedoch mehrere Faktoren zusammen, wie am Beispiel der gerade im norddeutschen Raum vorkommenden Wanderfischarten deutlich wird. Zu den Fischarten, die zum Laichen aus dem marinen Bereich ins Süßwasser aufsteigen, gehören neben anderen Arten Stör, Lachs, Meerforelle, Meer- und Flußneunauge. Diese Wanderfischarten sind heute als hochgradig gefährdet oder - wie der Stör - bereits als ausgestorben eingestuft.

Abb. 5: Schmerle

Diese Bestandssituation läßt sich in keinem Fall auf eine Überfischung der Bestände zurückführen, obwohl diese Arten noch zu Beginn des Jahrhunderts intensiv befischt wurden. Der Rückgang wurde letztlich durch die umfangreichen Strombaumaßnahmen, die Belastung mit Abwässern und die Isolierung der Laichplätze durch Wehre verursacht.

An der heutigen Situation der Meerforelle (*Salmo trutta*) im Elbegebiet läßt sich die Wirkung dieser Faktoren exemplarisch aufzeigen. Den von See her zum Laichen aufsteigenden Meerforellen gelingt die Passage der Unterelbe bis über Hamburg hinaus nur dann erfolgreich, wenn der Oberwasserabfluß so groß ist, daß die Gewässergüte nicht unter den kritischen Wert absinkt. Der weitere Aufstieg in die Laichgewässer wie Este, Seeve und Luhe wird dann durch Stauwehre unterbrochen. Um diese Meerforel-

Abb. 6: Blaubandbärbling

lenpopulationen dennoch zu erhalten, werden die aufsteigenden Fische seit vielen Jahren von den ortsansässigen Sportfischervereinen gefangen und ins Oberwasser umgesetzt, so daß sie ihre Laichplätze aufsuchen können. Da aber auch diese durch Ausbau- und Unterhaltungsmaßnahmen nicht mehr im ursprünglichen Umfang vorhanden sind, werden einem Teil der Fische die Eier entnommen und in speziellen Brutanlagen erbrütet. Die geschlüpfte Brut wird anschließend im Einzugsgebiet dieser Gewässer ausgesetzt. Parallel zu diesen Maßnahmen ist vor kurzem an der Este in Moisburg ein ´Fischpaß´ errichtet worden, und lokale Maßnahmen zur Renaturierung einzelner Gewässer sind in den letzten Jahren begonnen worden. Der Erhalt von Fischarten durch den Fang von Laichfischen und die künstliche Erbrütung - wie hier am Beispiel der Meerforelle aufgezeigt und anderenorts auch für Lachs und Bachforelle praktiziert - wird solange notwendig sein, bis es gelungen ist, die natürliche Fortpflanzung in den Gewässern durch Renaturierungs- und Sanierungsmaßnahmen wieder in ausreichendem Umfang zu ermöglichen.

Schutzmaßnahmen

Zur Erhaltung der heimischen Fischarten müssen Schutzmaßnahmen getroffen werden, die sich speziell an den jeweiligen Gefährdungsursachen orientieren. Auch Fischartenschutz aber kann, abgesehen von Einzelfällen, wirkungsvoll nur über den Biotopschutz realisiert werden. Dies gilt vor allem auch für die Kleinfischarten, über deren Lebensweise und -ansprüche noch relativ wenig bekannt ist, so daß rückläufige Bestandsentwicklungen nur selten auf einzelne konkretisierbare Gefährdungsfaktoren zurückgeführt werden können.

Schutzmaßnahmen sind am ehesten in kleineren Gewässern zu realisieren. Hier können Abwassereinleitungen saniert und die Folgen eines Gewässerausbaus durch geänderte Unterhaltungsmaßnahmen gemindert werden, die die ökologischen Ansprüche der Gewässerbiozönosen berücksichtigen. So sind zumindest regional naturnahe Gestaltungsmaßnahmen an den Gewässern möglich, die beispielsweise in der Umgestaltung von Sohlabstürzen zu Sohlgleiten bestehen können. Eine Vielzahl von Einzelmaßnahmen ist hier denkbar, die in der Summe der Wirkungen zur Sicherung von bestehenden Restpopulationen oder sogar zur natürlichen Wiederausbreitung beitragen können. Es gibt inzwischen einige Beispiele dafür, daß auch Kleinfischarten von selbst angrenzende Gewässerstrecken neu besiedeln können. Jede Arealausweitung aber bedeutet gleichzeitig eine geringere Gefährdungssituation für die jeweilige Art.

Aktuelle Schutzbemühungen sollten sich vor allem auf die Oberläufe der Fließgewässer erstrecken. Oft sind nur noch dort Restpopulationen von Fischarten anzutreffen, die bereits isoliert sind. Über eine Beseitigung von Wanderhindernissen kann eine natürliche Arealausweitung und Wiederbesiedlung in Gang gesetzt werden.

Neu- und Wiederansiedlungsmaßnahmen können sich dann auf die Fälle beschränken, in denen ein Zuzug von Fischen generell nicht möglich ist wie in abgeschlossenen stehenden Gewässern oder aber in solchen Gewässerabschnitten, in denen keine Restpopulationen mehr vorhanden sind.

Die Fischereigesetze bieten über die Ausweisung von Schonbezirken und Laichschonbezirken die Möglichkeit, Gewässer oder Gewässerteilstrecken in ihrem heutigen Bestand weitgehend zu erhalten und negative Einflüsse zu reglementieren. Die weitergehende Forderung nach einer Wieder-

herstellung naturnaher Lebensräume läßt sich nur dann verwirklichen, wenn es gelingt, integrierte Schutz- und Entwicklungskonzepte im Zusammenwirken von Fischerei, Wasserwirtschaft und Naturschutz zu erarbeiten

und umzusetzen. Erst das gemeinsame Fachwissen wird hier Erfolge bei der Verbesserung der ökologischen Situation von Gewässern und Lebensgemeinschaften ermöglichen. Schutz- und Förderungsmaßnahmen sollten sich grundsätzlich nicht auf bestimmte Fische wie Kleinfischarten oder besonders gefährdete Arten beschränken, sondern das gesamte Artenspektrum der norddeutschen Fischfauna berücksichtigen.

Abb. 7: Mäandrierender Bachlauf mit vielen Unterstandsmöglichkeiten für Kleinfische.

Die Auswirkung der Nordseeverschmutzung auf Meerestiere

Volkert Dethlefsen

Seit 10 Jahren verfügen wir über Kenntnisse über das Vorkommen und die Verbreitung von Erkrankungen von Fischen in der Nordsee. Die Ergebnisse wurden seinerzeit zum Anlaß genommen, gründlichere Untersuchungen insbesondere in der Deutschen Bucht anzustellen, so daß wir heute gute Informationen über die Schadstoffbelastung von Seewasser, Sedimenten und Meerestieren in dieser Region haben. Die jüngsten Ereignisse der Nordsee machen nur zu deutlich, daß die Belastung eine Grenze erreicht hat, die bei extrem Begleitsituationen die Kompensationsmöglichkeiten des marinen Ökosystems überfordern. Nach ungünstigen Witterungsbedingungen wie in diesem Jahr, d. h. nach einem milden Winter mit hohen Nährstoffabflüssen und einer warmen Frühjahrsperiode, kommt es zu Überproduktionen pflanzlichen Planktons und als Folge davon treten Algenmassenteppiche auf, die teilweise dramatische Effekte auf Fische zeigen. Hierdurch wird gezeigt, daß die Warnungen von Wissenschaftlern in der Vergangenheit nur allzu berechtigt waren. Größerflächige Ausfallerscheinungen in der Nordsee gehören nicht mehr in den Bereich der Utopie. Neuere Untersuchungen ergaben biologische Veränderungen in der Nordsee, die möglicherweise mit Schadstoffen in Zusammenhang stehen.

Fischkrankheiten

Seit 10 Jahren werden Erhebungen zur Erfassung der Häufigkeit der Verbreitung von Fischerkrankungen in der zentralen und südlichen Nordsee durchgeführt. Die Kliesche (*Limanda limanda*), ein schollenähnlicher Plattfisch, war besonders häufig mit äußerlich erkennbaren Erkrankungen behaftet. Die Erkrankungen waren teilweise durch Viren (Lymphocystis, Himbeerkrankheit) oder durch Bakterien (Geschwüre) hervorgerufen, oder ihre Erreger sind bis heute unbekannt (epidermale Papillome). Die Befallsraten der Kliesche mit diesen drei am häufigsten auftretenden Erkrankungen schwankten während des genannten Untersuchungszeitraumes. 1984 wurden Befallsmaxima in der gesamten südlichen Nordsee festgestellt. Fast 50 % der untersuchten Klieschen wiesen solche Erkrankungen auf. Inzwischen scheint sich die Erkrankungsrate bei dieser Fischart bei 30 % eingependelt zu haben. Regionale Schwerpunkte der Krankheitshäufigkeiten lagen in der Deutschen Bucht und in nördlich davon gelegenen Zonen, jedoch auch in küstenfernen Gewässern, beispielsweise auf der Doggerbank, d. h. in der zentralen Nordsee, auf der Fischerbank und vor der britischen Küste. Die hohen Fischerkrankungsraten in küstenfernen Gewässerteilen waren eine Überraschung, da davon ausgegangen wurde, daß diese Gewässer unbelastet sind. Am Kabeljau (*Gadus morhua*) fanden sich die seit längerem bekannten Skelettdeformationen. Die Befallsraten betrugen im Mittel 1 %. In Küstennähe traten höhere Befallsraten auf.

Es wurden auch neue Erkrankungen gefunden, wie beispielsweise Pseudobronchialtumoren; das sind walnußgroße, paarig wachsende Wucherungen am Gaumendach der Fische. Während der Sommermonate wurden auch Geschwüre gefunden, die als durch Streß geförderte Krankheiten angesehen werden.

Die Befallsraten mit Pseudobranchialtumoren lagen bei 1 %, die für Geschwüre unterlagen starken saisonalen Schwankungen. Andere Fischarten zeigten sehr selten äußerlich erkennbare Erkrankungen (unter 0,1%). Neuere Untersuchungen über die Belastung von Fischen, Sedimenten und Fischnährtieren in den aufgesuchten Gebieten brachten überraschende Ergebnisse. Die Belastung der Fische mit Chlorverbindungen war hoch, die höchsten Konzentrationen ergaben sich für polychlorierte Biphenyle. Eindeutig war hier als regionaler Schwerpunkt die Deutsche Bucht zu identifizieren.

Hinsichtlich anderer Substanzen, z. B. DDT, erwiesen sich Fische von der britischen Küste und der Doggerbank

Abb. 1: Kliesche mit offener Hautstelle
Abb. 2: Kliesche mit Geschwüren

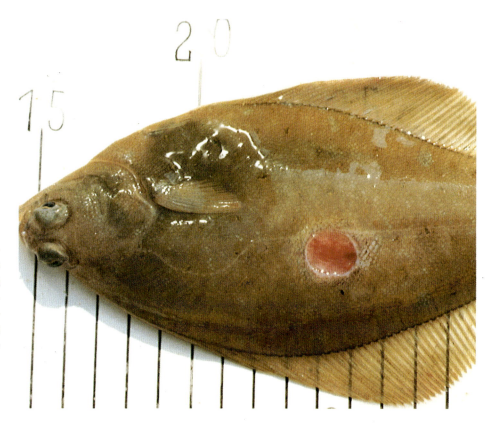

als stärker belastet. Für die Schwermetalle Cadmium und Blei werden die höchsten Belastungen in Fischen von der Doggerbank gemessen. Quecksilber in Lebern von Fischen war hingegen so verteilt wie erwartet, d. h. in höheren Konzentrationen in Küstennähe.

Schadstoffablagerung in Sedimenten

Untersuchungen zur Schadstoffanreicherung in Sedimenten zeigten, daß bestimmte küstenfern gelegene Areale, insbesondere die Fischerbank, ein 200 km von der Elbmündung entferntes Gebiet, höher mit Schwermetallen kontaminiert ist. Für verschiedene Schwermetalle konnten unterschiedliche regionale Belastungsschwerpunkte ermittelt werden. Chrom beispielsweise fand sich in erhöhten Konzentrationen sowohl in der Deutschen Bucht als auch in einem sehr großflächigen Areal vor der britischen Küste. Zink und Cadmium hingegen waren auf der kontinentalen Seite der Nordsee in höheren Konzentrationen anzutreffen. Paralleluntersuchungen zeigten, daß Einsiedlerkrebse des nordwestlichen Teils der Nordsee am höchsten belastet waren.

Diese Ergebnisse machen deutlich, daß unsere bisherigen Einschätzungen, daß die Verschmutzung, die aus

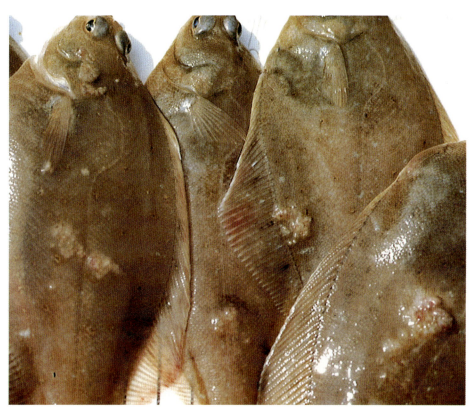

Flüssen in die Nordsee eingetragen wird, in den Ästuaren verbleibt und küstenfernere Teile unbelastet sind, nicht zutreffend sind. Die großräumigen Transportvorgänge in der Nordsee bewirken, daß die Schadstoffe nicht nur in den Flußmündungen bleiben, sondern auch Gewässerteile, die in großer Entfernung von diesen Flußmündungen gelegen sind, belastet werden.

Untersuchungen über die Fortpflanzungsfähigkeit von Fischen

An Wittlingen der Nordsee (*Merlangius merlangius*) wurde untersucht, ob ein Zusammenhang besteht zwischen der Anreicherung von Schadstoffen in den Eierstöcken und dem Aufkommen der Brut. Die Wittlinge stammten aus belasteten Gebieten vor der holländischen Küste. Die Konzentration an Chlorverbindungen in den Eierstöcken und den Lebern der Fische war höher als die, die beispielsweise in Fischen der Ostsee gemessen wurde. Insgesamt war ein sehr niedriger Schlupferfolg zu ermitteln, der erheblich unter dem von Kabeljau und Hering lag. Da gleichzeitig im Plankton des Untersuchungsgebietes sehr hohe Mißbildungsraten an Fischembryonen gefunden wurden, liegt der Verdacht nahe, daß die Schadstoffbelastung einen Einfluß auf den Schlupferfolg der Wittlinge hatte.

Diese Annahme wird durch Untersuchungsergebnisse gestützt, nach denen das Aufkommen der Brut von Flundern bei Konzentrationen, die über einer gewissen Wirkschwelle lagen, beeinträchtigt wird.

Vor der deutschen und holländischen Küste wurden im Frühjahr und im Sommer Fischembryonen aus Planktonproben entnommen und lebend auf das Vorhandensein von Mißbildungsraten untersucht. Es fanden sich an den sieben wichtigsten Fischarten im Winterplankton teilweise sehr hohe Mißbildungsraten. Erbrütungsexperimente belegten, daß auch die als leicht eingestuften Abweichungen von der Normalentwicklung tödlich für die Fischembryonen waren.

Vor der schleswig-holsteinischen Küste waren 39 % der frühen Embryonen der Kliesche im Frühjahr 1985 mißgebildet. Erhöhte Anteile anormaler Fischembryonen wurden bei allen Untersuchungen in den Verklappungsgebieten für Abfälle aus der Titandioxidproduktion vor der deutschen und holländischen Küste sowie auf dem Schiffahrtsweg vor den Ostfriesischen Inseln gefunden.

Eine Einschätzung der Bedeutung dieser Ergebnisse für Fischpopulationen ist schwierig, da in der Vergan-

genheit keine vergleichbaren Untersuchungen über Mißbildungen an Fischembryonen durchgeführt wurden. Man ist also bei der Beurteilung, ob es sich bei diesen Erscheinungen um natürliche oder durch den Menschen bedingte Phänomene handelt, auf regionale Vergleiche angewiesen. Die Tatsache, daß in den Verklappungsgebieten gehäuft mißgebildete Embryonen auftraten, legt jedoch den Schluß nahe, daß es sich um durch den Menschen bedingte Effekte handelt. Man muß davon ausgehen, daß ein Teil der in Küstennähe lebenden Fischpopulationen Schadstoffe angereichert hat, die sich schädigend auf eine Fortpflanzungsfähigkeit auswirken. Unter normalen Umständen, d.h. an einer sonst unbeeinträchtigten Fischpopulation, würden diese Schadwirkungen vielleicht unbemerkt bleiben. Alle betroffenen Fischarten sind jedoch stark überfischt, d.h. stark durch den Menschen beansprucht, so daß die Populationen die Verluste nicht mehr ausgleichen können. Unter diesen Umständen kann eine Verringerung der Fortpflanzungsfähigkeit langfristig einen Einfluß auf das Populationsniveau haben.

Sauerstoffmangel

Seit 1981 stellen wir durch entsprechende Messungen in bestimmten Arealen der Deutschen Bucht und der dänischen Küstengewässer Sauerstoffmangel fest. Dabei kommt es bei ungünstigen Witterungsbedingungen, d.h. langen heißen Sommern mit geringer Windturbulenz, zu einer deutlichen Erniedrigung des Sauerstoffgehalts. Sinkt er unter bestimmte Grenzschwellen, so sind Auswirkungen auf Meeresorganismen feststellbar.

Diese Sauerstoffmangelerscheinungen werden als Folge der in den letzten 25 Jahren drastisch angestiegenen Nährstoffkonzentrationen angesehen. Durch die veränderten Nährstoffgehalte ist es zu Verschiebungen in der Planktonproduktion gekommen. Insgesamt gibt es heute eine erheblich höhere Planktonbiomasse als noch vor 25 Jahren. Bei Absinken dieser Algenteppiche auf den Meeresboden kommt es zu Sauerstoffzehrungen, die immer dann katastrophal werden, wenn stark geschichtetes Wasser einen Austausch des Sauerstoffes an der Wasseroberfläche verhindert.

Weitere Verschmutzungseffekte

Seit 40 Jahren stellt man einen bemerkenswerten Rückgang des Zooplanktons in der gesamten Nordsee und den angrenzenden Gewässerteilen fest. Die Biomasse ist auf ein Drittel der Ausgangsmenge zurückgegangen. Dieser Rückgang kann nach Meinung von Fischereiexperten Auswirkungen auf die Fischbestände haben.

Vorausgegangen sind Veränderungen am pflanzlichen Plankton, die denen in der Deutschen Bucht ähnlich sind. Große Arten sind verschwunden, kleinere Arten haben an ihrer Stelle den Verlust der Biomasse ausgeglichen. Insgesamt sind in den letzten 40 Jahren 40 % der im Jadebusen siedelnden Organismen verschwunden, die Lücken wurden durch andere Arten besetzt. Die Artenzahl ist also konstant geblieben. Aus dem Bereich um Helgoland sind mindestens acht wichtige Bodentiere verschwunden, die früher dort sehr zahlreich waren. Diese geschilderten ökologischen Veränderungen kennzeichnen zusammen mit denen, die kürzlich die Öffentlichkeit erschreckten, den Tatbestand, daß die Kompensationsmöglichkeiten der betroffenen Meeresgebiete schon überschritten sind. Es kann heute nicht mehr darum gehen, daß über diese Effekte gestritten wird, etwa in dem Sinne, daß sie möglicherweise natürliche Phänomene sind. Wir werden begreifen müssen, daß wir ein komplexes Ökosystem wie die Nordsee nicht im Detail verstehen können, so daß es uns auch in Zukunft nicht gelingen wird, zweifelsfrei sagen zu können, welche Veränderungen durch welche Einflußgrößen hervorgerufen werden. Hieraus ergibt sich, daß nur vorsorgliches Handeln, d. h. die vorsorgliche Verhinderung von Schadstoffeinleitungen jeder Art, einen langfristigen Schutz der Nordsee gewährleisten kann. Diese vorsorgliche Vorgehensweise ist bereits in bundesdeutscher Gesetzgebung fixiert, wird jedoch von anderen Nordseeanrainern nur teilweise akzeptiert.

In Zukunft muß durch gründliche wissenschaftliche Untersuchungen und durch Aufklärungsarbeit erreicht werden, daß alle Länder dazu übergehen, die Nordsee nicht mehr als billige Müllkippe zu betrachten, sondern möglichst schnell mit ihrem langfristigen Schutz zu beginnen. Nicht nur für die nächste Generation müssen noch Fische zur Verfügung stehen oder die Nordsee als Bade- und Erholungsmöglichkeit dienen, sondern das sollte auch während der nächsten 1000 Jahre möglich sein.

Abb. 3: Müll, der mit der Flut angeschwemmt wird

Naturschutz in Wissenschaft und Forschung

Ein norddeutscher Zoologe in der Antarktis

Bericht einer Forschungsexpedition

Gerd Hartmann

Die Forschungsgeschichte der Antarktis beginnt im 18. Jahrhundert. Robbenjäger vieler Nationen drangen in den die Antarktis umgebenden Ozean vor und plünderten die Pelzrobbenbestände bis zu deren kurz bevorstehender Ausrottung. Auch Walfänger waren mit ihren Schiffen dabei - mit geringem Erfolg. Erst nach dem 1. Weltkrieg wurde der Walfang mit der Einführung moderner Methoden profitabler, und auch er dezimierte die Bestände so weit, daß viele Nationen den Walfang einstellten und ihre Walstationen in der Antarktis und Subantarktis verließen. Nur deren Trümmer rosten noch langsam in der antarktischen Kälte. Aber zu dieser Zeit war die sogenannte "Heroische Ära" der Antarktisforschung, die mit den Namen Shaekleton, Wilson, Scott, Amundsen u. a. verbunden ist und die beiden ersten Jahrzehnte unseres Jahrhunderts umfaßt, schon vorbei.

Die ersten Forscher, die den antarktischen Kontinent, Antarctica, wirklich sahen, waren der Russe Fabian Gottlieb von Bellinghausen und nur kurz nach diesem der Engländer Edward Bransfield und der Amerikaner Nathaniel Palmer im Jahre 1820. Ihnen folgten der Franzose d'Urville, der Amerikaner Wilkens und der Engländer Ross. An sie erinnern die Namen der Meeresstraßen, Inseln und Gebirge. Der Belgier Gerlache und eine Wissenschaftlergruppe unter dem Norweger Carsten Borchgrevink waren 1898/1899 die ersten, die in der Antarktis überwinterten, Borchgrevink geplant, Gerlache mit seinem Schiff "Belgica" unfreiwillig im Eis der Bellinghausen-See.

Heute durchqueren moderne Forschungsschiffe das Packeis, Flugzeuge erkunden den Kontinent und Hubschrauber bringen Wissenschaftler auf die lebensfeindlichen, eisbedeckten Küsten und Berge. Rings um die Antarktis herum und selbst im Inlandeis liegen feste Forschungsstationen während des ganzen Jahres, und selbst Kinder sind in der Antarktis schon geboren worden. Raupenfahrzeuge haben die Hundeschlitten weitgehend ersetzt, und über der Antarktis kartieren Satelliten das Gelände. Aber dennoch bleibt der Aufenthalt in der Antarktis für den Einzelnen ein großes Erlebnis, das zu einem gefährlichen Abenteuer werden kann, wenn er die Gesetze, die die Natur dieses Landes diktiert, nicht beachtet.

Was treibt die Länder zu diesen gewaltigen Forschungsanstrengungen? Man hat die erste Hälfte dieses Jahr-

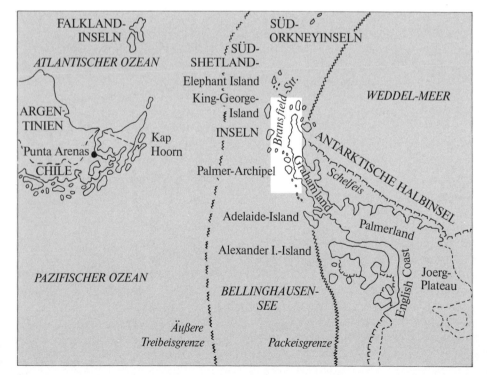

Abb. 1: Reiseroute der "Polarstern" in der Antarktis

Abb. 2: Treibender Eisberg

Unterwegs auf der "Polarstern"

Meine Arbeitsgruppe war von Oktober bis Dezember auf dem deutschen Forschungsschiff "Polarstern" in der Antarktis. Die "Polarstern" ist ein modernes Schiff, das auch bei hohen Windstärken noch wissenschaftliches Arbeiten erlaubt.

Unser Ziel war die Antarktische Halbinsel; es soll das landschaftlich schönste Gebiet der Antarktis sein. Dort sollten wir die zoologischen Arbeiten an Plankton und Bodenfauna der küstennahen Gewässer in und um die Bransfield-Straße fortsetzen. Planktonnetz, Bodengreifer und Baumkurre (ein kleines am Boden arbeitendes Schleppnetz) waren unsere Hauptwerkzeuge, aber wir arbeiteten auch mit Spaten und Handnetz an den Stränden, die mit Schlauchboot oder Hubschrauber erreicht wurden.

Natürlich wollten wir möglichst viel von der Landschaft und von den "großen Tieren" sehen: Wale, See-Elefanten, Robben, Albatrosse, Sturmvögel und Sturmschwalben und natürlich Pinguine. Schon auf der Hinreise - wir starteten in Rio Grande do Sul in Brasilien und fuhren, bei meist schwerer See und Orkanwinden direkt zur Spitze der Antarktischen Halbinsel - waren die "Ornis" unter den Wissenschaftlern ständig an Deck. Wanderalbatrosse, Mollymauks, Kapsturmvögel, Weißflügelsturmvögel, Schneesturmvögel, Silbersturmvögel, Antarktische Sturmvögel, Walvögel und Sturmschwalben erforderten eifriges Blättern in ornithologischen Handbüchern. Die ersten Eisberge kamen in Sicht und mit ihnen dann und wann der Blas oder die Fluke eines Grauwals - viel zu selten, wie wir alle meinten.

Der erste Stop wurde vor der argentinischen Station "Esperanca" (Hope Bay) gemacht, mit einem Landgang und einem Besuch der riesigen Ade-

hunderts als die Epoche der Kolonisierung der Antarktis bezeichnet. Viele Nationen forschten in der Antarktis und forderten Gebietsteile für sich. Dies führte nicht selten zu Kuriositäten bei der Benennung der entdeckten Gebiete. So tauften die Engländer die Antarktische Halbinsel Palmer-Halbinsel, die Chilenen nannten sie O´Higgins-Land und die Argentinier San Martins-Land. Natürlich wurden die dahinterstehenden Rivalitäten von handfesten wirtschaftlichen Interessen angetrieben. Neben jagdbaren Tieren, Robben und Walen, vermutete man große Minerallager. Die Erkenntnis, daß diese in ökonomisch nutzbarer Form wohl nicht existieren, hat vermutlich eher als die menschliche Vernunft dazu geführt, daß es am 1. Dezember 1959 zum Abschluß des Antarktis-Vertrages kam, der besagt, daß für alle Zukunft die Antarktis nur friedlicher Nutzung unterliegen soll und nicht Objekt internationalen Streits werden darf. Es dürfen keine Atomexplosionen verursacht und kein Müll abgeladen werden. Fauna und Flora sind weitgehend geschützt. Dieser Vertrag, der zwar nicht immer strikt eingehalten wird, aber guten Einfluß gehabt hat, wurde für 30 Jahre abgeschlossen und soll dann, d. h. Ende 1989, auf seine Wirkungen überprüft werden. Was nach diesem Datum geschieht, weiß niemand. Sicher aber ist, daß die Forschungsarbeiten in der Antarktis zu vielen Erkenntnissen geführt haben, die die Zukunft dieses Kontinents mitbestimmen werden. Inzwischen beschlossen die Kontrakt-Staaten, die wirtschaftliche Nutzung der Antarktis zuzulassen (1988).

Es ist keineswegs so, daß es in der Antarktis von Menschen wimmelt. Es gibt zwar einige Touristenschiffe, die die Antarktis besuchen und hier und dort landen; es gibt auch russische und japanische Fischereifahrzeuge und einige Forschungsschiffe. Die in den wissenschaftlichen Stationen lebenden Menschen dürften aber insgesamt die Anzahl von 2000 nicht übersteigen, - und das ist bei einer Ausdehnung des Kontinents über 14 Millionen 200 000 Quadratkilometern nicht viel.

Der Antarktische Kontinent bleibt lebensfeindlich, und wenn man sich auf einem Forschungsschiff nähert, laden seine eisgepanzerten Gebirge und die eisschollenbedeckten Wasserflächen auch bei klarem blauen Himmel nicht zum Verweilen ein.

lie-Pinguin-Kolonie dort: ein Fest für alle Photographen. Die argentinische Station ist ganzjährig besetzt; es wohnen mehrere Familien dort und es gibt Flugverbindungen mit anderen Stationen. Wir wurden sogleich auch mit einer ernsten Problematik konfrontiert, die ich auch aus dem arktischen Alaska schon kannte: dem Müllproblem. Menschen erzeugen Müll, und Stationen, die ihren gesamten Unterhalt von außen bekommen, sind Sammelplätze von Fässern, Dosen, Kisten, Flaschen und ausgedienten Fahrzeugen. Der Transport zur Station, lebensnotwendig, ist schon schwierig und kostspielig. Wer wollte wertlosen Müll wieder abtransportieren? So gibt es Müllhalden zwischen Pinguinkolonien und zerbrechlicher Vegetation. Auch organischer Müll zersetzt sich nur langsam - die niedrigen Temperaturen sorgen dafür, daß eine Bananenschale jahrelang im Gelände liegen kann, wird sie einmal dort hingeworfen. Natürlich bemühen sich die Stationen, dieses Problem zu meistern; ob es gelingt?

Auch die Nutzung des Geländes durch den Menschen ist nicht unproblematisch. Nur wenige Stationen liegen im ewigen Eis, wo sie kaum Schaden anrichten können. Die meisten suchen sich Buchten, Täler und Berghänge aus, die wenigstens kurze Zeit im Jahr eisfrei sind. Dort aber wächst die empfindliche Vegetation, vor allem Moose und Flechten, die Jahrzehnte brauchen, um zu einer Handvoll anzuwachsen, und dort sammeln sich die Pinguine und am Strand die Robben und See-Elefanten. Mit großer Behutsamkeit ist ein friedliches Zusammenleben mit diesen Tieren, die den Menschen nicht scheuen, möglich. Begleiter der Pinguinkolonie waren die großen Raubmöven, die Skuas - unentwegt auf der Suche nach Jungvögeln und Eiern - und die Scheidenschnäbel, stets auf der Suche nach Abfällen und schlecht verdautem Kot.

Forschungsarbeit in der Arktis

Der folgende Reiseabschnitt brachte harte Arbeit. Zwischen Elephant-Island und der Halbinsel, quer durch die Bransfield-Straße hindurch, wurden Probenschnitte gelegt. Das Planktonnetz fischte Krill und Kleinorganismen; wir wuschen im eiskalten Wasser (gewöhnlich um 0° C) Schlamm und Kies aus, sortierten, maßen und topften ein. Die Bodennetzfänge förderten einen unglaublichen Reichtum von Tieren, aber auch Algen an Bord. Im Probenschälchen unter dem Mikroskop schwammen die bizarrsten Planktontiere wie Staatsquallen und Radiolarien sowie Diatomeen.

In einem arktischen oder antarktischen Gewässer wird man sicher einen solchen Reichtum, vor allem an Bodentieren, nicht erwarten. Die Antarktis stellt hier aber eine große Ausnahme dar. Der Boden des Meeres ist dicht besiedelt. Nahezu alle marinen Tiergruppen geben sich hier ein Stelldichein, und das oft in extremer Körpergröße. Einen Vergleich kann der Meeresbiologe wohl nur mit dem Korallenriff ziehen oder dem tropischen Urwald. Ein solcher Reichtum müßte sich doch nutzen lassen! Aber mit der Antarktis ist es wie mit dem tropischen Regenwald. Beides sind sehr verwundbare, empfindliche Systeme. Ist es einmal das komplizierte ökologische Gewebe, das die Verwundbarkeit verursacht, so kommt in der Antarktis noch ein anderer Faktor hinzu: die niedrige Temperatur, die nur sehr langsames Wachsen zuläßt. Wie alt mögen die Kieselschwämme sein, die das Netz an Bord hievt? Zehn, dreißig, hundert oder mehr Jahre? Wie alt mögen die riesigen Manteltiere sein, wie alt die Lederkorallen und die Seefedern? Viele Arten scheinen sich so schnell zu vermehren wie in anderen Meeren auch, manche scheinen große Zeiträume zu benötigen. Offenbar haben wir es in der Antarktis mit

Abb. 3: Festland-Gletscher im Sonnenlicht

Abb. 4: Eisschollen-Feld

einem sehr alten Ökosystem zu tun, das über Jahrmillionen hinweg seinen auffälligen Reichtum erworben hat - schnell geschädigt oder zerstört, wenn unbedacht mit ihm verfahren wird. Schon erzählen unsere Fischereiforscher, daß die Ausbeutung der Fischbestände durch die kommerzielle Fischerei vor allem der Russen zu einer Abnahme der Fischzahlen führt.

Darf man - und in welchem Maße - den Krill, jene in unvorstellbar großer Menge vorkommenden garnelenähnlichen Krebse, fischen? Krill ist die wichtigste Nahrung der Bartenwale.

Man schätzt, daß diese früher allein in 3-4 Monaten 150 Millionen Tonnen Krill verzehrten. Die Bartenwale sind selten geworden; doch sie sind nicht die einzigen Krillfresser. Die Krabbenfresser-Robben und viele Vögel, darunter die Pinguine, hängen vom Krill ab. Nach der Einstellung der Jagd haben sich die Pelzrobben wieder stark vermehrt. Ihr Bestand wird jetzt auf 30.000 geschätzt. Hinzu kommen etwa 5-6 Millionen Krabbenfresser-Robben, 500.000 See-Elefanten, 700.000 Weddelrobben und unzählbare Mengen von Pinguinen. Die einst für selten gehaltenen Kaiserpinguine werden jetzt auf 1 Million Exemplare geschätzt, die sich auf über 25 bekannte Kolonien verteilen.

Sicherlich haben die Pinguine die Grenze ihrer möglichen Zahl erreicht, und Zusammenbrüche von Populationen dürften auch ohne die Mithilfe des Menschen in ungünstigeren Perioden auftreten. Aber was geschieht, wenn der Mensch massiv in dieses Ökosystem eingreift und zu viel Krill abfischt? An die Stelle der Wale sind die anderen Konsumenten vermehrt getreten, sie würde die Fischerei tödlich treffen können.

Daß diese hohen Populationsdichten wirklich vorhanden sind, erfuhren wir immer, wenn unser Schiff durch Packeis fuhr, auf dem zahllose Robben lagen und erst aufwachten, wenn wir im Abstand weniger Meter an ihnen vorbeifuhren. Überall schnellten sich die Pinguine wie kleine Delphine aus dem Wasser. Oft waren es Kinnstreifen- oder Zügelpinguine. Und kam wieder einmal ein Hol Planktonnetz mit dem Fang an Bord, sammelten sich Hunderte von Sturmvögeln und Albatrossen im Kielwasser, bei Landnähe auch Dominikanermöven und dann und wann eine Antarktisseeschwalbe. Zu den Höhepunkten unserer Forschungsreise zählte die Fahrt unseres Schiffes zur englischen Station Faraday. Wir fuhren bei klarem Himmel

Abb. 5: Pinguine - typische Bewohner der Antarktis

und gefährlicher Sonneneinstrahlung durch die Gerlache-Straße und den Lemaire-Kanal, vorbei an den hohen Felstürmen des Cape Renard, die auf ihrem schwarzen Fels weiße Kappen trugen. Im Lemaire-Kanal, nur wenige hundert Meter breit, traten die Gletscher und die vereisten Felswände so an unser Schiff heran, daß wir sie berühren konnten. Die Hubschrauber suchten vor uns nach dem Weg. Hinter uns im Kielwasser tauchten einige Schwertwale. Ich bekam an diesem Tag einen fürchterlichen Sonnenbrand. Trug das Ozonloch dazu bei? Die Engländer bestätigten ein Ozonloch von nie gemessener Größe.

Unser Endziel war die Marguerite-Bay südlich der Adelaide-Insel. Mühsam brach sich das Schiff durch dickes Eis, auf dem meterhoher Neuschnee lag und die Fahrt abbremste. Unsere Geologen, die in der Marguerite-Bay an Land arbeiten wollten, hielten den Daumen. Vor uns auf dem Eis liefen Pinguine vor dem herannahenden stählernen Ungeheuer davon. Überall lagen Robben. Über den Eisbergen zeichnete sich am dunklen Himmel ein heller Schein ab: der Eisblink, wie die Seeleute sagen. Schließlich fuhren wir in dichtem Nebel, alles weiß: "white out". Hier kann kein Hubschrauber mehr fliegen. Schließlich stoppte das Schiff, wir kamen nicht mehr voran und mußten umkehren.

Der Dezember kam näher und mit ihm Weihnachten. Wir dampften nordwärts. Im Krater der Decepcion-Insel, einer Vulkaninsel, nahmen wir Proben aus dampfendem, heißem Küstengrundwasser. Eselspinguine schauten dabei zu. Die letzte Fischereizeit vor der Elephant-Insel nutzten wir zu einem Hubschrauberflug an einen Sandstrand bei Cape Linsey. Es wurde ein weiterer Höhepunkt der Reise, wissenschaftlich wie auch allgemein zoologisch. Schon beim Anflug entdeckten wir auf dem Strand eine große Herde von See-Elefanten. Wir mußten zwischen ihnen landen, und, umgeben von See-Elefanten, Pelzrobben, Krabbenfressern und am Rande einer kleinen Kolonie von Zügelpinguinen, zwischen denen Eselspinguine und Scheidenschnäbel herumliefen, buddelten wir mühsam unsere Grundwasserlöcher, immer wieder von den neugierigen Krabbenfressern bedrängt, die durchaus in unsere Wasserlöcher hineinrutschen wollten.

Für uns war es die wissenschaftliche Sensation, daß das Küstengrundwasser und der Feuchtsand bewohnt waren - von Würmern und kleinen Krebsen! An den Felsen wuchsen Flechten und Moose. Hier machten wir auch Bekanntschaft mit der Landfauna der Antarktis, Springschwänzen, Dipluren, Milben und kleinen Dipteren. Als wir zum Schiff zurückflogen, wußten wir, wie unser nächstes Forschungsprogramm aussehen würde, und wir waren dankbar, daß wir so viel von der herrlichen Fauna dieses Kontinents gesehen hatten.

Zukunft für die Antarktis

Wie wird es weitergehen - nach dem Auslaufen des Antarktisvertrages? Greenpeace kämpft für einen Weltpark Antarktis, in dem jede Nutzung ausgeschlossen sein soll. Wir müssen uns darüber im Klaren sein, daß die Arktis und die Antarktis - wegen ihrer Menschenfeindlichkeit - die wenigen Räume unserer Erde sind, die noch eine Chance haben, dem offensichtlich unaufhaltsamen zerstörerischen Werk des Menschen zu entkommen. Vom Urwald wird nichts bleiben, und unsere Landschaft wird weiter ausgeräumt werden, mindestens dann, wenn die Rohstoffvorräte der Erde zu Ende gehen. Die Ergebnisse der biologischen Forschungen in der Antarktis weisen dieses Gebiet als empfindlich und zerbrechlich aus. Wir sollten den Forderungen von Greenpeace sehr aufmerksam zuhören.

Nationalpark Schleswig-Holsteinisches Wattenmeer

Helmut Grimm

Das Wattenmeer ist im Vergleich zu allen anderen Regionen auf der Erde eine einmalige Küstenlandschaft und hat eine vielfältige Bedeutung für Mensch, Tier und Pflanze. Das Wattenmeer umfaßt mit seinen marinen Ökosystemen große Brut-, Nahrungs- und Rastgebiete für Vögel und ist darüber hinaus die Kinderstube vieler Fischarten und Lebensraum zahlreicher Seehunde. Zugleich ist das Wattenmeer auch Wirtschafts- und Erholungsraum für den Menschen.

Im Vergleich zu den übrigen Wattenmeergebieten an der Nordseeküste besitzt das schleswig-holsteinische Wattenmeer besondere Bedeutung, u.a. weil es

- unter den Wattgebieten die größte Breite zwischen dem Festland und der offenen See hat;
- am wenigsten zur Erholung und für den Fremdenverkehr genutzt wird;
- die Halligen als besondere Landschaftselemente besitzt;
- das Seehundvorkommen mit der höchsten Geburtenrate beherbergt;
- den bedeutendsten Rastplatz für Zugvögel darstellt.

Im schleswig-holsteinischen Wattenmeer rasten gleichzeitig bis zu 1,3 Mio. Vögel. Zum Vergleich: Niederlande bis zu 1,0 Mio., Dänemark bis zu 0,6 Mio., Niedersachsen bis zu 0,5 Mio. Vögel. In Schleswig-Holstein rasten die meisten Ringelgänse, Spießenten, Kiebitzregenpfeifer, Knutts, Alpenstrandläufer und Brandgänse. Zusammen mit dem Knechtsand ist das schleswig-holsteinische Wattenmeer das Mauserzentrum aller in Nordwesteuropa lebenden Brandgänse.

Gründungsgeschichte des Nationalparks

Bereits in den sechziger Jahren tauchte der Gedanke auf, das Wattenmeer in seiner Gesamtheit als Nationalpark zu schützen. Der Vorschlag ging hauptsächlich von den Naturschutzverbänden aus und wurde vom Landesjagdverband unterstützt.
Gemäß Bundesnaturschutzgesetz sind Nationalparks rechtsverbindlich festgesetzte, einheitlich geschützte Gebiete, die

- großräumig und von besonderer Eigenart sind,
- im überwiegenden Teil ihres Gebietes die Voraussetzungen eines Naturschutzgebietes erfüllen,
- sich in einem vom Menschen nicht oder wenig beeinflußten Zustand befinden und
- vornehmlich der Erhaltung eines möglichst artenreichen heimischen Pflanzen- und Tierbestandes dienen.

Da das schleswig-holsteinische Wattenmeer die nationalen Kriterien für einen Nationalpark erfüllt, leitete der damalige Minister für Ernährung, Landwirtschaft und Forsten 1972 die

Abb. 1: Brandgänse treffen sich im Wattenmeer

Vorarbeiten zur Errichtung dieses Nationalparks ein. Ende 1973 stellte dann dasselbe Ministerium einen Referentenentwurf des Gesetzes für einen Nationalpark im nordfriesischen Wattenmeer vor, der aber nach längerer Diskussion nicht weiter verfolgt wurde. Ein wichtiger Grund dafür war der massive Widerstand der einheimischen Bevölkerung. Man befürchtete, daß infolge der Nationalparkausweisung Maßnahmen getroffen würden, die eine Nutzung oder Besiedlung des gesamten Gebietes verhindern oder möglichst bald beseitigen sollte. Erst im Frühjahr 1982 stellte die Landesregierung den Gedanken des Nationalparks "Schleswig-Holsteinisches Wattenmeer" erneut zur Diskussion. Im März 1984 wurde ein Konzeptentwurf für ein Nationalparkmodell nach deutschem Recht der Öffentlichkeit zur Stellungnahme vorgelegt. Von keiner Seite wurde die Notwendigkeit eines effektiveren Wattenmeerschutzes in Frage gestellt. Die immer noch weitgehend ablehnende Haltung der Einheimischen gegen den Nationalparkgedanken beruhte auf der Befürchtung, daß den Menschen vor Ort weitreichende Einschränkungen auferlegt würden, während die eigentliche Bedrohung des Wattenmeeres durch externe Einflüsse erfolge, gegen die das rechtliche Instrument "Nationalpark" wirkungslos sei. Daraufhin wurde das Nationalparkgesetz nochmals überarbeitet, um den Schutzzweck und die Interessen und traditionellen Nutzungen der Menschen noch weiter aufeinander abzustimmen. Am 01.10.1985 trat dann das Nationalparkgesetz in Kraft.

Fläche des Nationalparks

Der Nationalpark hat eine Größe von etwa 285.000 ha. Das Nationalparkgebiet erstreckt sich von der dänischen Grenze bis zur Elbmündung. Zur Seeseite hin wird es durch die Staatsgrenze bzw. die äußersten Wattflächen oder Sände begrenzt.

Nicht in die Nationalparkflächen einbezogen sind jeweils 150 m breite Streifen vor den Deichen, Geesthängen und Dünen sowie 150 m um die Inseln und Halligen. Das Ausklammern dieser Bereiche aus dem Nationalpark Wattenmeer wurde von der einheimischen Bevölkerung gefordert: Diese 150 m breiten Flächen entsprechen ungefähr der Breite der seewärtigen Böschung moderner Landesschutzdeiche zuzüglich eines Schutzstreifens. Trotz dieser Flächenausgrenzung ist sichergestellt, daß der überwiegende Teil der Salzwiesen als ökologisch besonders wertvoller Bereich des Wattenmeeres innerhalb der Nationalparkflächen liegt und damit unter die entsprechenden Schutzgesetze fällt.

Das Gesamtgebiet des Nationalparks ist in drei Zonen eingeteilt. Diese Zonierung berücksichtigt
- unterschiedliche natürliche, landschaftliche Gegebenheiten (Gebietsstruktur und -funktionen, Empfindlichkeit) sowie
- die verschiedenen Nutzungsansprüche, die unterschiedlichen Schutzmaßnahmen und -intensitäten.

Die Zone I umfaßt mit rund 30 % der Gesamtfläche die wertvollsten und empfindlichsten Bereiche des Wattenmeeres; sie sollte daher prinzipiell frei von jeder menschlichen Einflußnahme sein. Ausnahmen sind allerdings für die Fälle ins Gesetz aufgenommen worden, wo wirtschaftliche Belange der einheimischen Bevölkerung zu stark eingeschränkt würden. Zur Zone I gehören im wesentlichen die Gebiete der Seehundbänke, Rast-, Nahrungs- und Mauserplätze der Vögel sowie Teile der Salzwiesen.

In den Zonen II und III sind in Abhängigkeit von der abgestuften Schutzbedürftigkeit und -würdigkeit auch weiterhin Nutzungen zulässig. In Abwägung der Interessen der einheimischen Bevölkerung mit den Schutzzielen sind die Nutzungen zeitlich und regional so zu ordnen, daß nachhaltige Störungen für das Ökosystem vermieden werden.

Während das Nationalparkgesetz die Zone I räumlich festlegt, sind die Schutzzonen II und III in Schleswig-Holstein noch nicht eindeutig flächenmäßig abgegrenzt; die Grenzziehung zu erarbeiten, ist eine Aufgabe des Nationalparkamtes im Einvernehmen

Abb. 2: Seehunde auf einer Sandbank

Ziele und Aufgaben des Nationalparks

Die Errichtung des Nationalparks dient dem Schutz des schleswig-holsteinischen Wattenmeeres und der Bewahrung seiner besonderen Eigenart, Schönheit und Ursprünglichkeit. Seine artenreiche Pflanzen- und Tierwelt ist zu erhalten und der möglichst ungestörte Ablauf der Naturvorgänge zu sichern. Eine Verwaltung der Flächen allein wird der Zielsetzung des Nationalparks nicht gerecht. Allerdings kann die Entwicklung nicht ohne Berücksichtigung der berechtigten Nutzungsinteressen der in diesem Gebiet lebenden Bevölkerung geschehen. Dabei stellt in Schleswig-Holstein ein im Nationalparkgesetz verankertes Abwägungsgebot sicher, daß alle umweltrelevanten Planungen hinsichtlich ihrer Naturverträglichkeit überprüft werden. Für die Verwirklichung des Nationalparkgesetzes und der Bestimmungen des Landschaftspflege- sowie des Bundesnaturschutzgesetzes zuständig ist das dem Minister für Natur und Umwelt unterstellte Nationalparkamt in Tönning. Zu den weiteren Aufgaben des Nationalparkamtes gehören:
- Planung und Durchführung von Schutz-, Pflege- und Entwicklungsmaßnahmen, Beschilderung, Regelung der Gebietsbetreuung und Abgrenzung von Zone II und III;
- innerhalb der Forschung Bestandsaufnahme, Langzeitüberwachung, Ökosystemforschung;
- im Rahmen der Öffentlichkeits- und Bildungsarbeit Durchführung von Veranstaltungen, Besucherbetreuung, Aufbau von Informationszentren und Ausstellungen, Seminarbetrieb, Erstellen von Informationsbroschüren und pädagogischen Materialien.

Die jeweiligen Zielsetzungen und die Wege zum Ziel liegen als Salzwiesen-, Forschungs- sowie Informations- und Öffentlichkeitskonzepte vor und können eingesehen werden.

Der Informations- und Öffentlichkeitsarbeit kommt im Nationalpark ein hoher Stellenwert zu. Nur wenn dem Bürger die jeweiligen Schutzziele einsichtig sind und er sie akzeptiert, wird er verantwortungsvoll mit der Natur umgehen, und nur dann läßt sie sich langfristig schützen und erhalten.

Das Nationalparkamt plant den Aufbau eines flächendeckenden Informationsdienstes. In den Schwerpunktbereichen des Fremdenverkehrs sind in abgestufter Größe Informationseinrichtungen vorgesehen. Die ersten Informationszentren sind im Juni 1987 in Wyk auf Föhr und in Büsum im September 1987 für die Öffentlichkeit freigegeben worden. Mittelfristig vorgesehen ist die Schaffung eines zentralen Nationalparkhauses, das im historischen Tönninger "Packhaus" eingerichtet werden soll.

Problemfeld Reinhaltung der Nordsee

Der Eintrag von Schadstoffen in die Nordsee erfolgt zum weitaus größten Teil über die Flüsse und über die Atmosphäre. Diese Schadstoffe stammen überwiegend nicht aus Schleswig-Holstein, zum Teil nicht einmal aus der Bundesrepublik Deutschland. Die Einwirkungsmöglichkeiten von Schleswig-Holstein auf die Verschmutzung der Nordsee sind daher

Abb. 3: Algenschaum am Urlaubsstrand

Abb. 4: Das Wattenmeer ist stark befahren

leider gering, die des Nationalparkamtes sind - wegen seiner auf das Nationalparkgebiet beschränkten Kompetenz - leider fast gleich Null.

Das Nationalparkamt schätzt die Gefährdungen, die dem Wattenmeer als einem Schlüssel-Ökosystem durch den Schadstoff-Eintrag aus der Nordsee entstehen, schwerwiegender ein als diejenigen, die vor Ort geregelt werden können.

Allerdings kann der Schadstoffeintrag auch ohne internationale Abkommen durch Beschlüsse und gesetzliche Regelungen auf Bundesebene reduziert werden. So fällt in den staatlichen Zuständigkeitsbereich die Änderung der derzeitigen Schadstoffeinleitung in Fließgewässer ebenso wie die Förderung umweltfreundlicherer landwirtschaftlicher Methoden, vor allem aber die konsequente Beachtung des Vorsorgeprinzips. Das Nationalparkamt hat bereits weitgehende Forderungen zur Reinerhaltung von Luft, Wasser und Boden erhoben und öffentlich vorgetragen.

In diesem Zusammenhang hält es das Nationalparkamt für erforderlich, in allen Nordseehäfen die Entsorgung der Schiffe vom Ölschlamm sicherzustellen. Für Schiffsmüll stehen in allen Häfen Container, Mülleimer oder Müllsäcke zur Verfügung, deren Benutzung kostenlos ist.

Um in den Häfen an der Westküste Schleswig-Holsteins eine ausreichende Fahrwassertiefe sicherzustellen, sind regelmäßige Ausbaggerungen bzw. Spülungen notwendig. Das anfallende Material wird entweder in außendeichs eingerichtete Spülfelder verbracht oder in den Wattströmen verklappt.

Das Nationalparkamt erarbeitet z.Z. zusammen mit anderen Landesbehörden ein längerfristig angelegtes Entsorgungskonzept, in dem auch Schadstoff-Grenzwerte für das Baggergut festgelegt werden.

Problemfeld Flugbetrieb

Die schleswig-holsteinische Westküste ist ein beliebtes Ziel für Flugzeuge aller Art. In den Jahren 1985/86 wurden auf fünf zivilen Flugplätzen (ohne Bordelum) jährlich etwa 43.900 Starts und ebensoviele Landungen registriert, nicht erfaßt sind die reinen Überflüge. Von den militärischen Flugaktivitäten fehlen konkrete Angaben. Zivile Luftfahrzeuge sind in ihrer Sicherheitsflughöhe an die Luftverkehrsordnung gebunden. Sie beträgt mindestens 150 m über dem Watt, auch für Ultraleichtflugzeuge.

Für militärische Flugzeuge gilt keine gesetzliche Flughöhenbegrenzung. Nach Auskunft der Bundeswehr gilt für strahlgetriebene Flugzeuge grundsätzlich eine Sicherheitsflughöhe von 3000 Fuß im Bereich des Wattenmeeres. Das Nationalparkamt hat erste Gespräche mit den Kommandeuren der fliegenden Verbände der Bundeswehr und des Bundesgrenzschutzes geführt. Die Gesprächspartner waren sich darüber einig, daß nicht nur aus Belangen des Naturschutzes, sondern auch im Interesse der im Nationalparkbereich wohnenden Menschen und der dort Erholung suchenden der Flugbetrieb möglichst rücksichtsvoll abgewickelt werden muß.

Eine rechtliche Handhabe gegen Tiefflüge, gegen die Schießübungen bei Sylt oder auch die Waffenprobungen bei Meldorf gibt das Nationalparkgesetz nicht. Die Bundeswehr hat sich eine Selbstbeschränkung auferlegt, nach der auf Sylt Schießübungen

Abb. 5: Flugbetrieb *Abb. 6: Zielscheibe von Jägern*

nur noch im Winterhalbjahr vom 01.10. - 31.03. stattfinden.

Problemfeld Schiffahrt

Die Schiffahrt ist im Nationalpark Wattenmeer zulässig, da das Wattenmeer als Seeschiffahrtsstraße dem Bundesverkehrsminister untersteht. Dort wurde der Antrag gestellt, die Gebiete der Zone I für die Schiffahrt zu sperren. Frei bleiben die darin befindlichen "offenen" Fahrwasser sowie die regelmäßige Schiffahrt zur Ver- und Entsorgung der Inseln und Halligen. Frei ist die Schiffahrt auch für Fischerei- und Aufsichtsschiffe, für die Gesellschaft zur Rettung Schiffbrüchiger und für die gesetzlichen Aufgaben der Wasser- und Schiffahrtsverwaltung des Bundes.
Im Nationalpark findet ein reger Betrieb mit Ausflugsschiffen statt. 1986 waren im Bereich des Nationalparks rund 25 Fahrgastschiffe eingesetzt, die mindestens 6.500 Ausflugsfahrten z. B. zu den Seehundbänken mit etwa 450.000 Fahrgästen durchführten.
Das Nationalparkgesetz selbst schränkt die Ausflugsfahrten nicht ein. Im Interesse der Glaubwürdigkeit des Naturschutzes ist jedoch eine befriedigende Befahrensregelung unerläßlich, da anderenfalls in der Bevölkerung kein Verständnis für das Betretungsverbot in der Zone I erwartet werden kann.

Problemfeld Jagd

Nach § 6 Abs. 3 Nr. 2 Nationalparkgesetz ist die Ausübung der Jagd im Nationalpark im Rahmen der Anordnungen und Genehmigungen des Ministers zugelassen. Ausgenommen ist die Schutzzone I, in der ein absolutes Jagdverbot besteht.
Die Jagdpachtfläche der Vorlandjagden beträgt z. Z. rd. 13.600 ha, auf denen etwa 500 Jäger jagdberechtigt sind. Dazu kommen etwa 130 Sondergenehmigungen zur Ausübung der Wasservogeljagd bis etwa 1000 m in das Watt hinaus. Aus der Sicht des Nationalparkamtes ist die Jagd mit dem Nationalparkgedanken nicht vereinbar. Alle Jagdpachtverträge, die nach dem 18. 01. 1985 neu abgeschlossen wurden, enthalten bereits Hinweise auf mögliche spätere Beschränkungen. Neben Wasservögeln dürfen außerhalb der Zone I auch sichtbar kranke Seehunde bejagt werden. Darüber hinaus ist ein begrenzter Abschuß von Seehunden nur in geringer Anzahl für wissenschaftliche Zwecke erlaubt.

Problemfeld Gewinnung von Bodenschätzen

Erdölförderung ist im Nationalpark nur ausnahmsweise im Gebiet der Mittelplate und des Hakensandes zulässig. Durch die zulassungspflichtigen Betriebspläne wird dafür Sorge getragen, daß die Erdölförderung unter Beachtung des höchsten Sicherheitsstandards erfolgt. Es sind erhebliche technische Auflagen gemacht worden, die erwarten lassen, daß Ölunfälle ausgeschlossen sind.
Trotzdem stellt die Erdölförderung im Nationalpark einen Fremdkörper dar, der schnellstmöglich zu beseitigen ist. Ihre Berechtigung ist nur schwer zu vermitteln. Weitere Bohrgenehmigungen sollen nicht erteilt werden.
Die Gewinnung von Sand und Kies ist

mit Genehmigung des Landesamtes nur in Zone III zulässig.

Problemfeld Fischerei

Im Gebiet des Nationalparkes arbeiten rd. 130 Betriebe in der Krabbenfischerei, acht in der Miesmuschelfischerei und drei in der Herzmuschelfischerei. Der Jahresroherlös aller Betriebe liegt zusammengerechnet zwischen 20 und 25 Mio. DM.

Die Fischerei wurde wegen ihrer wirtschaftlichen Bedeutung gemäß Nationalparkgesetz vom 22.07.1985 ohne Einschränkung zugelassen. Auch in Schutzone I dürfen Fische, Krabben und Miesmuscheln nur in der bisherigen Art und im bisherigen Umfang berufsmäßig gefangen werden. Darunter fällt neben der Miesmuschelkulturbewirtschaftung auch die Reusen-, Stellnetz-, Langleinen- und Senknetzfischerei. Die darüber hinausgehende Fischerei jeglicher Art, wie z. B. "Buttpedden", Handangeln, aber auch Herzmuschelfischerei, bedarf in Zone I der Genehmigung des zuständigen Ministers.

Problemfeld Beweidung der Salzwiesen

Die Salzwiesen (= Heller, Außengroden) auf den Vorländern des Nationalparks haben globale Bedeutung als Brut-, Nahrungs- und Rastgebiet für viele Vogelarten. Sie sind Lebensraum einer großen Zahl hochspezialisierter Wirbelloser, deren Vorkommen in vielen Fällen an die natürliche Ausbildung der spezifischen Salzwiesenvegetation gebunden ist.

Küstenschutz, Landwirtschaft und Fremdenverkehr stellen unterschiedliche Anforderungen an die Salzwiesen. Für den Küstenschutz sind die Vorländer ein natürliches Hilfsbauwerk, das die auf den Deich treffende Wellenenergie schon im Vorfeld mindert und so zu einer Erhöhung der Deichsicherheit führt. Hiermit stehen die Interessen der Landwirtschaft im Einklang, die die Salzwiesen von alters her mit Schafen beweidet. Folge dieser Beweidung war und ist die Ausbildung einer kurz gegrästen und geschlossenen Grasnarbe auf Deichen und Vorländern.

Während die so erreichte Widerstandsfähigkeit des Deiches gegen Wellenangriffe und Strömung unabdingbar ist, ist im Vorland die jetzige Beweidungsintensität aus Gründen des Küstenschutzes nicht erforderlich. Ökologisch wirkt sich eine intensive Beweidung in einer Monotonisierung der Vegetation sowie einer drastischen Änderung und Verarmung der natürlichen Faunenverhältnisse aus. Aufgabe eines künftigen Vorlandmanagements ist es, ein möglichst vielfältiges Mosaik von Pflanzen- und Tiergesellschaften durch Steuerung von Art und Intensität der Nutzung zu schaffen. Dabei muß die Sicherheit des Deiches gewährleistet bleiben, ebenso der Bestand des Vorlandes.

Die Schafbeweidung hat in den letzten Jahren stark zugenommen und ist für viele Pächter von erheblicher wirtschaftlicher Bedeutung. Deshalb hat das Nationalparkamt einen Rahmenplan "Extensivierung der Salzwiesen" erstellt, in dem ein Weg zur Verringerung der Beweidungsintensität unter Berücksichtigung der wirtschaftlichen Situation der Pächter aufgezeigt wird. Nach dem derzeitigen Wissensstand kann die Anzahl der Schafeinheiten im Außenbereich um rd. 8000 (= rd. 28 % der Gesamtzahl) reduziert werden, ohne daß der Erhalt der Salzwiese dadurch gefährdet wird.

Der Rahmenplan enthält u. a. folgende Lösungsvorschläge:
- Der Schafbestand auf landeseigenen Flächen ist schrittweise zu reduzieren.
- Bei Betriebsaufgaben sind die freiwerdenden Pachtflächen bevorzugt verbleibenden Pächtern zur Verfügung zu stellen. Bei gleichbleibendem Schafbestand läßt sich damit eine wesentliche Reduzierung der Schafzahl je ha erreichen.
- Künftig sollen bei der Vergabe von Weideflächen solche Pächter nicht mehr berücksichtigt werden, die über einen außerlandwirtschaftlichen Vollerwerb verfügen, die also auf die Schafhaltung nicht angewiesen sind.
- Für die erschwerte Bewirtschaftung der Vorländer (z. B. durch Umtrieb) im Interesse des Naturschutzes ist ein Pachterlaß bzw. eine Ermäßigung denkbar. Ein flächenbezogenes Pflegeentgelt (Bsp.: Halligprogramm), sollte, wenn überhaupt, nur übergangsweise gezahlt werden.

Vorzusehen ist eine wissenschaftliche Begleitung und Kontrolle, durch die auch der notwendige Mindestschafbestand ermittelt wird, der in manchen Bereichen unter 1,2 Schafeinheiten/ha liegen kann. Als erster Schritt soll der Gesamtschafbestand innerhalb von 3 Jahren um 20% reduziert werden.

Problemfeld Küstenschutz

Der Küstenschutz für die hinter den Deichen lebenden Menschen hat im Nationalparkgesetz Vorrang. Er umfaßt Deichverstärkungen, Sicherungsdämme, Sandvorspülungen, Lahnungsbauten und Grüpparbeiten. Diese Maßnahmen werden durch das Nationalparkgesetz deshalb nicht eingeschränkt.

Dennoch sind Küstenschutzmaßnahmen Eingriffe in Natur und Landschaft und müssen nach den Vorschriften des Naturschutz- und Landschaftspflegerechts, wenn sie nicht vermeidbar sind, so gestaltet werden, daß Naturhaushalt und Landschaft so gering wie möglich beeinträchtigt werden.

Bei der Planung müssen verschiedene Varianten auf ihre Naturverträglichkeit geprüft werden. Dabei können

Abb. 7: Salzwiesen sind schutzwürdige Biotope

Abb. 8: Touristen bevölkern das Wattenmeer

nach dem Landschaftspflegegesetz auch Ausgleichsmaßnahmen oder, falls diese nicht durchführbar sind, Ersatzgelder gefordert werden.

Problemfeld Fremdenverkehr

Der Fremdenverkehr ist von herausragender Bedeutung für die Wirtschaft an der Westküste. Über 900.000 Gäste haben 1986 ihren Urlaub im Bereich des schleswig-holsteinischen Wattenmeeres verbracht. Mit 10 Millionen Übernachtungen lag die durchschnittliche Verweildauer bei 11,5 Tagen. Hinzu kamen im Jahr 1986 über 1 Million Tagesgäste. Im Nationalpark bleibt der Fremdenverkehr in vielen Bereichen ohne Einschränkungen. Das freie Wattwandern ist mit Ausnahme der Zone I und bestimmter, noch besonders zu kennzeichnender Flächen in der Zone II überall erlaubt. Die Schutzbestimmungen (§ 5) verlangen aber, daß die Natur respektiert wird. Der Mensch sollte sich hier als Gast verstehen. Daß Brutvogelkolonien nicht begangen, Seehunde und Vogelschwärme nicht gestört, Pflanzenbestände nicht zertreten werden, versteht sich von selbst.

In Abstimmung mit dem Nationalparkamt sollen Watt- und Halligwanderungen mit Führungen dort angeboten werden, wo sie die Natur nicht stören, aber interessante Beobachtungen gemacht werden können. Die Naturschutzverbände mit Betreuungsvertrag leisten aufgrund der langen Erfahrungen im Nationalpark einen wichtigen Beitrag bei der Beobachtung, der Pflege, der Information und dem Schutz des Nationalparks.

Die Entwicklung des Nationalparks muß als langfristige Aufgabe gesehen werden. Nur wenn die Bevölkerung die Nationalpark-Idee mitträgt und an deren Ausgestaltung konstruktiv mitwirkt, können wir diese wertvolle Landschaft langfristig schützen.

(Landesamt für den Nationalpark Schleswig-Holsteinisches Wattenmeer, Am Hafen 40 a, 2253 Tönning, Tel. 0 48 61 / 64 56)

Schwermetalle in Wattsedimenten

Georg Irion

An fast allen Küsten der Welt steigt und fällt der Wasserstand den Gezeiten folgend in gleichmäßigem Rhythmus.

Bei geringen Wassertiefen und einer positiven Sedimentbilanz werden an der Küste Sande und häufig auch Feinsedimente abgelagert. Bei Tidehochwasser sind sie vom Meere bedeckt, während bei Niedrigwasser ein Sedimentstreifen frei liegt. In den Tropen und Subtropen werden große Teile dieser Sedimente von üppiger Vegetation, von Mangroven, besiedelt. In unseren gemäßigten und in den arktischen Breiten sind die Sedimente - die Watten - vegetationslos. Wattflächen dehnen sich vor der Küstenlinie der südlichen und südöstlichen Nordsee von Texel bis Esbjerg auf einer Länge von etwa 500 km und einer durchschnittlichen Breite von etwa 10 km aus. Hier ist der sichtbare Eingriff des Menschen, verglichen mit dem zur Kulturlandschaft veränderten Festland, gering. Leider konnten sich die Watten aber nicht den durch die Industriegesellschaft produzierten Abfallstoffen entziehen. Nur der geringste Teil dieser Stoffe sind die mit dem bloßen Auge sichtbaren Abfälle, die entlang der Spülsäume abgelagert werden. Das marine Ökosystem wird - außer durch Öl - wesentlich mehr durch die mit den feinkörnigen Sedimenten abgelagerten Schadstoffe beeinträchtigt. Die wichtigsten davon sind

- Schwermetallverbindungen, vor allem von Blei, Cadmium und Quecksilber,
- Spaltprodukte und radioaktive Stoffe aus nuklearen Tests und kerntechnischen Anlagen und

-chlorierte- und polycyclische aromatische Kohlenwasserstoffe.

Am Senckenberg-Institut in Wilhelmshaven wurden - z.T. in Zusammenarbeit mit dem Institut für Sedimentforschung der Universität Heidelberg - Bestimmungen von Schwermetallen in Nordseesedimenten und in Wattsedimenten durchgeführt. Im folgenden werden einige Ergebnisse dieser Untersuchungen vorgestellt.

Abb. 1: Zink, Blei und Kupfer in einem Sedimentkern aus einem Altrheinarm bei Oppenheim

Abb. 2: Abhängigkeit der Zinkkonzentration von der Korngröße des Sediments

Herkunft und zeitliche Abfolge der Schwermetallbelastung

Schwermetalle sind Bestandteile jedes natürlich vorkommenden Gesteins und Sedimentes. Ein Teil der Schwermetalle ist als Spurenelement für die Biosphäre unerläßlich. Die natürlichen Konzentrationen der wichtigen Schwermetalle Zink, Cadmium, Blei und Kupfer sind gering. Erst durch die industrielle Tätigkeit des Menschen erreichen die Konzentrationen dieser Metalle an der Erdoberfläche und in den Ablagerungen von Flüssen, Seen und Meeren eine schädliche Höhe. Schwermetalle stellen, sollte ihre Emission nicht stark zurückgehen, auf Dauer eine erhebliche Belastung für die Ökosysteme und

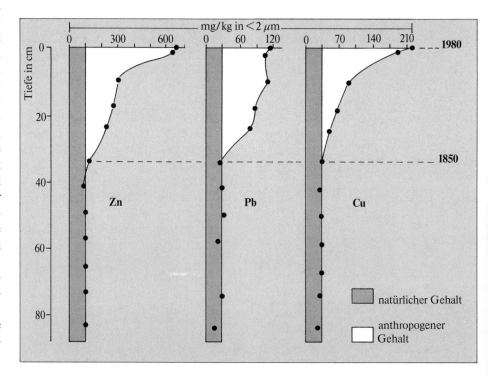

den Menschen dar.

Wichtigste Emittenten für Schwermetalle sind z. B. Kohlekraftwerke, erzverhüttende Industrieanlagen und mit bleihaltigem Kraftstoff betriebene Motoren. Über die Atmosphäre und über Fließgewässer gelangen die Schwermetalle fein verteilt in die Umwelt.

Lokal, z.B. durch Verhüttung von Erzen, setzte die anthropogene Belastung der Umwelt durch Schwermetalle sehr früh, schon in der Bronzezeit, ein. In überregionalem Umfang findet eine Schwermetallbelastung jedoch erst seit etwa der Mitte des vergangenen Jahrhunderts statt. Das Einsetzen und die Zunahme der anthropogenen Schwermetalle kann gut an Sedimentkernen untersucht werden, die aus Seen, Altwasserarmen von Flüssen oder Seegebieten mit konstanter Sedimentablagerung entnommen werden. Wir haben z. B. aus einer Bucht der Ostsee einen solchen Kern entnommen und anhand natürlicher und künstlicher Radionuklide das Alter der Sedimentabfolge ermittelt. Für die Ostsee ergab sich dabei eine anthropogene Schwermetallbelastung ab etwa 1880. In dem in Abb. 1 wiedergegebenen Sedimentkern aus einem Altrheinarm bei Oppenheim mag die Schwermetallbelastung etwas früher, etwa 1850 eingesetzt haben.

Die vom Menschen eingebrachten Schwermetalle sind, wie schon erwähnt, im wesentlichen an Feinfraktionen gebunden. Abb. 2 zeigt die Abhängigkeit der Zink-Konzentration von der Korngröße in einem stark belasteten Flußsediment. Diese starke Abhängigkeit der Schwermetallgehalte von den Korngrößen erlaubt nur den Vergleich von Sedimenten gleicher oder ähnlicher Korngrößen. Da die Belastung in den kleinsten Partikeln am größten ist, wird zum Vergleich häufig die Fraktion < 2 oder < 20 Mikron (1 Mikron = 0,001 mm) herangezogen.

Ästuare

Sedimente gelangen über die Ästuare (Flußmündungen) in die See. Auch bei diesem Übergang spielt die Tätigkeit des Menschen eine entscheidende Rolle. Durch Baggerarbeiten werden jährlich Millionen von Tonnen Sedimente in Suspension gebracht und gelangen dann bei geeigneten Tideverhältnissen ins Meer; z.T. werden Sedimente auch auf See verklappt. Allein im Gebiet des Jade-Busens wurden seit 1906 etwa 300 Millionen m³ Sediment ausgebaggert, und davon wurde ein großer Teil auf See verbracht. Die im Ästuar des Rheins, vor allem im Hafen von Rotterdam, abgelagerten Sedimente sind bisher im wesentlichen maschinell abgetragen und vor der Mündung des Flusses auf See verklappt worden. Eine vom Menschen unbeeinflußte Sedimentablagerung würde zur weiteren Verfüllung der Ästuare durch vom Meer hereingetragene Sedimente führen.

Ein großer Teil der über die Ästuare in die Deutsche Bucht eingetragenen Sedimente wird im "Schlickgebiet" von Helgoland abgelagert. Dort wurden auf einer Fläche von etwa 500 km² in den vergangenen 100 Jahren etwa 250 - 500 Millionen m³ Feinsedimente abgelagert. Diese Sedimente sind, außer aus den Ästuaren, auch von Westen mit der West-Ost-Strömung aus der südlichen Nordsee eingetragen worden. Aus der inneren Deutschen Bucht gelangen die Feinsedimente mit der Strömung nach Norden. Das ist besonders deutlich an der Verteilung der im wesentlichen anthropogen eingebrachten Schwermetalle Zink (Abb. 3), Cadmium und Silber nachzuweisen.

Neben dem Eintrag der Schwermetalle mit den Ästuarsedimenten ist der atmosphärische Eintrag von Schwermetallen gleichfalls hoch. Die Schätzwerte aus unterschiedlichen Untersuchungen liegen sehr weit auseinander, so daß Unsicherheit über ihren tatsächlichen Anteil besteht. Der atmosphärische Anteil scheint von einer ähnlichen Größenordnung zu sein wie der Eintrag über die Ästuare.

Wattenmeer

In die Wattenmeere gelangen die Sedimente - und mit ihnen auch die Schwermetalle - fast ausschließlich von der See her. Nur ein kleiner Prozentsatz ist atmosphärischen Ursprungs oder stammt aus den einmündenden Flüssen. In den Watten sortieren sich die Sedimente nach ihren Korngrößen. Die Tideströmung verursacht im größten Teil der Watten einen Wechsel von mäßiger zu starker Strömung. Es werden Sande abgelagert und auch wieder abgetragen. Feinsedimente, die während der Stauwasserphasen abgelagert werden, verbleiben nur in Ausnahmefällen im Sediment, da sie bei den starken Strö-

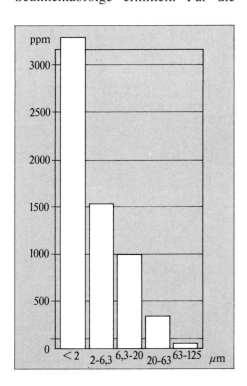

mungen, vor allem bei halber Tide, wieder in Lösung gelangen.
Feinkörnige Sedimente werden im wesentlichen in nur bei Tidehochwasser überspülten Teilen der Wattflächen abgelagert und bilden dort die Schlickwatte. Da die Schwermetalle im feinkörnigen Sedimentanteil konzentriert sind, ist dort die Umweltbelastung am höchsten.

Abb. 3: Verteilung des Zinks in den Sedimenten der Deutschen Bucht

Wir (Schwedhelm/Irion 1985) haben Schwermetall in den Fraktionen < 2 Mikron von Sedimenten aus den Watten zwischen Dollart und der Insel Sylt gemessen. Abb. 4 zeigt den natürlichen und den anthropogenen Anteil an Zink. Innerhalb der einzelnen Gebiete sind die Gehalte relativ gleichförmig. Dies zeigt, daß die Feinsedimente aus einer einzigen Quelle, der küstennahen See, stammen. Örtliche Einleiter spielen nur eine untergeordnete Rolle. Die höheren Gehalte im Gebiet zwischen den Mündungen von Weser und Elbe sind auf die Nähe dieser Flüsse zurückzuführen. Die Ursache für den Unterschied zwischen den nord- und ostfriesischen Watten mag einerseits durch einen höheren atmosphärischen Eintrag in den ostfriesischen Watten bedingt sein, kann aber vielleicht andererseits auch durch unterschiedliche Sedimentationsbedingungen erklärt werden.

Ein Vergleich der Schwermetallkonzentration der Watten mit den Sedimenten eines Flußsystems im baden-württembergischen Industrieballungszentrum (Tab. 1) zeigt deutlich

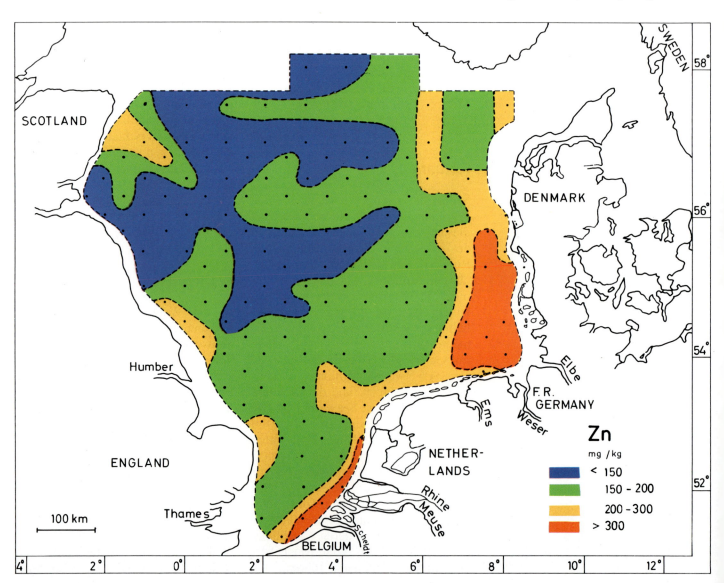

eine relativ hohe Belastung der Watten mit Blei und Zink, während die Belastung mit Cadmium und Kupfer in diesem Vergleich geringer ausfallen. Betrachtet man jedoch nicht nur die Konzentrationen in einzelnen Sedimentproben, sondern die Verbreitung der belasteten Sedimente, so fällt in dem Vergleich zwischen Neckar und den Wattgebieten die Bilanz für das Wattenmeer besonders schlecht aus. Bei den Flüssen handelt es sich ja um Sedimentkörper geringer Ausdehnung, während die Watten der südlichen und östlichen Nordsee bei einer durchschnittlichen Breite von etwa 10 km eine Länge von 500 km haben.

In Seen, in Altwasserarmen von Flüssen, in ruhigen Buchten der Küsten und in der Tiefsee werden Sedimente in der Regel übereinander, in zeitlicher Abfolge, abgelagert. Die Wattflächen zeichnen sich dagegen durch eine hohe Dynamik der Sedimente aus. Bei steigendem Meeresspiegelstand, bedingt aber auch durch Verlegen der Küstenlinie (Eindeichung), sind die Wattflächen Sedimentationsräume. So ist im Watt des westlichen Jadebusens nach der letzten Verlegung des Deiches vor etwa 120 Jahren zunächst jährlich eine Sedimentschicht von 1 cm abgelagert worden. Vor etwa 50 Jahren hatte sich dann ein Gleichgewicht zwischen Abtragung und Ablagerung eingestellt. Dabei unterliegen die Sedimente des Watts einer ständigen Umlagerung. Neben Umlagerungsvorgängen auf den Wattflächen selbst, findet Abtragung und Ablagerung von Sedimenten vor allem in den Wattwasserläufen, also in den Prielen, Tiefs und Baljen, statt. Die Sedimente werden bei Verlagerung der Wasserläufe in einer Tiefe, die der der jeweiligen Wasserläufe entspricht, umgeschichtet. Stärker belastete Sedimente, die an der Oberfläche gelegen haben, gelangen in die oberste Schicht der Wattflächen. In Sedimentkernen, die den Wattflä-

	Jadebusen	Neckar (Müller 1981)
Blei	95	135
Zink	247	585
Kupfer	28	163
Cadmium	0,7	6,5

Tabelle: Vergleich von Blei-, Zink-, Kupfer- und Cadmiumgehalten in Sedimenten (Fraktionen < 2 µ) der Wattflächen des südwestlichen Jadebusens und aus dem Einzugsgebiet des Neckars (als Beispiel einer hochindustrialisierten Region).

Abb. 4: Zinkgehalt in Oberflächenproben aus Wattgebieten

Abb. 5: Zink, Blei und Kupfer in der Feinfraktion (< 2 µ) eines Sedimentkerns aus dem südlichen Jadebusen

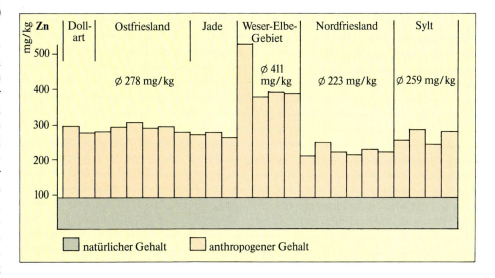

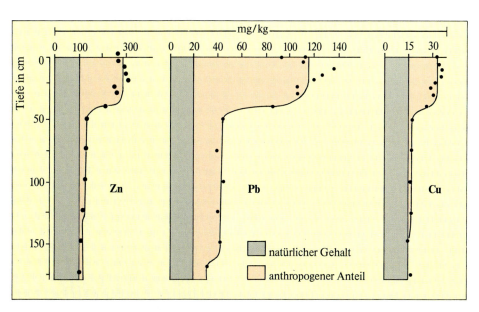

chen entnommen werden, lassen sich die Umarbeitungstiefen an den Schwermetallgehalten nachweisen. Abbildung 5 zeigt die Ergebnisse von solchen Untersuchungen, die an einem Kern im Watt bei Dangast (südwestlicher Jadebusen) durchgeführt wurden. Über diese Stelle sind in den vergangenen max. 100 Jahren wenigstens zwei Priele unterschiedlicher Tiefe hinweggegangen. Der erste "Durchgang" hat zu einer Zeit noch relativ geringer Umweltbelastung stattgefunden, während der zweite "Durchgang", wie aus der Höhe der Metallgehalte zu schließen ist, nicht mehr als einige Jahrzehnte zurückliegen kann.

Bisher sind nur wenige solcher Profile bearbeitet, daher kann eine durchschnittliche Tiefe der Umarbeitung der Wattflächen nur geschätzt werden. Sie mag in der Regel zwischen 20 und 150 cm liegen. Bis in diese Tiefen kann also das Watt eine Umweltbelastung aufweisen.
Aus diesen oberen Dezimetern beziehen jedoch fast alle in den Wattgebieten lebenden Organismen ihre Nahrung. Die Schwermetalle werden von den Primärproduzenten innerhalb der Nahrungskette weiter zu den höheren Lebewesen geleitet. Das Ausmaß der dadurch entstehenden Schädigung ist bisher noch nicht hinreichend untersucht.

Abb. 6: Trockengefallenes Watt - Speicher für Schadstoffe?

Literatur

Schwedhelm, E. / Irion, G.: Schwermetalle und Nährelemente in den Sedimenten der Deutschen Nordseewatten. In: Courier Forschungsinstitut Senckenberg 73, 1985, S. 119
Irion, G. / Müller, G.: Heavy metals in surficial sediments of the North Sea. In: Heavy metals in the environment 2, New Orleans - September 1987, S. 38-41

Die Versalzung der Weser
– Hinweise auf ihre gravierenden Störungen –

Günter Buhse

Die Weser entsteht durch den Zusammenfluß der Werra und Fulda bei Hann. Münden. Die Werra entspringt am Südwesthang des Thüringer Waldes im Gebiet der DDR und schneidet in ihrem Verlauf mehrfach die innerdeutsche Grenze. Während die Fulda hauptsächlich in den Ballungsräumen Fulda, Bebra, Melsungen und Kassel mit vorgeklärten Haus- und Industrieabwässern belastet wird, ist die Werra weniger stark euthrophiert, da in den dünn besiedelten Zonenrandgebieten weniger Abwässer anfallen. Seit dem Beginn des 20. Jahrhunderts wird die Werra jedoch in steigendem Maße durch die Einleitung der konzentrierten Abwässer der Kali-Industrie aus den Gebieten Gerstungen und Vacha versalzt (vgl. Abb. 1).

Vor dem ersten Weltkrieg betrug die Versalzung der Werra bei Münden (Letzter Heller) 550 mg/l Chlorid = 900 mg/l Salze (1913 - 1918). 1947 - 1949 stieg die Versalzung hier bereits auf 2000 mg/l Cl$^-$ und liegt seit 1967 im doppelten Bereich und höher.

Auf Grund des Erlasses des Generalinspekteurs für Wasser und Energie vom 27.07.1943 wurde die Einleitung der salzigen Abwässer der Kali-Industrie in die Werra auf 2500 mg/l Cl$^-$, gemessen bei Heimboldshausen, begrenzt. Dabei wurde der Anteil der thüringischen Werke auf 63 % der Versalzungsmenge festgelegt. Im Oktober 1947 wurde diese Vereinbarung zwischen den beiden Ländern Thüringen und Hessen bestätigt.

Störungen durch die Versalzung

Die gegen alle Abmachungen und Regelungen verstoßenden höheren Abgaben der Salzfracht in der Werra beeinträchtigen den Biotop sehr stark. Die Beseitigung dieser überhöhten Salzfracht kann nicht nur das Anliegen der Fischer sein, auch wenn sich im Fischereibereich als Endglied der Kette die daraus resultierenden Störungen am besten zeigen. Mag man auch Verständnis für die Notwendigkeit der früheren wirtschaftlichen Entfaltung im Kalibergbau und im Bereich der Nutzer seiner Produkte haben, so paßt doch heute angesichts der bestehenden technischen Abhilfemöglichkeiten - wie der bundesdeutsche Kalibergbau sie zeigt - die Verursachung solcher ökologischen Dauerkatastrophen nicht mehr ins Bild.

Der Süßwasserbiotop verträgt nur eine geringe Versalzung, die man der Einfachheit halber in Chlorid angeben kann. Die Schadskala der biologischen Beeinträchtigung ist dann:

< 100 mg/l Cl$^-$
Oberflächenwasser (Süßwasserzone)
> 500 mg/l Cl$^-$
Biologische Störungsschwelle
> 2000 mg/l Cl$^-$
Beeinträchtigungen nehmen zu
> 3000 mg/l Cl$^-$
Zunahme von Fischerkrankungen
> 4000 mg/l Cl$^-$
Fischsterben

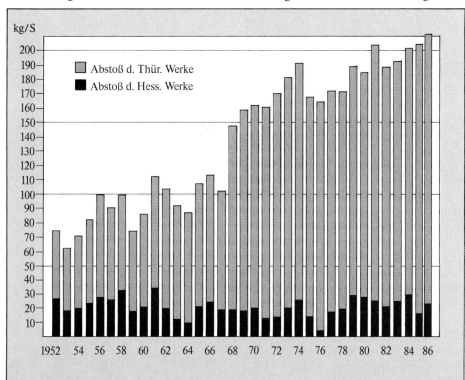

Abb. 1: Chlorid-Ausstoß der Werra-Kaliwerke im Jahresmittel von 1952-1986

Die Größenordnung 100 mg/l Cl⁻ ist auch für den Menschen verträglich, was bei der Trinkwassergewinnung berücksichtigt werden muß und vom Gesundheitsamt kontrolliert wird. Eine biologische Störung wird bereits ausgelöst, wenn die Werte über 500 mg/l Cl⁻ ansteigen. Der heimische Flohkrebs, der sonst in Süßgewässern recht zahlreich auftritt, verschwindet. Liegen die Werte über 2000 mg/l Cl⁻, reagiert die Natur verstärkt mit Beeinträchtigungen durch Ausfall. Viele autochthone (dort ursprünglich heimische) Lebewesen, wie z. B. die Wasserassel und viele Schneckenarten, gehen zugrunde. Die Vielgestaltigkeit der Lebensformen ist nun verarmt und ein wüstenähnliches Gebiet im Lebensraum Wasser entstanden (vgl. Tab. 1).

Die Salzfracht im Fluß

Seit 1976 wurden über den Flußlauf Werra/Weser 12 Mill. t Salz pro Jahr transportiert, das sind 31.300 t/d oder 360 kg/s Salz. 1986 betrug die Salzfracht in 24 Stunden sogar 35.400 t. Das entspricht 410 kg/s Salz. Dies bedeutet eine Versalzung von 41 ‰. Als Vergleich sei die Versalzung der Ostsee genannt. Sie liegt bei Rügen bei 15 ‰, die Nordsee hat einen Salzgehalt von 33 ‰. Die Weserversalzung ist aber qualitativ mit der des Meeres nicht zu vergleichen. Während im Meer hauptsächlich Natrium und Chlorid vorhanden sind, überwiegen in den Kali-Abwässern neben Bikarbonaten, Calzium und Sulfat Magnesium und vor allem Kalium, das bei einer bestimmten Konzentration toxisch wirkt. Die Industrieabwässer der Kaliindustrie in der Weser bewirken, daß die Süßwasserfauna und -flora weitgehend vernichtet worden ist und nur in kleinen Zuflußstellen (Quellgebieten) Individuen überleben können. Von dort aber könnten die Organismen die Weser nur dann wieder neu besiedeln, wenn die Salzkonzentration in der Weser gesunken ist. Halophile Lebewesen, die den Salzgehalt tolerieren, können sich im Weserwasser nur bedingt entwickeln, zum einen, weil toxische Salze (Kalium) vorhanden sind und zum anderen, weil die Schwankungen in der Salzkonzentration zu groß sind (Auslösen eines Osmoseschocks).

Die Fischerkrankungen nehmen bei einem Wert von über 3000 mg/l Cl⁻ deutlich zu. Bei den meisten Fischarten kommt die Nachwuchsproduktion zum Erliegen, und ein schleichendes Fischsterben setzt auch bei den adulten Formen ein. Die Fische erleiden bei der erhöhten Salzkonzentration eine Vergiftung durch das vergesellschaftete Kalium; sie können ihre Schwerelosigkeit über die Schwimmblase nicht

Versalzungsbeeinträchtigung der Werra und Oberweser durch Abwässer der Kali-Industrie

Chlorid mg/g	Salze mg/l	
< 100		Oberflächenwasser
240		Erhöhter Salzgehalt im Rhein bei Freiburg (zum Vergleich)
< 400		Grenzwert für Trinkwasser
> 500		Biologische Störungsschwelle. Der Flohkrebs, Gammarus pulex, geht ein
> 500	900	Salzgeschmack ist feststellbar
< 2000	3.600	störungsarm
> 2000		Beeinträchtigung vieler autochtoner Lebewesen: Die gemeine Flußmuschel Unio und die Wasserassel Asselus aquaticus verschwinden
< 2500		Festgelegter Grenzwert für die Werra
> 2500	2.500	Biologisch gestörter Bereich: Fischerkrankungen treten auf, die submere Flora wird beeinträchtigt, niedere Pflanzenarten kommen zur Massenentwicklung (Diatomeen)
3000		Grenzwert für Fischgewässer
> 3000	5.400	Fischerkrankungen nehmen zu; der Bakterienabbau läßt nach.
> 4000	7.200	Schleichendes Fischsterben (Nicht wahrnehmbar, da die Fische am Boden verenden)
> 4000		Auftretende Salzschwankungen dezimieren auch den Aal
5000	9.000	Ostsee vor Darßer Schwelle
> 6000	10.800	Verödung des Süßwasserbiotops

Tab.1: Versalzungsbeeinträchtigung der Werra und Oberweser durch Abwässer der Kaliindustrie

Abb. 2: Die Werra in Hann. Münden

mehr ausgleichen und sterben am Boden des Flusses. Deshalb nimmt die Bevölkerung diese Katastrophe nicht wahr; die Alarmwirkung des normalen Fischsterbens, das sich in den an der Oberfläche des Flusses treibenden Fischkadavern zeigt, bleibt aus. So ist eine Verödungszone in der Werra und Weser entstanden, von der die Bevölkerung nur unzureichend Kenntnis erhalten hat.

In der Werra trat das erste größere Fischsterben, das registriert wurde, 1949/50 auf. Sein Umfang wurde von den Fischereibiologen Lowartz aus Hessen und Schrader aus Thüringen untersucht und auf einen Schaden von 150.000,– DM festgelegt. Diese Fische starben an der Oberfläche, denn der Auslösefaktor waren die durch Salze zur Massenentwicklung gekommenen Kieselalgen, die einen hohen pH-Wert und erhöhte Sauerstoffmengen produzierten und auf diese Weise das Fischeiweiß im lebenden Fisch beeinträchtigen.

Schädigung der Weser durch die Salzlast

35 Mill. t Salz werden jährlich im Naßzustand in die Werra eingeleitet; das entspricht einer Trockensubstanz von rund 12 Mill. Tonnen. Im Jahre 1986 wurden davon von der Bundesrepublik Deutschland 10,7 % und von der DDR 89,3 % eingeleitet; 1987 stammten über 90 % aus den Kaliwerken der DDR. Wie bereits ausgeführt, verträgt der Süßwasserbiotop nur geringe Salzwerte. Die Fauna und Flora ist an die niedrigen Salzgehalte angepaßt. So wurden in der Werra 1954 noch 64 Fischnährtierarten festgestellt, die 1960 bis auf 13 Arten bereits alle verschwunden waren. Diese sind:
1. Süßwasserschwamm, *Spongilla fragilis*
2. Schlammröhrenwurm, *Tubifex*
3. Schlammegel, *Herpobdella*
4. Wasserassel, *Asellus aquaticus*
5. Getigerter Flohkrebs, *Gammarus tigrinus*
6. Zuckmücke, *Chironomus*
7. Kriebelmücke, *Simulium*
8. Köcherjungfrau, *Limnophilus*
9. Flußmuschel, *Unio*
10. Erbsenmuschel, *Psidium*
11. Schlammschnecke, *Limnaea*
12. Brackwasserschnecke, *Galba palustris*
13. Napfschnecke, *Ancylus*

Von allen diesen Arten macht der

Flohkrebs *Gammarus tigrinus* mehr als 95 % des Gesamtgewichtes der Fischnährtiere aus. Seit den 60er Jahren ist er die Hauptnahrung der Fische, was durch Magen- und Darmuntersuchungen an den Fischen bestätigt wurde.

Die früher in der Weser zahlreich vorkommende Flußmuschel ist seit 1968 aus dem Flußbereich der Weser verschwunden. Die Wasserassel, wie auch viele Wasserschneckenarten sind im salzhaltigen Wasser nicht überlebensfähig gewesen. Neben der Fauna leidet auch die Flora. Submerse Pflanzen, Laichgebiete vieler Fischarten, verkümmern. Auch der Riedgürtel geht ein. Insgesamt verarmt der gesamte Lebensraum durch diese Salzabwasserlast.

Primäres Fischsterben

Wie bereits genannt, nehmen die Fischerkrankungen bei über 3000 mg/l Cl⁻ zu. Das Ausmaß der Erkrankungen wurde nach äußeren Merkmalen festgelegt. Es zeigen sich lateral und ventral offene Wunden. Dies sind die Folgen einer Salzvergiftung, wobei Kalium eine erhöhte Rolle spielt. Die Kaliummenge im Wasser entspricht etwa 5 % der im Weserwasser vorhandenen Chloridmenge. Werden also 4000 mg/l Cl⁻ gemessen, so sind im Wasser gleichzeitig 200 mg/l Kalium vorhanden. Sobald aber die Kaliummenge den toxischen Grenzwert von 150 mg/l K überschreitet, muß es zu Schädigungen der Fischfauna kommen. Die Blutkörperchen (Erythrocyten) deformieren sich, und ihre Membranen können sogar platzen. Das kleine Kalium-Ion dringt in die Zelle ein und reichert sich in ihr mit Wasser an. Der osmotische Effekt, der hier störend oder sogar tödlich wirkt, wird durch starke Wassertemperaturschwankungen erhöht. Dies zeigt sich besonders dann, wenn aus der Edertalsperre Zusatzwasser abgelassen wird. Die toxische Wirkung des Kaliums führt weiterhin dazu, daß der Fisch sein Gewicht über die Schwimmblase nicht mehr ausreichend regulieren kann. Der Fisch muß in einer solchen Situation am Boden verbleiben und verendet schließlich dort. Die verendeten Fische werden z. T. von Flohkrebsen verzehrt. Gelangen die Kadaver an die Uferzone, werden sie von Krähen geholt. Das Fischsterben vollzieht sich fast unbemerkt von der Öffentlichkeit, schleichend, aber dennoch in gewaltigen Ausmaßen. Nur dort, wo die Strömung die Kadaver an das Ufer spült, wird das Fischsterben von der Bevölkerung wahrgenommen. Im November 1971 zählte ich an einem Uferstreifen der Weser von 100 m Länge und 1 m Breite 40 tote Fische mit einem Durchschnittsgewicht von 150 g. Diese Menge verendeter Fische sollte Alarmzeichen sein. Leider geht eine Signalwirkung jedoch fast ausschließlich nur von den Fischen aus, die tot an der Oberfläche des Flusses treiben.

Das, was sich seit den 70er Jahren in der Oberweser abspielte, ereignete sich etwa 15 Jahre vorher in der Werra. Sie ist heute nahezu fischleer und beherbergt nur noch ausgesetzte Aale und Forellen. Ein Ablaichen und Fischbrut der verschiedenen heimischen Fischarten gibt es in diesem Fluß nicht mehr.

Sekundäres Fischsterben

Die Industrie-Versalzung der Weser führte zwangsläufig zur Reduzierung der einzelnen Lebensformen in der Gemeinschaft. Statt Artenreichtum überwiegen nun einige wenige Formen, die ein größeres Lebensspektrum haben. So sind unter dem Plankton hauptsächlich Kieselalgen zu finden, die den leer gewordenen Lebensraum durch Massenentwicklung ausfüllen. Es sind pflanzliche Formen, die assimilieren. Sie entnehmen an sommerlich warmen Tagen dem Wasser Kohlendioxyd zum Aufbau der Zuckermoleküle, so daß der vorhandene ausgeglichene pH-Wert gestört wird und in den alkalischen Bereich ansteigt (>9,5). Bei der Assimilation wird gleichzeitig Sauerstoff produziert, die Sauerstoffwerte steigen bis zu 200 % der Sättigung an. Alkalische Beeinträchtigungen und O_2-Verbrennungen

Tab. 2: Fischfang während einer Hitzeperiode im August 1971

Datum	Aal kg	%	Beifang kg	%	zusammen kg	%
26.08.1971	13	2,0	37	5,7	50	7,7
27.08.1971	80	12,3	190	29,2	270	41,5
28.08.1971	78	12,0	195	30,0	273	42,0
29.08.1971	23	3,5	21	3,2	44	6,8
30.08.1971	6	0,9	2	0,3	8	1,2
31.08.1971	4	0,7	1	0,2	5	0,8
zusammen:	204	31,4	446	68,6	650	100,0

Abb. 3: Fanggewicht beim Aal in einem unteren Weserabschnitt

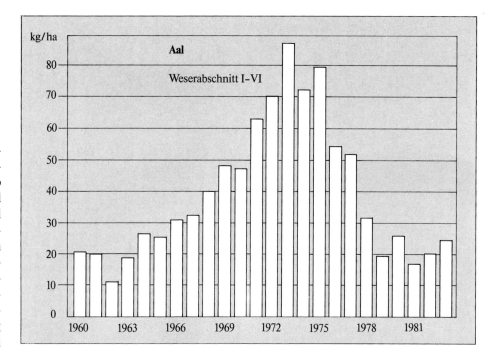

beeinträchtigen besonders die Kiemen der Fische. Es kommt zur Anschwellung des Kiemenepithels, so daß die Fische nicht mehr genügend Sauerstoff aufnehmen können und schließlich ersticken müssen. Der Erstickungstod tritt oft schlagartig nach der Normalisierung der heißen Witterung ein, wenn die verfügbare Sauerstoffmenge zum Normalwert zurückgegangen ist. Bevor die Fische verenden, treiben sie massenweise völlig passiv im Wasser und gelangen in diesem Zustand auch in die Reusen. In der Oberweser lagen die Fangquoten für Aale in den 70er Jahren bei 4 - 6 kg/d bei einem Beifang von 1 - 2 kg anderer Fischarten. Während und nach einer Hitzeperiode vom 26. - 31.08.1971 schnellten diese Erträge für eine kurze Zeit nach oben (Tab. 2). Zu dieser Zeit lagen keine erhöhten Chlorid- und Abwasserwerte vor, wohl aber waren die pH- und Sauerstoffwerte erheblich angestiegen, was auf die Massenentwicklung der Algen und ihre Assimilation zurückzuführen ist.

Die hohe Überproduktion des Planktons an heißen Tagen löst am Tag den eben beschriebenen störenden Assimilationseffekt aus. Die gestorbenen Plankter müssen aber auch abgebaut werden, was einen Sauerstoffverbrauch nach sich zieht, der dann während der Nacht weitere Störungen auslösen kann.

Selbstverständlich treten neben der Versalzung auch Normalbeeinträchtigungen auf. Anhaltende Trockenperioden oder starke Regengüsse mit Überschwemmungen ändern vorübergehend die Wasserqualität. Diese naturbedingten Erscheinungen spielen aber gegenüber der starken Versalzung nur eine unwesentliche Rolle. Die einzelnen Fischarten reagieren unterschiedlich stark auf die Versalzung in der Weser. Am stärksten leiden Hecht, Brasse, Barbe, Plötze, Rotfeder, Güster, Zährte und Döbel. Dabei sind die juvenilen Formen weit empfindlicher als adulte Fische. So können zwar Bach- und Regenbogenforellen sowie Karpfen noch in dem vergifteten Wasser leben, Nachkommen werden jedoch nicht mehr produziert. Aus diesem Grunde bemühen sich die Fischer seit Jahrzehnten, Besatzmaßnahmen mit Jungfischen durchzuführen.

Der Aal

Von der großen Anzahl an Wirtschaftsfischen ist praktisch nur der Aal übrig geblieben. Aber auch hier geht die vorhandene Kapazität einerseits und die Abwachsgröße andererseits stark zurück. Die Relation zwischen einem gut abgewachsenen Aal von 400 g und einem leichteren Aal von 170 g betrug noch 1960 im Fangverhältnis 6 : 4, während 1985 dies Verhältnis auf 3 : 7 zurückging. Hierfür liegen viele Gründe vor, wobei der gravierendste die Versalzung darstellt. So kann man die Folgeschäden der überhöhten Versalzung auf Schritt und Tritt verfolgen. In der Abbildung 3 sind Aalfanggewichte von 1960-1982 für einen unteren Weserabschnitt zusammengestellt.

Die Barbe

Die Oberweser stellt fischereibiologisch die Barbenregion dar. Daher sollte auch die Barbe hier reichhaltig vertreten sein. Dies traf in den früheren Jahren bis 1960 auch noch zu. Es wurden etwa 3 kg/ha Barben gefangen. In den Folgejahren sank das Fanggewicht auf Grund der ständig zunehmenden Versalzung erheblich ab.

In Abbildung 5 sind die Fanggewichte von Barben in zwei Weserabschnitten dargestellt. Barben sind gegen die

Versalzung ebenfalls besonders anfällig. Es zeigen sich größere Wunden an ihrem Körper, und die Fische verenden am Boden des Flusses. Wenn auch mitunter nach erhöhter Wasserführung und verringerter Salzkonzentration Laich und Brut gelegentlich am Leben bleiben, ist das Heranwachsen unter den vorliegenden Verhältnissen (Versalzung) kaum möglich, da die juvenilen Fische weit empfindlicher gegen die Versalzung sind als die adulten.

Weitere Schäden durch salzreiches Weserwasser

Neben den fischereilichen und biologischen Schäden im Fluß stört der Salzgehalt des Wassers in Brunnen in der Nähe des Flusses. Die Landwirtschaft leidet unter dem unbrauchbar gewordenen Wasser. Wasser- und Schiffahrtsämter sowie Industrien beklagen die Rostaktivität des Weserwassers. Der Mittellandkanal erhält bei Minden Zusatzwasser durch Pumpen aus der Weser für die Schiffahrt. In den letzten Jahrzehnten beginnt auch hier die Salzbeeinträchtigung.

Vergleich mit der Versalzung des Rheins

Vergleicht man die Versalzung von Werra und Weser mit der des Rheins, der eine gleich hohe Salzfracht zu bewältigen hat (12 Mill. t/a), so kommt es bei dem biologischen Vergleich auf die Wasserführung, als den Verdünnungsfaktor an. Die Wasserführung im Rhein ist etwa 40fach höher als die in der Werra. Der Rhein ist also in einer nicht so gravierend ungünstigen Lage.

Abb. 4: Aale. Beim rechten Tier zeigt die Farbe eine Erkrankung an.

Abb. 5: Barbe mit Geschwür

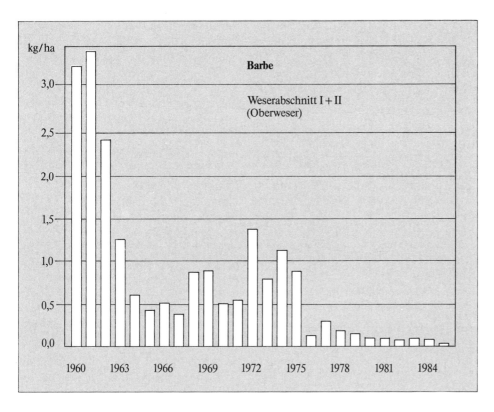

Abb. 6: Fanggewicht von Barben aus der Oberweser

Tab. 3: Versalzung des Rheins und der Werra

In ihm können sich noch biologische Abläufe ohne Überschreitung der Versalzungsgrenzwerte vollziehen, obwohl auch dort die hohe Salzfracht Sorge macht. Im Flußsystem Werra/Weser sind besonders seit 1968 immer wieder die biologischen Grenzwerte überschritten worden, so daß auch nach niederschlagsreichen Zeiten die beginnende Erholung einzelner Arten bald wieder gestoppt wird.
In Tab. 3 sind die Versalzungsdaten der Werra und des Rheins einander gegenübergestellt.
Sollten diese 12 Mill. t Salze jährlich statt vom Fluß über den Schienenweg abtransportiert werden - dies sei hier als Denkmodell vorgetragen - so müßten diese Abwässer (im gelösten Zustand = 35 Mill. t/a) in Güterzügen in einer Folge von 17 Minuten tagaus tagein fahren, wobei ein Güterzug aus 20 Wagen besteht und ein Gesamtfassungsvermögen von 1100 t aufweist. Diese kaum vorstellbar hohe Abwassermenge hat man dem Flußlauf zugemutet, aber die Kleinlebewelt und die Fische sind stumm und können nicht anklagen, was der Homo sapiens hier jahrzehntelang vollbracht hat und weiter vollbringt.

Eine Reduzierung der Salzlast ist möglich

Dabei ist eine Reduzierung der Salzlast technisch möglich: Es gibt technische Möglichkeiten, das Kalium als Düngemittel im Trockenverfahren an der Werra zu gewinnen. Dazu muß man das veraltete Naßverfahren aufgeben, damit nicht die großen Mengen an Abwasser erzeugt werden und sich das Leben in der schönen Werra und Weser wieder voll entwickeln kann. Wird der Flußlauf mit seinem Wasser wieder gesund, leistet er auch in vielfältiger Hinsicht seine Dienste für die Allgemeinheit. Ein Streben und Fordern nach der Einstellung der hohen Versalzung muß daher das Ziel aller sein.

Literatur

Buhse, G.: Fischereibiologische Auswirkungen durch die Salzstörungen in Werra und Oberweser. Fischereikunde am Institut für Wildbiologie und Jagdkunde der Universität Göttingen 1987

Art	Rhein bei Koblenz	Werra bei Philippsthal
Salz in t/a	12456720,00	12920000,00
Salz in kg/s	395,00	409,69
Abfluß M m3 s	1500,00	40,00
Abfluß N m3 s	400,00	10,00
Salze M g/m3	263,30	20242,00
Salze N g/m3	987,50	40969,00
davon Cl- M g/m3	131,70	5121,00
Cl- N g/m3	493,75	20485,00

Bodenversauerung — ein Problem des Naturschutzes

Jürgen Prenzel
und
Jürgen Schauermann

Bodenversauerung ist kein ganz neues Umweltproblem. Sie ist in gewissem Grade ein natürlicher Prozeß. Der Mensch hat seit Beginn der Landwirtschaft durch Überbeanspruchung der landwirtschaftlich genutzten Flächen, darunter auch Waldgebiete, zur Versauerung der Böden beigetragen. Damit in engem Zusammenhang steht die weitgehende Entwaldung Norddeutschlands bis zum 18. Jahrhundert (Ulrich/Meyer 1987). Heute wird die anthropogene Bodenversauerung verstärkt durch den zusätzlichen Säureeintrag und die Ablagerung saurer Partikel aus der Luftverunreinigung.

Prinzip der Bodenversauerung

Die Versauerung von Böden beruht auf der Anreicherung von H-Ionen. H-Ionen sind grundsätzlich in allen Ökosystemen und Organismen vorhanden und notwendig. Ob sie sich schädlich auf Lebensformen auswirken, ist lediglich eine Frage ihrer Konzentration. Sie kann in einem sehr weiten Bereich schwanken: von etwa 10^{-14} bis 1 g/l. Deshalb hat man ein logarithmisches Konzentrationsmaß eingeführt: den pH-Wert.

pH 3 entspricht 10^{-3} = 0,001 g = 1mg (H^+) /l
pH 4 entspricht 10^{-4} = 0,1 mg (H^+) / l
pH 5 entspricht 10^{-5} = 0,01 mg (H^+) / l
pH 4,2 entspricht $10^{-4,2}$ = 0,06 mg (H^+) /l

Wichtig ist, daß der Absenkung des pH-Werts um eine Einheit, eine Verzehnfachung der H-Ionen-Konzentration entspricht.

H-Ionen gehen viele Verbindungen ein, die nicht giftig bzw. schädlich sind, wie z.B. das Wasser ($H_2O = H^+ + OH^-$). Oft werden aber bei der Bildung an sich ungefährlicher Verbindungen Spaltprodukte freigesetzt, die giftiger sind als die Verbindungen selber. Verbindungen, die H-Ionen enthalten, werden in der Chemie als Säuren bezeichnet. Man kann die Grundreaktion der Säuren für eine gedachte allgemeine Säure HA so schreiben:

$$HA = H^+ + A^-$$

Die konkreten Säuren unterscheiden sich darin, wie fest sie ihre H-Ionen binden. Bei fester Bindung sprechen wir von einer schwachen, bei loser Bindung, von einer starken Säure.

Unter der Säurestärke einer Säure versteht man den pH-Wert, oberhalb dessen sie H-Ionen abgibt, also versauernd wirkt, während sie unterhalb dieses Wertes zunehmend weniger in der Lage ist, noch H-Ionen in eine bereits H-ionenreiche Lösung abzugeben.

Diese Überlegung ist wichtig für die Bedeutung der Kohlensäure (H_2CO_3): Sie wird in Böden in großen Mengen produziert, aber sie wirkt nur bis zu einem pH-Wert von 5 versauernd. Zur Bildung wirklich saurer Böden mit pH-Werten unter 5 kann sie nicht beitragen, weil sie als Säure nicht stark genug ist.

Starke Säuren sind dagegen die Produkte der Luftverschmutzung Schwefelsäure (H_2SO_4) und Salpetersäure (HNO_3). Schwefelsäure entsteht hauptsächlich durch Kohlekraftwerke, Salpetersäure durch Autoabgase. Beide Luftverunreinigungen werden meist über mehrere hundert Kilometer transportiert, bevor sie als Säuren deponiert werden.

Starke Säuren können auch auf biologischem Wege produziert werden: Salpetersäure entsteht im Kreislauf des Stickstoffs durch bestimmte Mikroorganismen. Starke organische Säuren können ebenfalls gebildet werden. In den meisten Fällen werden aber im Ökosystem diese Säuren durch Nährstoffaufnahme oder durch

Abb. 1: Blick in die Kronen von Laubbäumen

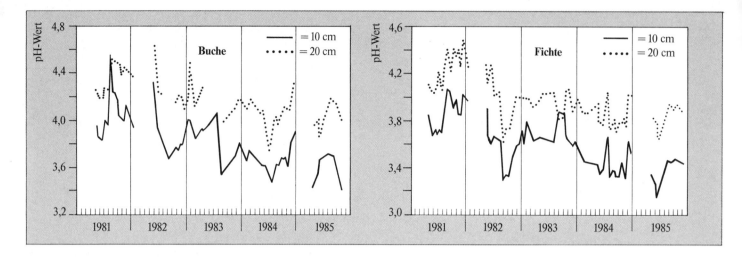

mikrobielle Oxidation wieder verbraucht. Versauerung durch Ökosystem-Prozesse tritt nur ein, wenn der Nährstoffkreislauf gestört ist.
Beim Aufbau von Pflanzensubstanz werden überschüssige H-Ionen in den Boden abgegeben. Wenn die abgestorbenen Pflanzen oder Pflanzenteile später zersetzt werden, dann werden dem Boden H-Ionen entzogen. In einem geschlossenen Kreislauf entsteht so keine Bodenversauerung, wohl aber in der Landwirtschaft, wo die Pflanzen als Ernte entnommen werden. Deshalb muß in der Landwirtschaft durch Kalkung die Versauerung kompensiert werden.
Die mineralischen Teilchen des Bodens wirken je nach Zusammensetzung der Versauerung entgegen. Besonders wirksam ist Kalk, der auf folgende Weise H-Ionen verbraucht:

$$H^+ + CaCO_3 = Ca^{2+} + HCO_3^-$$

Nicht so reaktionsfreudig wie Kalk sind die Silikate, z. B.:

$$4 H^+ + Mg_2SiO_4 = 2 Mg^{2+} + H_4SiO_4$$

Alle Böden enthalten auch gebundenes Aluminium, das durch H-Ionen freigesetzt werden kann:

$$3 H^+ + Al(OH)_3 = Al^{3+} + 3 H_2O$$

Das Prinzip dieser Pufferreaktionen des Bodens ist, daß die H-Ionen in schwachen Säuren (Kohlensäure, Kieselsäure, Wasser) gebunden und daß Metall-Kationen freigesetzt werden. Diese Metalle können entweder Pflanzennährstoffe (Ca, Mg, K) sein, die auf diese Weise dem Boden verlorengehen, oder Gifte (wie Aluminium und Schwermetalle), die durch Bodenversauerung in eine wirksame toxische Form überführt werden. Diese Gifte vor allem vertreiben die Zersetzer-Organismen aus dem versauerten Mineralboden.
In zahlreichen Studien ist eine weitverbreitete Versauerung der Waldböden in Deutschland nachgewiesen worden (Ulrich/Meyer 1987; vgl. Abb. 1). Bei einer groben Zuordnung von Boden-pH-Werten und Humusformen kommt man zur folgenden Einteilung (vgl. dazu Ulrich 1981):

pH über 5: Mull,
pH zwischen 5 und 4,2: Moder,
pH unter 4,2: Rohhumus.

In den Wäldern der gemäßigten Breiten herrschen Tierarten, die tote organische Substanz zersetzen, sowie deren Räuber und Parasiten vor. Pflanzenfresser sind weniger zahlreich vertreten. Im Mineralboden von Mullböden leben hauptsächlich tief grabende Regenwürmer wie z.B. *Lumbricus terrestris*, *Aporrextodea*

Abb. 2: Rückgang des pH-Wertes in Bodenschichten im Solling

caliginosa und *Oxtolasion cyaneum*. Diese Arten haben die Mullbodenstruktur durch hohe Umwälzungsleistung (Bioturbation) erst aufgebaut. In den porenreichen "Regenwurmkotboden" folgen viele Zersetzer- und Räubertierarten nach.
Die Mineralböden in Moder - Rohhumusböden beherbergen dagegen nur wenige spezialisierte Tierarten wie z.B. die Larven des wurzelfressenden Rüsselkäfers *Phyllobius argentatus*, des Allesfressers *Athous subfuscus* (Schnellkäfer) oder der räuberischen Holzfliegen (Xylophagidae). Deren Siedlungsdichten erreichen zusammen nur einige tausend Individuen pro m². Im oberen Mineralboden können sich jedoch Einzeller und Fadenwürmer stärker entwickeln.
Die Tiergesellschaften im Auflagehumus zeichnen sich durch hohe Artzahlen, Siedlungsdichten und Biomassen aus. Im Mullboden herrschen im Sommer durch die geringmächtige Auflagehumusdecke und Trockenheit für fast alle Tierarten ungünstige Verhältnisse. Ein Großteil der organischen Substanz ist durch Regenwürmer mit dem Mineralboden vermischt worden. Viele Tierarten überdauern

diese ungünstigste Jahreszeit durch ein Eistadium oder eine Ruhephase im feuchteren Mineralboden. Neben den Regenwürmern dominieren Einzeller, Hornmilben, Springschwänze und räuberische Hundertfüßer. Als Kalkanzeiger treten Doppelfüßer (z.B. *Glomeris marginata*), Asseln (z.B. *Oniscus asellus*) und Gehäuseschnecken (z. B. *Perforatella incarnata*) in großer Arten- und Individuenzahl auf. Im Moder-Rohhumusboden herrschen im mächtigen Auflagehumus meist ganzjährig ausgeglichene Feucht- und Temperaturverhältnisse. Nur im Auflagehumus können die Regenwurmarten *Dendrobaena octaedra*, *Dendrodrilus rubidus* und *Lumbricus rubellus* leben. Bei Kalkungsmaßnahmen entwickeln sich diese Arten massenhaft. Mehrere hundert Individuen leben dann pro m^2 und verändern den Auflagehumus günstig. Daneben leben im Auflagehumus massenhaft Einzeller, Fadenwürmer, Enchyträen, Hornmilben, Springschwänze, Fliegen- und Mückenlarven, Hundertfüßer und Schnellkäferlarven. Kalkanzeiger sind nur selten, meist an zersetzendem Holz zu finden (*Mycogona germanicum*, *Oniscus asellus*, *Discus rotundatus*, *Polydesmus complanatus*).

Resümée

Als Ursache der weitflächigen Bodenversauerung muß heute vor allem die Säurebelastung aus Luftverunreinigungen angesehen werden, die Ökosystem-interne Säureproduktion tritt demgegenüber zurück (Ulrich 1987). Die Pufferfähigkeit des Bodens wird durch die heutigen Säurebelastungen in Mitteleuropa bei weitem überfordert (Ulrich 1986). Die Humusformen und die mit ihnen verbundenen Zersetzer-Arten werden sich im Laufe dieser Entwicklung immer mehr zum Sauren hin verschieben. Dies bedeutet eine Einengung des Artenspektrums. Auf manchen geologischen Substraten, die Mull-Systeme tragen könnten, wird es möglicherweise keine Mull-Systeme mehr geben, z. B. auf silikatreichen kalkfreien Standorten. Es muß befürchtet werden, daß die einheitliche Versauerung der Landschaft zahlreiche Zersetzer-Arten zum Aussterben bringt.

Eine Versauerung des Bodens ist erst im Verlauf von Jahrhunderten umkehrbar. Eine Erholung des Bodens und der auf ihn angewiesenen Ökosysteme läßt sich kaum durch Kalkgaben erreichen, wenn nicht gleichzeitig der Säureeintrag aus der Luft erheblich reduziert wird.

Tab.1: Vergleich einiger Tiergruppen (pro m^2)

	Göttinger Mull-Kalkbuche			Solling Moder-Sauerhumusbuche		
	Arten	Anzahl Ind.	Biomasse mg	Arten	Anzahl Ind.	Biomasse mg
Urtierchen (Testacea)	60	17–48x10^6	–	51	84x10^6	–
Schnecken (Gastropoda)	30	120	430	4	–	–
Wenigboretz (Enchytraeidae)	35	20000	700	15	108000	1640
Regenwürmer (Lumbricidae)	10	195	9800	4	19	168
Spinnentiere (Araneida)	92	166	135	93	462	173
Hornmilben (Cryptostigmata)	21	25900	180	18	333200	1505
Raubmilben (Gamasina)	67	2600	45	–	108000	397
Hundertfüßer (Chilopoda)	10	241	366	7	74	155
Doppelfüßer (Diplopoda)	5	90	600	1	–	–
Springschwänze (Collembola)	42	37835	153	11	63000	246
Laufkäfer (Carabidae)	24	5	44	26	7	93
Kurzflügler (Staphylinidae)	85	103	76	117	314	180
Schnellkäfer (Elateridae)	11	37	104	4	332	706
Rüsselkäfer (Curculionidae)	34	21	64	12	296	279
Zweiflügler (Diptera)	ca. 200	2843	161	ca. 200	7415	628

Literatur

Ellenberg, H./Mayer, R./Schauermann, J. (Hrsg.): Ökosystemforschung: Ergebnisse des Sollingprojektes. Ulmer, Stuttgart 1986
Prenzel, J.: Verlauf und Ursachen der Bodenversauerung. In: Z. dt. geol. Ges. 136, S. 293-302
Ulrich, B.: Ökologische Gruppierung von Böden nach ihrem chemischen Bodenzustand. In: Z. Pflanzenernähr. Bodenk. 144, 1981, S. 289-305
Ulrich, B.: Die Rolle der Bodenversauerung beim Waldsterben: Langfristige Konsequenzen und forstliche Möglichkeiten. In: Forstw. Cbl. 105, 1986, S. 421-435
Ulrich, B.: Stabilität, Elastizität und Resilienz von Waldökosystemen unter dem Einfluß saurer Deposition. In: Forstarchiv 58, 1987, S. 232-239
Ulrich, B.: Chemischer Zustand der Waldböden Deutschlands zwischen 1920 und 1960, Ursachen und Tendenzen seiner Veränderung. In: Ber. Forsch. zentr. Waldökosysteme Univ. Göttingen, B, 6, 1987, S. 1-133

Schutz der Hochmoore in Niedersachsen

Eckhard Schmatzler

"Es war eine endlose Weite, in der kein Gegenstand sich über Kniehöhe erhob und die Horizontlinie weithin durch das Moor selber gezirkelt wurde."

Farbstimmungen von hellem Grün, Lichtrosa, Rotgold und Schneeweiß im Frühling, düster und melancholisch, eine endlos schweigende Weite im Herbst - so konnte das natürliche Hochmoor im Jahreslauf erlebt werden.

Innerhalb der Bundesrepublik ist Niedersachsen das moorreichste Bundesland. Die Moore - insbesondere die Hochmoore - haben weite Teile der niedersächsischen Landschaft geprägt. Trotz Kultivierung, Torfabbau und der damit einhergehenden Entwässerung sind viele Hochmoore oder Teilflächen ehemaliger großer Moore in unterschiedlichem Zustand bis heute erhalten geblieben. Niedersachsen hat somit eine besondere Verpflichtung, die vorhandenen Moore zu erhalten und dauerhaft zu sichern.

Zur Zeit der größten Moorausdehnung zum Ende des 18. Jahrhunderts sollen nach alten Angaben die Moore 6500 km² vom heutigen Niedersachsen eingenommen haben. Nach genauen Bestandsaufnahmen und präziser Definition der Moore sind jetzt noch 1850 km² Niedermoor- und 2490 km² Hochmoorflächen vorhanden.

Diese Flächengrößen werden geologisch-bodenkundlich abgegrenzt: Bei Mooren handelt es sich um Flächen, deren Torfschicht mindestens 30 cm mächtig ist. Neben dieser geologischen Erklärung von Mooren als Torflagerstätten wird vom Naturschutz ein geobotanisch abgeleiteter Moorbegriff gebraucht. Hier wird von der moortypischen Pflanzendecke - und sei sie auch durch eine Entwässerung bereits stark verändert - ausgegangen. Die Flächen dieser natürlichen bzw. naturnahen Hochmoore sind weitaus kleiner, als wenn man die geologische Definition von Mooren zugrundelegt.

Die Bedeutung der Hochmoore

Sie liegt vor allem in ihrer Eigenschaft als äußerst spezialisierter, regional begrenzter Lebensraum mit einer charakteristischen Pflanzen- und Tierwelt.

Lebende Hochmoore sind äußerst nährstoffarm. Sie bestehen zu über 90 % aus Wasser, das zudem sauerstoffarm und stark sauer ist. Pflanzen- und Tierarten, die von Natur aus im Hochmoor vorkommen, haben sich den extremen Verhältnissen angepaßt. Für diese Arten gibt es keine anderen Rückzugsgebiete oder Ersatzlebensräume. Wird ein Hochmoor entwässert und abgetorft, sterben die Arten aus.

Unter den Hochmoorpflanzen sind besonders die Torf- oder Bleichmoose (Sphagnum) typisch für diesen Lebensraum. Sie zeigen ein in der Pflanzenwelt einmaliges Wachstumsverhalten: Während sie nach oben wachsen, sterben sie im unteren Teil ab. So bildeten sie im Laufe der Jahrtausende bis zu 6 m mächtige Torfe. Sie schufen so ihren eigenen Lebensraum, der für andere Pflanzen kaum besiedelbar ist.

Die Tierwelt der lebenden Hochmoore ist unscheinbar. Säugetiere haben praktisch keine Lebensmöglichkeit. Relativ arten- und individuenreich ist dagegen das Vorkommen von Wirbellosen (Libellen, Schmetterlinge, Spinnen). Zu den wenigen Vogelarten, die hier vorkommen, gehören der Bruchwasserläufer, der Rotschenkel, die Krick- und die Knäkente. Alle anderen bekannten Vogelarten sind eher Bewohner der ehemals vorhandenen großflächigen Randbereiche. Dazu zählen u.a. der Große Brachvogel, der Kampfläufer, die Sumpfohreule und nicht zuletzt das Birkhuhn. Von den Kriechtieren leben Kreuzotter und Schlingnatter im Hochmoor.

Die Randbereiche der Hochmoore waren ursprünglich für viele Arten von weit größerer Bedeutung als das an Pflanzen- und Tierarten ärmere Hochmoorzentrum.

Mit der zunehmenden intensiven Nutzung der Landschaft kommt den Hochmooren und insbesondere deren Randbereichen eine große Bedeutung als Rückzugsraum für die genannten Tierarten zu. Die besonderen Lebensraumansprüche werden jedoch heute überwiegend auf den zentralen Hochmoorflächen erfüllt, da diese durch die Entwässerungsmaßnahmen verändert wurden und weitgehend den damaligen Randbereichen entsprechen. Die Randbereiche selbst sind weitgehend von der Nutzung der umgebenden landwirtschaftlichen

Nutzung überformt und in bezug auf die dort lebende Fauna verarmt.

Heute finden sich in Niedersachsen keine in ihrer ursprünglichen Gestalt und Vegetation erhaltenen Hochmoore mehr. Alle sind durch Entwässerung, bäuerlichen Torfstich zur Brennstoffversorgung und Stalleinstreu sowie durch Kultivierung mehr oder weniger stark verändert. Seit Beginn dieses Jahrhunderts sind vor allem durch industriellen Torfabbau mit nachfolgender Kultivierung ganze Hochmoorkomplexe bis auf unscheinbare Reste aus der niedersächsischen Landschaft verschwunden.

Im Rahmen zweier Forschungsvorhaben, die aus Lottomitteln finanziert wurden, sind die niedersächsischen Hochmoore erfaßt und in ihrem Wert für den Naturschutz beurteilt worden. Danach sind von den weitgehend unberührten Mooren noch etwa 36 km^2 - verteilt auf viele kleinere Einzelflächen - verblieben. Als naturnah - meist Heidegesellschaften mit Wollgräsern und Torfmoosen - können rund 80 km^2 bezeichnet werden. Stark entwässerte Moorflächen mit dichten Pfeifengrasrasen und lichteren Gehölzbeständen nehmen über 400 km^2 ein. Der überwiegende Teil der geologisch als Hochmoor definierten Fläche ist kultiviert, fast 1 600 km^2 unterliegen land- oder forstwirtschaftlicher Nutzung. Dagegen nehmen sich die Abtorfungsflächen mit etwa 260 km^2 relativ klein aus.

Die Bedeutung der Moore einerseits

Abb. 1: Rauhreifstimmung im Moor

und die Gefährdung durch mannigfaltige Eingriffe andererseits, veranlaßte die Niedersächsische Landesregierung zur Verabschiedung eines Programms zum Schutz, zur Pflege und zur Entwicklung der Hochmoore. Auf der Basis der landesweiten Moorerfassung wurde das Niedersächsische Moorschutzprogramm Teil I am 01.12.81 und der Teil II am 14.01.86 vom Kabinett auf den Weg gebracht.

Das Moorschutzprogramm

Das Moorschutzprogramm Teil I weist die noch vorhandenen natürlichen und naturnahen Bereiche (rund 30.000 ha) als Naturschutzgebiete aus. Weitere 30.000 ha, die z.T. durch Abtorfung oder andere Eingriffe erheblich gestört sind, sollen in einen naturnäheren Zustand gebracht und ebenfalls als Naturschutzgebiet ausgewiesen werden. Darüber hinaus werden grundsätzliche Aussagen zum industriellen Torfabbau, zu den landeseigenen Moorflächen und zur Entwicklung der gestörten Hochmoore gemacht.

Der Teil II des Moorschutzprogramms sieht die Unterschutzstellung von weiteren 6.000 ha Moor vor. Gleichzeitig sollen 150 Kleinsthochmoore, die namentlich im Programm aufgeführt sind, als nur noch selten vorhandene Ökosysteme geschützt werden.

Damit liegt sowohl ausformuliert als auch in kartenmäßiger Darstellung ein Schutzkonzept für alle niedersächsischen Hochmoore vor. Seit der Veröffentlichung des Moorschutzprogramms 1981 waren am 01.01.86 von den untersuchten Mooren (Teil I und II Moorschutzprogramm) 19.042 ha als Naturschutzgebiet geschützt und 7.290 ha gemäß Niedersächsischem Naturschutzgesetz einstweilig sichergestellt.

Die Umsetzung des Moorschutzprogramms wird von den Bezirksregierungen und den Landkreisen vorgenommen. Dabei weisen die Bezirksregierungen die Schutzgebiete aus und die Landkreise befinden über die Anwendung der Eingriffsregelung, z.B. beim Torfabbau.

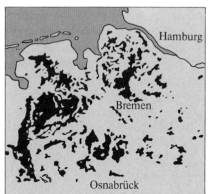

In knapp 130 Jahren verschwanden in Norddeutschland weite Moorflächen.

Kleine Moorkunde

Hochmoore sind ausschließlich auf Niederschlagswasser und die darin enthaltenen Nährstoffe angewiesen. Sie werden deshalb auch Regenwassermoore oder "ombrogene Moore" genannt. Durch diese Speisung mit Niederschlagswasser sind Hochmoore äußerst nährstoffarm. Das lebende Hochmoor wird von einer geschlossenen Decke vielfarbiger Torfmoose überzogen, in der nur wenige niedrige Zwergsträucher und schmalblättrige Riedgräser leben; größere Gehölze kommen erst in gestörten Bereichen auf.

Niedermoore (oder: Flachmoore) liegen im Einflußbereich des Grund- und Oberflächenwassers; vielfach entstanden sie aus verlandeten Seen oder in Talbereichen. Niedermoore sind mehr oder weniger nährstoffreich. Die Bedingungen für das Pflanzen- und Tierleben sind daher günstig. Auf Niedermoor herrschen oft üppige Bestände großblättriger Kräuter, Süß- und Sauergräser, auch Sträucher und Bäume (Bruchwald) vor.

Schutz-, Pflege- und Entwicklungsmaßnahmen

Die Unterschutzstellung der Moore allein reicht jedoch nicht aus. Neben der Ausweisung als Naturschutzgebiet sind Pflegepläne mit detaillierten Aussagen zur Sicherung und Entwicklung der Gebiete erforderlich. Nach den in den Planungen formulierten Zielen, die nach genauen Bestandsaufnahmen der Pflanzen- und Tierwelt festgelegt werden müssen, sind die einzelnen Maßnahmen zur Einleitung einer positiven Entwicklung festzulegen. Bisher sind für rund ein Viertel der im Moorschutzprogramm enthaltenen Moorkomplexe solche Schutz-, Pflege- und Entwicklungspläne erarbeitet worden, die jedoch oftmals nur Teilbereiche abdecken und meist nur allgemein gehalten sind. Bis Juni 1986 wurden im Rahmen des Moorschutzprogramms 22 Schutz- und Pflegekonzepte erarbeitet. Weitere 18 Planungen waren zu diesem Zeitpunkt noch in der Bearbeitung.

Durch die Staatliche Moorverwaltung wurden in über 21 Gebieten mit etwa 4000 Hektar landeseigener Fläche Maßnahmen zur Entwicklung von Moorflächen durchgeführt. Durch die Forstverwaltung werden Moorflächen entsprechend den Vorgaben des Moorschutzprogramms aus der forstlichen Nutzung genommen und einem natürlichen Zustand zugeführt (z.B. Harzer Hochmoore, Sollingmoore, Moore im Landkreis Nienburg/Weser). Daneben werden Maßnahmen durch verschiedene Landkreise (LK Diepholz, LK Nienburg, LK Hannover u.a.) und die Naturschutzverbände, z.T. im Rahmen von entsprechenden Verträgen (Betreuungsverträgen), durchgeführt.

Von den notwendigen Maßnahmen ist an erster Stelle die Wiedervernässung der Hochmoorflächen zu nennen, d. h. die Rückhaltung des Niederschlagswassers. Solche Rück- und Aufstaumaßnahmen sind für eine erfolgreiche Regeneration unerläßlich. Eine weitere Maßnahme ist die Beseitigung des Gehölzaufwuchses, der aufgrund der jahrzehntelangen Entwässerung auf den einstmals weitgehend baumfreien Hochmooren hochgewachsen ist. Durch die Beschattung wurden die lichtbedürftigen Moorpflanzen zurückgedrängt. Mit den moortypischen Pflanzengesellschaften ging auch die Tierwelt der Moore zurück.

Als Beispiel sei hier die Bestandsentwicklung des Charaktervogels der Moore und Heiden, des Birkhuhns, genannt: 1964 lebten in Niedersachsen 7760 Birkhühner; 1980 wurden noch 254 Vögel gezählt. 1985 betrug die Anzahl nur noch 167 Birkhühner. Bei anderen Arten sieht es ähnlich aus. Der Rückgang ist unübersehbar. Beim Hochmoorschutz müssen - gerade auch wegen der Tierwelt - die Randbereiche der Moore stärker be-

Abb. 2: Torfabbau im Großen Moor bei Dornstorf

Abb. 3: Folien sollen vor Überdüngung der Moore durch landwirtschaftliche Abwässer schützen.

rücksichtigt werden. Die Konflikte mit der Landwirtschaft - hier in erster Linie die intensive Bewirtschaftung - müssen gelöst werden. Nur wenn ausreichend große Schutzzonen (Pufferzonen) um das eigentliche wiedervernäßte Moor gelegt werden, kann eine Hochmoorregeneration Erfolg haben. Die Regeneration eines Hochmoores mit wachsenden Torfschichten ist dabei sicher in Jahrhunderten, Jahrtausenden zu erreichen. Ziel ist es aber, relativ kurzfristig eine hochmoortypische - oder weitgehend einer solchen ähnliche - Pflanzendecke zu erreichen, um vielseitige Moorlebensräume als langfristige Überlebensräume der bedrohten Pflanzen- und Tierwelt zu entwickeln.

Anzustrebende Naturschutzfunktionen

Die Hochmoore Niedersachsens sind sehr vielgestaltig. Ihre Größe differiert - sieht man von den Kleinsthochmooren ab, die oftmals nur wenige Meter Breite messen - von wenigen Hektaren bis zu Moorkomplexen von vielen Quadratkilometern Ausdehnung. Ebenso unterschiedlich sind ihre Zustandsstadien, die von der vollständigen Kultivierung bis hin zum dichten Moorwald gehen. Aufgrund der natürlichen Gegebenheiten und des vorgefundenen Zustandes können den einzelnen Mooren bzw. Moorkomplexen spezielle Funktionen im Rahmen des Artenschutzes zugewiesen werden.

Großräumige Hochmoorkomplexe

Für die Erhaltung der typischen Vogelwelt der Hochmoore können nur großräumige Moorareale dienen. Das eigentliche Zentrum des lebenden natürlichen Hochmoores bietet der Vogelwelt im Gegensatz zu den Randbereichen und Übergangszonen nur unzulängliche Ernährungsmöglichkeiten. Es gilt, diese Bereiche möglichst zu erhalten bzw. ihre Funktionen zu verbessern und wenn nötig - neu zu schaffen und zu gestalten.
Als Leitlinie für die erforderliche Größe und Qualität der Schutzgebiete sollten die Ansprüche der Vögel dienen. So ist der Lebensraum von Birk-

huhnpopulationen mit 1500 - 2000 ha anzusetzen. Bei dieser Größe werden zugleich die Ansprüche aller anderen moortypischen Tier- und Pflanzenarten dieser Lebensräume abgedeckt. Zur Sicherstellung dieser mehrere Quadratkilometer großen Hochmoorkomplexe sind umfangreiche Arbeiten notwendig. Grundsätzlich sind Wiedervernässungsmaßnahmen, die Beseitigung von Gehölzen und Jungwuchs sowie Mahd, in Sonderfällen auch Beweidung, zur Erreichung des Schutzzieles erforderlich.

Zur Ableitung der erforderlichen Pflege- und Entwicklungsmaßnahmen soll folgendes Zonenmodell dienen, in dem die Randgebiete der Moore mitberücksichtigt werden, die in Beziehung zum Moor stehen und zum Gesamtlebensraum Hochmoor gezählt werden müssen. Schematisch lassen sich drei Zonen für großräumige Moorkomplexe aufbauen, wobei sich für kleinere Moore die Ausdehnung der Zonen entsprechend verringert.

Zone 1 umfaßt das Hochmoorzentrum bzw. teilabgetorfte Hochmoorflächen, die wie das Zentrum zu einem natürlichen Hochmoor hin entwickelt werden sollen. Ziel ist die Einleitung einer natürlichen Sukzession ohne späteres Eingreifen durch Pflegemaßnahmen. Im Hochmoorzentrum wird die Wiederherstellung der natürlichen torfbildenden Hochmoorvegetation angestrebt. Vorzugsweise läßt sich diese Vegetation auf vorentwässerten Flächen, die im Moorheidestadium sind, ansiedeln. Bei einer flächenhaften Bedeckung mit Gehölzen oder dem Pfeifengras (*Molinia caerulea*) ist dieses Ziel weitaus schwieriger zu erreichen.

Abb. 4: *Sonnentau - angewiesen auf intakte Moore*

Abb. 5: *Birken im Moor - Zeichen einer zunehmenden Verlandung*

Bei Abtorfungsflächen ist zu prüfen, ob folgende Bedingungen erfüllt sind:
- Die gewachsene Resttorfschicht auf der Moorbasis muß mindestens 50 cm mächtig sein. Dies gilt auch für die Sohle der Entwässerungsgräben. Über Stubbenhorizonten und fossilen Holzresten muß diese Resttorflage ebenfalls ungestört verblieben sein.
- Nach der Abtorfung müssen das Gelände weitgehend eingeebnet und die Entwässerungsgräben verfüllt werden.
- Eine Bunkerdeschicht (Begriff aus der holländischen Fehnmoorkultur) muß über die Fläche aufgetragen werden, d.h., die obere Schicht eines Moorprofils, die meist aus zersetzter Heide und Bleichmoostorf besteht, wird zunächst abgetragen ("abgebunkt") und nach der Abtorfung wieder aufgebracht. Diese Schicht sollte mindestens 30 cm betragen. Die Bunkerdeschicht wirkt biologisch als Samen- und Sporenträger. Bei höheren Wasserständen schwimmt sie auf und in Trockenperioden hält sie die Feuchtigkeit länger.
- Die Wiedervernässung durch Niederschlagswasser oder aus mooreigenem Wasser soll nur innerhalb des Torfkörpers erfolgen. Ein Überstau der Flächen darf nicht langfristig eintreten. Starke Wasserstandsschwankungen, wie sie in einem entwässerten Moor im Wechsel der Jahreszeiten auftreten, sind zu vermeiden.

Die durch alten Handtorfstich verkuhlten Moore entwickeln sich nach einer Vernässung, wobei die Torfstiche mehr oder weniger stark - bis zum Überstau - mit Wasser gefüllt werden, naturgemäß. Die Regeneration wird bei ständiger Überstauung von einer Wasserfläche über Fluttorfmoos-Gesellschaften und Torfmoos-Schwingrasen eingeleitet. Ein beschleunigtes Zuwachsen mit Schwingrasen wird erreicht, wenn starke Wasserbewegung (Wellenschlag durch Wind) in den Torfstichen vermieden werden kann. Die Gehölze sollten deshalb nicht vollständig beseitigt werden; vielmehr scheint ein lockerer Schirm, der durch die Baumkronen gebildet wird, für die Regeneration von Vorteil zu sein.

Als Zone II wird der Hochmoorrand als der Bereich definiert, der ehemals durch das Randgehänge, den Randsumpf (das Lagg), bzw. durch ein Niedermoor gebildet wurde und derzeit größtenteils kultiviert ist. Heute sind bestenfalls Heideflächen mit mehr oder weniger starkem Gehölzbewuchs, Pfeifengrasflächen oder bäuerliche Torfstiche vorhanden.

In den Randbereichen des Moores ist je nach Ausgangssituation die Entwicklung zur Feuchtheide mit Übergängen zu den genutzten Flächen der Naß- und Feuchtwiesen wünschenswert. Speziell die Vogelwelt verlangt einen freien Übergang der beiden Teillebensräume. Bei einer floristischen Zielsetzung kommt es vorrangig darauf an, die möglichen Beeinträchtigungen von außen auf die zentralen Hochmoorflächen zu verhindern (z.B. Nährstoffeintrag). Das Stehenlassen bzw. die Schaffung eines Moorwaldes in der Zone II kann angestrebt werden.

Zone III ist streng genommen nicht zu den Wiedervernässungs- und Renaturierungsflächen zu zählen. Als Übergangsbereich vom Hochmoor zum Mineralboden waren diese Flächen ehemals wechselfeucht und trugen Sand- und Feuchtheiden (Calluna-Erica-Heiden). Heute sind diese Flächen kultiviert und in der Regel ackerbaulich oder forstwirtschaftlich genutzt. Eine Hochmoorregeneration sollte diese Bereiche bei der Planung mit berücksichtigen.

Abb. 7: Bissendorfer Moor

Kleinere geschlossene Hochmoorkomplexe

Außer den Vögeln ist die übrige Tierwelt der Moore nicht auf so großräumige Areale angewiesen. Reptilien wie Kreuzotter, Schlingnatter und - als Vertreter der Lurche - der Moorfrosch sind an die nährstoffreicheren Übergangsbereiche vom Hochmoor zum Mineralboden gebunden. Die moortypische Schmetterlings- und Libellenfauna besiedelt sowohl die freien Hochmoorflächen als auch die Sekundärbiotope der nassen bäuerlichen Torfstiche mit Schwingrasen- und Heideflächen. Für ihre Erhaltung reichen kleinere Moorkomplexe aus, vorausgesetzt, daß sie in genügend großer Zahl erhalten bleiben und auch räumlich nicht zu weit auseinander liegen.

Jedes Heidehochmoor und Birkenhochmoor mit teilweise noch offenen Flächen ist für die Tierwelt von Bedeutung. Nur ein dichtgeschlossener Birken- und/oder Kiefernwald auf

Hochmoorstandorten schließt fast alle spezifischen Hochmoorpflanzen- und Tierarten aus.

Pflegekonzepte

Für die einzelnen Zustandsstadien und Zustandstypen dieser Hochmoore müssen unterschiedliche Konzepte für die Instandsetzung und nachfolgende Pflege erarbeitet werden. Generell lassen sich für die verschiedenen Zustandstypen der Moore folgende zwei Pflegekonzepte unterscheiden.
1. Pflegemaßnahmen für kleine Restgebiete von ehemals größeren Hochmoorkomplexen z. B. zur Sicherung einer Pflanzenart, wie Zwergbirke (Betula nana) oder Sumpfporst (Ledum palustre). Die Standorte dieser beiden Arten sind nur durch regelmäßig zu wiederholende Pflegemaßnahmen nach einer größeren Instandsetzungsmaßnahme möglich. Dabei werden die Zwerggehölze durch Abholzung freigestellt und die Entwässerung unterbunden. Die laufenden Pflegemaßnahmen beschränken sich dann auf die Beseitigung des aufkommenden Baumbewuchses. Um eventuell vorhandene Störeinflüsse von außen zu minimieren, muß eine entsprechende Nutzungsänderung der Randflächen vorgesehen werden.
2. Maßnahmen für die meist kleineren Hochmoore, die durch bäuerlichen Torfstich, Heide- und Moorwaldflächen charakterisiert sind:
Diese Maßnahmen sollten sich weitgehend auf die Rückhaltung des Niederschlagswassers durch Verschließen des Entwässerungssystems beschränken. Danach sollten diese Moore, abgesehen von gelegentlichem Nachbessern der Stauanlagen, weitgehend sich selbst überlassen bleiben. Bei den Hochmooren mit nassen, verlandeten Torfstichen käme zusätzlich eine Freistellung dieser Torfstiche in Betracht, um den lichtbedürftigen Hochmoorpflanzenarten bessere Lebensbedingungen zu schaffen. Auch hier sollten die randlichen Einflüsse reduziert und landwirtschaftliche Nutzflächen innerhalb des Moorkomplexes möglichst extensiv bewirtschaftet werden.

Neben den beschriebenen Hochmoorstadien sind kultivierte Hochmoorkomplexe im Weser-Ems-Gebiet (Vehne Moor, Esterweger Dose u. a.) und im Regierungsbezirk Lüneburg (Kehdinger Moore/Teufelsmoor u. a.) stark vertreten. Ein direkter Hochmoorschutz ist in diesen Mooren kaum möglich, sieht man von kleinen, naturnahen, stark gestörten Restflächen ab (z. B. im Teufelsmoor). Wenn diese Moore zum großen Teil als Grünland genutzt werden, haben sie Bedeutung für Wiesenvögel wie Uferschnepfe (Limosa limosa), Großer Brachvogel (Numenius arquata), Bekassine (Gallinago gallinago) u.a. Voraussetzung ist jedoch, daß die Flächen noch genügend feucht bis naß sind und folglich auch extensiv bewirtschaftet werden. Dann ist die Vegetation dieser Grünlandmoore dementsprechend vielfältig und als Nahrungsgebiet auch für viele andere Tierarten von Bedeutung. Den kultivierten Mooren kommt darüber hinaus noch eine weitere Bedeutung als kulturhistorisches Dokument alter Moornutzung und Besiedlung zu (z. B. Worpswede und Papenburg).

Jeder kann seinen Beitrag zum Moorschutz leisten, indem er auf die Verwendung von Torfprodukten verzichtet. Man sollte sich bewußt machen, daß durch den Einsatz von Torf weiter unsere Moore abgetorft werden und damit der weitere Lebensraumschwund anhält. Die Verbraucher haben es mit in der Hand, ob unsere Moore weiter eingetütet und sackweise verkauft werden.

Die Aller-Aue — bedrohter Lebensraum für Pflanzen und Tiere

von Thomas Kaiser

Die am Südrand der Lüneburger Heide zwischen Celle und Altencelle gelegene Aller-Aue stellt einen äußerst wertvollen Lebensraum für eine Vielzahl bedrohter Tiere und Pflanzen dar. Geprägt wird das Gebiet durch die Mündung der Lachte, durch Altwässer und Gräben, Röhrichte und Hochstaudenfluren, Feuchtwiesen und Ackerflächen, feuchte und trockene Gehölze sowie eine Heidefläche im sogenannten Finkenherd. Bedingt durch die unmittelbare Lage an der Celler Innenstadt ist die Aller-Aue gleichzeitig wichtiges Naherholungsgebiet für die Celler Bevölkerung. Ein Großteil der Fläche ist als Landschaftsschutzgebiet "Oberes Allertal" ausgewiesen.

Trotzdem ist dieses Gebiet stark gefährdet: Zum einen sind Hochwasserschutzmaßnahmen an der Aller vorgesehen, die die gegenwärtig noch regelmäßig auftretenden Überschwemmungen vermindern und besonders im Sommer das gesamte Gebiet trockener fallen lassen würden. Zum anderen existieren Planungen für den Bau einer Ortsumgehung, deren Trasse genau durch das schutzwürdige Gebiet führen würde. Vor einigen Jahren wurde per Gerichtsurteil das bereits in Bau befindliche Projekt in letzter Sekunde gestoppt. Nichtsdestotrotz steht zu befürchten, daß demnächst wiederum der Bau dieser Trasse vorangetrieben wird.

Angesichts der hohen Bedeutung der Flächen für den Naturschutz (nach Einstufung des Niedersächsischen Landesverwaltungsamtes sind sie aus landesweiter Sicht schutzwürdig) und der drohenden Gefahren hat sich die DBV-Naturschutzjugend Celle vor zwei Jahren entschlossen, dieses Gebiet genau zu kartieren und Schutzmaßnahmen zu entwickeln. Im Rahmen dieses Projektes soll hier über die Bedeutung der Aller-Aue oberhalb Celles für den Pflanzen-Artenschutz berichtet werden.

Das Untersuchungsgebiet ist Lebensraum einer größeren Zahl seltener Gefäßpflanzenarten, die im folgenden kurz vorgestellt werden sollen. Eigene Kartierungen wurden im Jahr 1985 und den folgenden Jahren durchgeführt.

Schröder (in Kaiser 1988) beschreibt als potentiell natürliche Vegetation der eigentlichen Aller-Aue einen Eschen-Auenwald (einschließlich Eichen-Hainbuchenwald). Der heute vorwiegend mit Kiefern bestockte Sandrücken im Nordosten (Finkenherd) weist dagegen als potentiell natürliche Vegetation einen trockenen Eichen-Buchenwald auf, ebenso wie die im Süden gelegenen Ackerflächen.

Verschollene Arten

Eine kleine Wiesenstelle im Bereich der Dammasch wies noch im letzten Jahrhundert Salzvegetation auf. Es kamen Strand-Dreizack (*Triglochin maritimus*), Gemeiner Salzschwaden (*Puccinella distans*), Salz-Binse (*Juncus gerardii*), Spießblättrige Melde (*Atriplex hastata*) und Wiesen-Gerste (*Hordeum secalinum*) vor (nach Nöldeke 1867 und 1890).

V. Pape (1863) gibt für die Allerwiesen noch Wiesen-Pippau (*Crepis biennis*) und Gottes-Gnadenkraut (*Gratiola officinalis*) an.

Im Wald am Schwalbenberge wuchs der Zypressen-Flachbärlapp (*Diphasium tristachyum*). Zwar gibt schon Nöldeke (1890) die Art als verschollen an, doch dafür weist Rüggeberg (1937) für das Gebiet den Kolbenbärlapp (*Lycopodium clavarum*) nach.

Gegenwärtig vorkommende Arten

Die Pflanzenarten der Roten Liste werden nach ihren Lebensräumen geordnet vorgestellt:

Gräben und Teiche

An Arten der Schwimmblatt-Zone kommen in der Aller die Große Teichrose (*Nuphar lutea*), in den Altwässern nördlich der Aller zusätzlich die Krebsschere (*Stratiotes aloides*) in zum Teil sehr großen Beständen vor (vgl. auch Clausnitzer/Strasburger 1980). Nach Strasburger (1981) besteht die gesamte Population übrigens nur aus männlichen Individuen; die Vermehrung erfolgt daher rein vegetativ.

Für den Bereich südwestlich von Lachtehausen nennt Strasburger (1981) auch Spiegelndes Laichkraut (*Potamogeton lucens*) und den Spreizenden Hahnenfuß (*Ranunculus circinatus*). Besonders in der Lachte kommt auch der Schild-Wasserhahnenfuß (*Ranunculus peltatus*) vor. Wasserpflanzen, die besonders in den

Abb. 1 und 2: die Wilde Tulpe - botanische Rarität und Zeugin der Vergangenheit der Stadt Celle

kleineren Teichen und Gräben vorkommen, sind Quirl-Tausendblatt (*Myriophyllum verticillatum*), Wasserfeder (*Hottonia palustris*), Gemeiner Wasserschlauch (*Urticularia vulgaris*) und nach Strasburger (1981) auch Ähren-Tausendblatt (*Myriophyllum spicatum*). Bühring/Langbehn (1984) nennen als weitere Art den Stumpfkantigen Wasserstern (*Callitriche cophocarpa*).

In den Röhrichten der Gräben und Teiche erscheinen ab Juni verbreitet die auffälligen Blütendolden der Schwanenblume (*Butomus umbellatus*). In der etwas höher gelegenen und damit trockeneren Uferzone gedeiht an einem Graben südöstlich Immenhof auch der Strauß-Gilbweiderich (*Lysimachia thyrsiflora*). An Gräben mit weniger üppiger Krautvegetation kann sich auch die konkurrenzschwache Fadenbinse (*Juncus filiformis*) behaupten.

Große Bestände bildet die Gelbe Wiesenraute (*Thalictrum flavum*) besonders südlich der Aller etwa in Höhe der Lachte-Mündung. Aber auch nördlich der Aller ist sie verbreitet in graben- oder wegbegleitenden Hochstauden-Gesellschaften vertreten. Ebenfalls verbreitet, aber in weniger großen Mengen, tritt hier auch der seit 1987 geschützte Langblättrige Ehrenpreis (*Veronica longifolia*) auf. Beides sind typische Arten der Stromtäler.

Grünland

Auf den Feuchtwiesen südöstlich der Lachte-Mündung erscheinen im Juli die gelben Blüten des Wasser-Greiskrautes (*Senecio aquaticus*). Besonders auf den Wiesen vor Altencelle kommt vereinzelt noch der Wiesen-Gelbstern (*Gagea pratensis*) vor. Er besiedelt als Sekundärbiotop zum Teil auch die Allerdämme. Im Bereich Heusbugen gedeiht an besonders feuchten Stellen (Bodensenken, zugewachsene Gräben) die Röhrige Pferdesaat (*Oenanthe fistulosa*).

Die von Bühring/Langbehn (1984) für das Untersuchungsgebiet angegebene Graugrüne Sternmiere (*Stellaria palustris*) findet auf infolge der Vernässung nur extensiv bewirtschafteten Wiesenflächen einen zusagenden Standort.

Im Bereich von Thaers-Garten bildet das unscheinbare Zwiebel-Rispengras (*Poa bulbosa*) auf einer Wiese einen größeren Bestand. Hier hat sich auch die Rapunzel-Glockenblume (*Campanula rapunculus*) eingefunden.

Ackerland

Die Äcker vor Lachtehausen und im Süden des Untersuchungsgebietes ermöglichen zumindest noch vereinzelt das Gedeihen von Kornblume (*Centaurea cyanus*) und Saat-Wucherblume (*Chrysanthemum segetum*).

Wegraine

Besonders an den Sommerdeichen haben sich kleinflächig Sandtrockenrasen-Gesellschaften angesiedelt. Hier kommt noch recht häufig die Heidenelke (*Dianthus deltoides*) und seltener auch die Grasnelke (*Armeria elongata*) vor. Vereinzelt findet sich auch der Schlangen-Lauch (*Allium scorodoprasum*) ein. Als weitere gefährdete Pflanzenart ist noch der Knollige Hahnenfuß (*Ranunculus bulbosus*) zu nennen (mdl. Mitt. G. Ellermann 1988).

Waldränder und Gebüsche

In den lichten und feuchten Weidengebüschen in der Nähe der Lachtemündung bildet die seltene Wilde Tulpe (*Tulipa sylvestris*) große Bestände. Sie wächst oft direkt bis an die Ränder der Wege. An der Lachte kommt etwa in Höhe der Siedlung Lachtehausen neben der Wilden Tulpe auch der Finger-Lerchensporn (*Corydalis solida*) vor. Beide Arten sind lebende Zeugen der herzoglichen Vergangenheit der Stadt Celle, deren Gärten sie einst schmückten. Inzwischen sind diese Pflanzen ein fester und schutzwürdiger Bestandteil der wildwachsenden heimischen Flora geworden, gleichzeitig aber auch ein Kulturgut der Stadt.

Etwas weiter die Lachte aufwärts bedeckt die Hain-Sternmiere (*Stellaria nemorum*) große Flächen des feuchten flußbegleitenden Waldes. An einer trockeneren Stelle befindet sich hier auch ein Vorkommen des Maiglöckchens (*Convallaria majalis*). 1988 konnte erstmals die Pfirsichblättrige Glockenblume (*Campanula persicifolia*) festgestellt werden, die am Rande einer Kieferndickung in einigen Exemplaren gedeiht. Der Wald-Gelbstern (*Gagea lutea*) konnte sich vereinzelt in Hecken und kleinen Wiesen-

Abb. 3: Altwasser in der Alleraue

Gefährdungskategorien nach Haeupler u. a. (1983) 1 = vom Aussterben bedroht, 2 = stark gefährdet, 3 = gefährdet, 4 = potentiell gefährdet, ( ) = vermutete Einstufung, F = nur im niedersächsischen Flachland gefährdet

	Gefährdungs Gruppe		Gefährdungs Gruppe
1. Schlangen-Lauch (*Allium scorodoprasum*)	3	19. Quirl-Tausendblatt (*Myriophyllum verticillatum*)	3
2. Grasnelke (*Armeria elongata*)	3	20. Gelbe Teichrose (*Nuphar lutea*)	3
3. Schwanenblume (*Butomus umbellatus*)	3	21. Röhrige Pferdesaat (*Oenanthe fistulosa*)	3
4. Stumpfkant.Wasserst. (*Callitriche cophocarpa*)	4	22. Königsfarn (*Osmunda regalis*)	2
5. Pfirsichbl. Glockenb. (*Campanula persicifolia*)	2F	23. Zwiebelrispengras (*Poa bulbosa*)	2
6. Rapunzel-Glockenblume (*Campanula rapunculus*)	(3F)	24. Spiegelndes Laichkraut (*Potamogeton lucens*)	3
7. Kornblume (*Centaurea cyanus*)	3	25. Knolliger Hahnenfuß (*Ranunculus bulbosus*)	(3)
8. Saat-Wucherblume (*Chrysanthemum segetum*)	3	26. Spreizender Hahnenfuß (*Ranunculus circinatus*)	3
9. Maiglöckchen (*Convallaria majalis*)	(3F)	27. Schild-Wasserhahnenfuß (*Ranunculus peltatus*)	3
10. Finger-Lerchensporn (*Corydalis solida*)	3	28. Wasser-Greiskraut (*Senecio aquaticus*)	3
11. Heidenelke (*Dianthus deltoides*)	3	29. Hain-Sternmiere (*Stellaria nemorum*)	3F
12. Wald-Gelbstern (*Gagea lutea*)	(3)	30. Graugrüne Sternmiere (*Stellaria palustris*)	3
13. Wiesen-Gelbstern (*Gagea pratensis*)	3	31. Krebsschere (*Stratiotes aloides*)	3
14. Englischer Ginster (*Genista anglica*)	3	32. Gelbe Wiesenraute (*Thalictrum flavum*)	3
15. Wasserfeder (*Hottonia palustris*)	3	33. Wilde Tulpe (*Tulipa sylvestris*)	2
16. Faden-Binse (*Juncus filiformis*)	3	34. Gem. Wasserschlauch (*Utricularia vulgaris*)	2
17. Strauß-Gilbweiderich (*Lysimachia thyrsiflora*)	3	35. Rauschbeere (*Vaccinium uliginosum*)	3
18. Ähren-Tausendblatt (*Myriophyllum spicatum*)	3	36. Langblättr. Ehrenpreis (*Veronica longifolia*)	3

Abb. 4: Krebsschere in einem Altwasser der Aller

Tab.1: Gefäßpflanzen der Niedersächsischen Roten Liste mit Vorkommen in der Aller-Aue

Abb. 5: Der Laubfrosch kam noch in den 60er Jahren in der Alleraue vor - eine Wiedereinbürgerung wäre denkbar.

gehölzen halten. An den Waldrändern des Finkenherdes findet man die prächtigen Wedel des Königsfarns (*Osmunda regalis*).

Heide

Auf der Heidefläche im Finkenherd konnte der Englische Ginster (*Genista anglica*) und ein großer Strauch der Rauschbeere (*Vaccinium uliginosum*, vgl. auch Kaiser 1987) überleben. Die Tabelle 1 gibt die Gefährdungsgrade der im Untersuchungsgebiet vorkommenden Arten der Roten Liste wieder.
Von den 36 nachgewiesenen Gefäßpflanzen der Roten Liste sind 5 stark gefährdet, 30 gefährdet und 1 potentiell gefährdet. Von den zur Zeit im Landkreis Celle nachgewiesenen 218 Gefäßpflanzen der Roten Liste Niedersachsens sind somit 16,5% im Gebiet der Aller-Aue (auf etwa 40,25% der Kreisfläche) vertreten.

Bedeutung für die Tierwelt

Die Aller-Aue stellt gleichzeitig einen sehr wertvollen Lebensraum für eine Vielzahl von Tieren dar.
Bühring/Langbehn (1984) listen die 130 nachgewiesenen Vogelarten auf, darunter mehrere Arten der Roten Liste als Brutvögel oder Nahrungsgäste sowie eine große Zahl von Rastvögeln in den Wintermonaten.

Auch kommen noch 7 Amphibien- und Reptilienarten in der Aller-Aue vor (Bühring/Langbehn 1984), darunter die Zauneidechse mit einem der größten Vorkommen im Kreis Celle. Bis in die 60er Jahre lebten hier sogar noch Rotbauchunke und Laubfrosch. Unter den Insekten ist zuerst die vom Aussterben bedrohte Grüne Mosaikjungfer zu nennen (vgl. Clausnitzer/ Strasburger 1980), die die Krebsscherenbestände zum Ablegen ihrer Eier benötigt. Auch kommen Glänzende Binsenjungfer und Gebänderte Prachtlibelle vor. Lorz/Clausnitzer (1988) gelang auch der Nachweis der stark gefährdeten Sumpfschrecke.

Literatur

Bühring, E./Langbehn, H.: Die Bedeutung der Allerwiesen bei Celle: In: E. Eickenrodt: Pflanzen und Tiere im Landkreis Celle. S. 39-45, Celle 1984
Clausnitzer, H.-J./Strasburger, K.: Vorkommen und Gefährdung der Grünen Mosaikjungfer (*Aeshna viridis Everson*) im Allertal (Libellen, Odonata). In: Beitr. Naturk. Nieders. 33, 1980, S. 13-16
Haeupler, H./Montag, A./Wöldecke, K./Garve E.: Rote Liste Gefäßpflanzen Niedersachsen und Bremen, 3. Fassung. Merkblatt Nr. 18, Nieders. Landesverwaltungsamt Hannover 1983
Kaiser, Th.: Schutz- und Betreuungsgebiete der DBV-Naturschutzjugend Celle. In: DBV-Celle, Rundbr. 2,1987, Jugendseite, S. 2
Kaiser,Th.:Das Schweinebruch bei Celle - Landschaftswandel aus vegetationskundlicher Sicht. Dipl.-Arb., Inst. f. Waldbau, Univ. Göttingen 1988
Lorz, P./Clausnitzer, H.-J.: Verbreitung und Ökologie von Sumpfschrecke (*Mecostethus grossus L.*) und Sumpfgrashüpfer (*Chorthippus montanus Charp.*) im Landkreis Celle. In: Beitr. Naturk. Nieders.3, 1988, S. 91-96
Nöldeke, C.: Nachtrag zum Verzeichnis der im Amte Celle wildwachsenden phanerogamischen und gefäßführenden kryptogamischen Pflanzen. In: Jahresh. Naturwiss. Verein für das Fürstentum Lüneburg 4, 1867, S. 120-121
Nöldeke, C.: Flora des Fürstentums Lüneburg, des Herzogtums Lauenburg und der freien Stadt Hamburg. Celle 1890
Pape, G. v.: Verzeichnis der im Amte Celle wildwachsenden phanerogamischen und gefäßführenden kryptogamischen Pflanzen. In: Jahrsber. Naturhist. Ges. Hannover 12, 1863, S. 24-39
Rüggeberg, H.: Der Schwalbenberg - unveröffentl. Manuskript, Kreisarchiv Celle (Ämterakte Fach 301/ 1), 1937
Strasburger, K.: Wasserpflanzengesellschaften im unteren Allertal. Dissertation, Univ. Hannover 1981

Naturschutz in der Praxis

Die Hecke, das lebende Netz

Helmut Grimm

Bei dem Begriff 'Hecke' denkt man gemeinhin an die Kulturhecke, die Gärten einfriedet, die aus einer Laubholzart besteht und alljährlich kastenförmig ordentlich geschnitten wird. Doch es gibt auch andere Hecken, die weitaus lebendiger sind und die unsere Beachtung und Pflege verdienen: die Wildhecken, Wallhecken oder Knicks und Lesesteinhecken der Feldmark, von denen hier die Rede sein soll. Sie sind aus mehreren Gründen interessant. Sie schützen nicht nur Feld, Weide und Gärten vor Wind und Wetter, sondern beherbergen eine Vielzahl von Pflanzen und Tieren und stellen Jahrhunderte alte kulturgeschichtliche Denkmale dar.

Abb. 1: Knickanlage im 18. Jahrhundert

Lebende Zäune

Die Hecken sind ursprünglich nicht als Windschutz angepflanzt worden - wie irrtümlich oft angenommen wird -, sondern als Einzäunung. Früher wurden die Ackerflächen von den Bauern mit Holzflechtzäunen eingefriedet, um das auf der Dorfgemeinschaftsweide, der Allmende, grasende Vieh von den Nutzpflanzen fernzuhalten. Man erkannte bald, daß die jährliche Erneuerung der Holzzäune mit Buschholz aus dem Wald diesen zu stark schädigte. So wurde von den Landesherren angeordnet, Zäune aus lebendigem "Pathwerk" anzulegen: Auf einem Erdwall wurden Stecklinge und Jungpflanzen gesetzt. Diese 'alten' Knicks, die oft über zweihundert Jahre alt sind, lassen sich heute meist noch gut in der Landschaft erkennen, weil sie entsprechend den geographischen Gegebenheiten selten gradlinig verlaufen. In der zweiten Hälfte des 18. Jahrhunderts wurde in vielen Gegenden das Land neu vermessen und an die Bauern verteilt. Die Bauern erhielten das Land als ihr Eigentum, ihnen wurde aber zur Pflicht gemacht, den zugesprochenen Besitz mit Knicks einzukoppeln. Aus dieser Zeit stammen die meisten sogenannten 'neuen' Knicks, die in ihrer Linienführung gradlinig sind. Die alten und die neuen Knicks lassen sich auch oft an ihrem Pflanzenbestand unterscheiden. Während die alten Knicks in der Regel zahlreiche Waldrandpflanzen beherbergen, haben neue Knicks häufig nur eine Art, z.B. Weißdorn, auf ihren Wällen.

Die Hecken lieferten den Bauern Buschholz zum Brennen, Bauholz, Holz für Geräte und Zäune. Auch die Früchte vieler Heckenpflanzen wurden geerntet. Insbesondere aber boten die Hecken dem Acker und dem Vieh Schutz.

Trotz Naturschutz stetiger Rückgang

Obwohl die Hecken in Schleswig-Holstein seit fünfzig Jahren unter Naturschutz stehen, sind - besonders in den letzten dreißig Jahren - über ein Drittel aller Hecken verschwunden, und zwar legal durch Ausnahmegenehmigungen. So vernichtete in Großstadtnähe rege Siedlungstätigkeit oft ganze Heckenlandschaften. Doch die meisten Hecken wurden während der vielen Flurbereinigungsverfahren gerodet. Die heutige mechanisierte Landwirtschaft kann keine Hecken brauchen; sie stören beim Großmaschineneinsatz. Auch wird die Wildhecke oft als Brutstätte von Ackerschädlingen und Unkräutern angesehen und mit Pestiziden behandelt. Erst in jüngster Zeit besinnt man sich wieder auf den Wert der Wildhecken.

Hecken erfüllen viele Aufgaben

Windschutz

Eine wichtige Funktion der Hecke liegt im Abbremsen des Windes. Eine

Mauer ist ein schlechter Windschutz, denn beim Auftreffen des Windes bildet sich auf der Windseite (Luv) durch Windstau ein großes Luftpolster, auf dem die Luft aufwärts bis über die Oberkante der Mauer hinweggedrückt wird. Dort lösen sich Strömungen ab und sinken auf der windabgewandten Seite (Lee) als Wirbel wieder bis auf den Boden hinab. Durch Zusammenpressen der Luft auf dem Gipfel der Mauer erhöht sich die Windgeschwindigkeit, und die Wirbel auf der Leeseite können Schäden an Pflanzen verursachen.

Anders sind die Verhältnisse bei einer Hecke, die winddurchlässig ist. Wird sie nämlich zu gleichen Teilen durchblasen und überströmt, so werden Windgeschwindigkeit und Turbulenz des Windes herabgesetzt. Der Windschutz erstreckt sich dann nach Luv durch Windstau auf eine Strecke, die der fünf- bis zehnfachen Heckenhöhe entspricht. Auf der windabgewandten Seite ist eine Windbremsung bis zu einer Entfernung von zwanzig bis dreißig Heckenhöhen feststellbar. Nimmt man für eine Wildhecke eine Höhe von sechs Metern an, so beträgt der Luv-Schutz bis zu sechzig Metern, der Lee-Schutz maximal einhundertachtzig Meter; insgesamt schützt diese Hecke also einen Bereich mit einer Ausdehnung von bis zu zweihundertvierzig Meter! Eine gute Windschutzhecke muß gleichmäßig dicht geschlossen sein, und sie darf keine Lücken aufweisen. Dort wo Lücken sind, wird der Wind wie durch eine Düse zusammengepreßt und verstärkt. Dadurch werden Bodenerosion und Lagerschäden verursacht.

Schutz vor Bodenerosion

Schon ab Windstärke 4 trägt der Wind die feinsten Bodenteilchen fort. Zurück bleiben nur die größeren Fraktionen, so daß der Boden "versandet". Stark windgefährdet sind Sand-, Löß- und Moorböden, besonders wenn sie

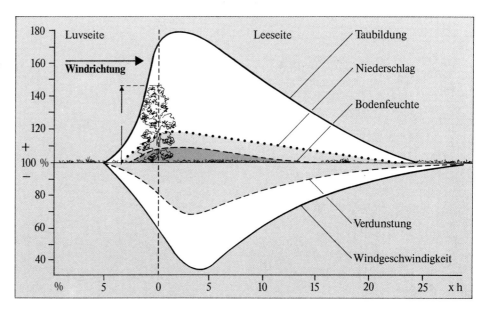

Abb. 2: Wirkungen einer Hecke auf das Mikroklima

ohne Pflanzenbedeckung sind und eine Humusschicht fehlt. In Heckenlandschaften kommen keine großflächigen Bodenerosionen vor: Hecken halten den Boden. Wenn im Winter die Hecke unbelaubt ist, können zwar Stürme den Boden fortwehen, er wird jedoch aufgrund der Strömungsverhältnisse in der Nähe der nächsten Hecke wieder abgelagert.

Feuchteregulation

Hecken regulieren die Feuchtigkeit. Im Windschatten der Hecke ist die Taubildung erhöht. Dadurch wird die Wasserverdunstung der Pflanze verringert, und sie spart Energie. Dieses kommt ihrem Wachstum zugute. Bei trockenem Wetter sichert die erhöhte Taubildung auch die Wasserversorgung der Pflanze.

Die Erhöhung der Bodenfeuchte in Heckennähe wirkt sich besonders bei leichten Böden positiv aus. Da der lockere Humus im Wurzelbereich der Hecken Wasser speichert, ist auch die Menge an abfließendem Oberflächenwasser in der Nähe von Hecken deutlich geringer als auf dem freien Feld.

Temperaturerhöhung

Abgesehen vom Schattenbereich einer Hecke erwärmt sich im weiteren Einzugsbereich die Temperatur wegen der geringeren Luftbewegung schneller als im Freiland. Die Tageshöchsttemperatur wird früher erreicht, und es treten bis zu ein Grad Celsius höhere Maximaltemperaturen auf. Diese Temperaturerhöhung hält auch länger an. Der Effekt ist sogar an bedeckten Tagen nachmeßbar. Allerdings können in klaren Ausstrahlungsnächten des frühen Frühjahrs oder späten Herbstes im Windschutzbereich die Temperaturen stärker abfallen als im Freien. Die morgendliche schnellere Erwärmung gleicht diesen Strahlungsverlust jedoch schnell aus. Von besonderer Bedeutung ist die Erhöhung der Temperatur in den oberen Bodenschichten, weil der Wind abgelenkt und somit die Verdunstungskälte vermindert wird. Im Durchschnitt kann über den Sommer eine Temperaturerhöhung von ein bis zwei Grad Celsius in den oberen fünf Zentimetern gemessen werden. Auch

in zwanzig Zentimeter Tiefe ist noch eine Temperaturerhöhung von ein Grad Celsius nachweisbar. An einzelnen Tagen kann sogar gegenüber dem Freiland eine Temperaturdifferenz von bis zu vier Grad Celsius gemessen werden. Da diese Temperaturerhöhung bereits ab Ende März einsetzt, liegt der Vegetationsbeginn im Windschutz der Hecke acht bis zehn Tage früher als im Freien. Dieser Vorsprung bleibt über die gesamte Vegetationsperiode erhalten und führt zu früheren Ernteterminen. Im Herbst ist die Vegetationsperiode um den entsprechenden Zeitraum verlängert.

Ertragssteigerung

Viele Messungen haben den Einfluß von Hecken auf die Ernteerträge der verschiedenen Feldfrüchte erfaßt. Durchweg werden statistisch absicherbare Erntesteigerungen festgestellt, und zwar bei

Gras	8 bis 14%
Weizen	11%
Sommerweizen, -gerste	je 7%
Wintergerste	11%
Hafer	18%
Roggen	7%
Zuckerrüben	14%
Kartoffeln	12%
Weiß- und Rotkohl	113%
Buschbohnen	38%
Erdbeeren	60%
Äpfeln	10 bis 45%
Birnen	10 bis 160%

Das ökologische Netz einer Hecke

Im Innern einer breiten, gut ausgebildeten Wildhecke herrschen nahezu die ökologischen Bedingungen eines Waldes, mit geringem Lichtangebot, erhöhter Luftfeuchte und geringerer Temperatur. Daher findet man im Heckeninneren typische Waldpflanzen (Buschwindröschen, Salomonsiegel) und Kleintiere des Waldes. Andererseits schließt sich an den "Waldrand" der einen Heckenseite bereits auf der anderen Seite ein zweiter "Wandrand" an. Gerade diese beiden Waldränder, die als Saumbiotope an andere Lebensräume angrenzen (Felder, Wiesen, Weiden), bieten Pflanzen und Tieren vielfältige Lebensmöglichkeiten: Hier leben sowohl Arten des Waldes als auch der freien Feldfluren. Derartige Saumbiotope sind als sehr artenreiche Lebensräume bekannt. Die besonders gut untersuchten Wildhecken Schleswig-Holsteins zum Beispiel beherbergen bis zu 1800 verschiedene Tierarten in einem einzigen Abschnitt im Gegensatz zum Waldesinneren mit etwa 800 Arten. Insgesamt können in allen Knicktypen

Abb. 3: Knicklandschaft

Abb. 4: Doppelknick: Zu einer ökologisch intakten Hecke gehört eine reichhaltige Krautschicht.

Schleswig-Holsteins etwa 7000 Tierarten gezählt werden.

Diese vielen Tier- und Pflanzenarten sind über Nahrungsbeziehungen eng miteinander verknüpft. Nahrungsketten bilden sich dadurch, daß die eine Art eine andere als Nahrung nutzt. Viele solcher Nahrungsketten sind netzartig verzahnt, da viele Tiere nicht nur eine Beuteart bevorzugen, sondern auf andere Arten ausweichen können. So entsteht aus einzelnen Nahrungsketten ein kompliziertes Nahrungsnetz (vgl. S. 111).

In so einem artenreichen Nahrungsnetz gibt es keine Massenvermehrung einzelner Tierarten. Die Räuber halten ihre Beute stets gut in Schach: Vermehren sich z. B. pflanzenfressende Blattläuse infolge günstiger Witterung besonders rasch, so werden deren Räuber, Wanzen, Florfliegenlarven, Marienkäfer und deren Larven, sich ebenfalls gut fortpflanzen können und danach die Blattläuse wieder schnell dezimieren. Mit einiger Verzögerung wird also das Gleichgewicht zwischen den Arten wieder hergestellt. Diese enge ökologische Verzahnung ist auch der Grund dafür, daß in Heckenlandschaften Schädlingsplagen nahezu unbekannt sind. Die ökologische Bedeutung von Hecken als Lebensraum strahlt auch auf das umliegende Feld aus. Viele der "nützlichen" Heckentiere suchen in weiterer Entfernung nach Nahrung, auch in den Feldern. Sie sind biologische Schädlingsvertilger, die dem Bauern helfen.

Die vielen, dem Menschen oft lästigen oder "schädlichen" Insekten und Spinnen sind auch die Nahrungsbasis für die Heckenvogelarten, deren Gesang im Frühjahr man nicht missen möchte. Je zahlreicher die Insektenfauna, desto mehr Vögel können sich entwickeln. Aber auch das Angebot an Nistgelegenheiten in einer Hecke spielt für die Vogelwelt eine große Rolle. Besonders in Doppelknicks (Hohlwegen) und an Verzweigungspunkten von Hecken nisten die Vögel sehr gern.

Hecken sind Lebensadern der Landschaft

In der modernen Agrarlandschaft mit ihren Mono-Kulturen ist kein Platz mehr für Wildpflanzen und Wildtiere; sie werden auf kleine "Inseln" nutzlosen Brachlandes oder in Naturschutzgebiete zurückgedrängt. Doch sie brauchen Verbindungen zwischen den Restlebensräumen, um langfristig existieren zu können.

Viele Tiere wandern im Jahresverlauf, da sie im Jugendstadium und als erwachsenes Tier unterschiedliche Lebensräume bewohnen. So entwickeln sich zum Beispiel Amphibien als Larven in Kleingewässern, während die erwachsenen Tiere in feuchtem Acker- oder Grünland ihre Nahrung suchen. Im Winter ziehen sie sich in die Laubstreu des Waldes oder einer Hecke zurück. Auf den großen flurbereinigten und krautfreien Feldern haben sie bei Sonnenschein keine Chance zum Wandern. Sie würden elendig vertrocknen. Die Hecke jedoch bietet ihnen in der Krautschicht

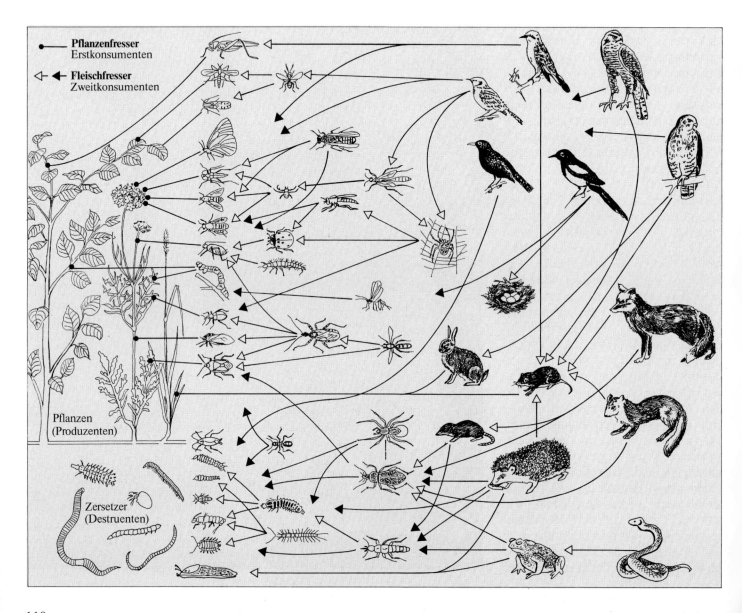

das günstige Feuchtklima und Schatten. Die Hecken sind also die "Straßen" für viele Tiere. Sie stellen die notwendigen Vernetzungen zwischen verschiedenen Kleinlebensräumen her. Da die Tiere von der Hecke aus in die Felder hinausschwärmen können, tragen sie zur biologischen Schädlingsbekämpfung in der Feldflur bei.

Nachteile von Hecken

Es darf nicht verschwiegen werden, daß die Hecken auch negative Seiten haben. So geht der Streifen, den die Hecke einnimmt, dem Ackerland verloren. Die Wurzelkonkurrenz zwischen Kultur- und Wildpflanzen im nahen Heckenbereich kann durch geeignete Pflanzenwahl oder durch den früher üblichen Knick-Graben parallel zur Hecke vermieden werden. Mindererträge durch Beschattung treten bei einigen lichthungrigen Kulturpflanzen auf. Auch ist eine stärkere "Verunkrautung" der Felder in Heckennähe möglich. Und schließlich kann in feuchteren Sommern das Erntegut in Heckennähe schlechter abtrocknen. Dadurch können Pilzkrankheiten gefördert werden. Doch alle diese Nachteile sind nur im engeren Heckenbereich vorhanden. Der gesamte Windschutzbereich ist jedoch so groß, daß die dadurch bedingte Steigerung des Pflanzenwachstums die Verluste in Heckennähe mehr als ausgleicht.

Hecken brauchen Pflege

Ohne Pflege würde jede Hecke zu einer hohen Allee hochwachsen, denn die Baumarten streben zum Licht und würden alle anderen Pflanzen überschatten. Im unteren Bereich würde die Hecke dann lückig und keinen Windschutz mehr bieten. Im Gegenteil: Lokal würde die Windstärke sogar gesteigert und die Erosion gefördert. Um das zu verhindern, müssen Hecken in Abständen von acht bis zwölf Jahren "geknickt" werden.

Im Gegensatz zum jährlichen Formschnitt der Gartenhecke werden bei der Wildhecke alle Sträucher bis auf etwa 10 cm über dem Boden abgesägt. Dabei geht man abschnittsweise vor, um Heckentieren nicht durch vollständigen Kahlschlag ganzer Gegenden ihren Lebensraum zu nehmen. Wichtig ist, daß alle Triebe eines Strauches gekappt werden, damit die "schlafenden Augen" der Sprosse angeregt werden, mit mehreren Trieben buschig auszuschlagen. Diese Pflege geschieht im Winter, wenn das Leben ruht. Im nächsten Sommer sind die jungen Triebe wieder armlang, im zweiten Jahr ist die Hecke bereits wieder geschlossen.

Der Verlust an Hecken war in jüngster Vergangenheit so groß, daß schnellstens Abhilfe geschaffen werden muß. Es gilt nicht nur, die noch vorhandenen Hecken zu schützen, vielmehr sollten auch neue Hecken angelegt werden. Was ist dabei zu beachten?

Der Abstand zweier Hecken in Hauptwindrichtung sollte in freier Feldflur 100 bis 200 Meter, höchstens 250 Meter betragen, um den Windschutz voll nutzen zu können. Quer zur Hauptwindrichtung kann er größer sein und 500 Meter oder maximal 1000 Meter betragen. Dabei ergeben sich große Schläge von 10 bis 25 Hektar, die sicher groß genug auch für den Einsatz moderner Maschinen sind.

Eine gute Hecke soll zu etwa 50 % durchblasbar sein, was bei den heimischen Laubgehölzen problemlos zu erreichen ist. Die Kronenlinie soll unregelmäßig, d. h. Sträucher und Bäume verschiedener Höhe sollten gleichmäßig verteilt sein. Sträucher, die sich früh belauben und das Laub lange halten, verlängern im Frühjahr und im Herbst die Vegetationsperiode. Bei schweren Böden soll das Laub im Winter vollständig abgefallen sein, damit der Boden im Frühjahr schneller abtrocknen kann. Die Gehölze sollen aus der näheren Umgebung stammen. Eine möglichst große Vielfalt von zehn bis fünfzehn Gehölzarten ist wünschenswert. Sie werden gemischt und versetzt gepflanzt. Eine Vorschlagsliste kann beim DBV angefordert werden.

Ist es möglich, die Hecke auf einen Wall zu setzen, wie bei den typischen norddeutschen Knicks, wird sie noch wertvoller und erreicht schneller eine größere Höhe. Die Heckenhöhe richtet sich nach der Länge des gewünschten Windschutzfeldes, das sein Optimum in einer Entfernung von fünfzehn Heckenhöhen hat.

Auch der Gartenbesitzer kann Wildhecken pflanzen. Die Windschutzwirkung ist dann besonders effektiv, wenn der Garten allseits von Hecken umgeben ist. Dann werden die Winde aus allen Richtungen gebremst.

Abb. 5: Nahrungsnetz in und um eine Hecke

Abb. 6: Hier wurde ein Knick "auf den Stock" gesetzt; nur "Überhälter" blieben stehen.

Beendet die Wattenjagd!

Günther Rose, Eilert Voß

Es ist Anfang September. Das Wattenmeer liegt da in scheinbar unendlicher Weite und Ruhe. Die letzten Sonnenstrahlen lassen das Wasser in den Prielen glitzern und zeichnen das Rippelmuster des Wattbodens nach. Zu Hunderten ziehen Seevögel über die trockengefallenen Wattflächen: Möwen, Gänse, Enten, Austernfischer, auch der Große Brachvogel ist darunter.

Plötzlich verstummt das Geschrei der Möwen, um dann noch lauter zu werden: Männer mit Hunden versammeln sich am Deich. Zeternd streichen die Wasservögel ab. Die Männer ziehen einzeln oder gruppenweise ins Watt, dorthin, wo sie Tonnen als Jagdansitze in den weichen Wattboden gegraben haben. Sie binden Enten an Pflöcke an, die ihre Artgenossen wieder heranlocken sollen. Vor Einbruch der Dunkelheit haben die Jäger ihre Ansitze eingenommen und ihre Schrotflinten in Anschlag gebracht. Wieder breitet sich Ruhe im Watt aus. Doch diesmal ist sie trügerisch.

Es dauert nicht lange: Ein Schwarm Enten landet in unmittelbarer Nähe zu den Jägern im Watt. Andere Seevögel folgen. Schließlich ist der Pulk auf Hunderte von Vögeln angewachsen. Der Jagderfolg ist garantiert. Da das schwindende Licht kein genaues Zielen mehr zuläßt, feuern die Jäger mit ihren Schrotflinten einfach dorthin, wo sich die meisten Vögel versammelt haben. Nur die ersten Schrotgarben treffen den Vogelschwarm noch am Boden. Dann sind die meisten Vögel in der Luft; weitere Schrotladungen werden ihnen nachgesandt. Manche Jäger sind auf dem Deich zurückgeblieben und feuern von dort aus auf die Vögel, die bei ihrer Flucht ins Watt von den anderen Jägern abgefangen werden.

Schließlich sind alle noch flugfähigen Vögel verschwunden. Zahlreiche der entkommenen Tiere werden aber später an ihren Verletzungen eingehen.

Schwerer verletzte Vögel flattern hilflos am Boden, bis die Hunde sie holen.

Rechtliche Situation

Die Wattenjagd ist ein uraltes friesisches Recht. Eine Szene, wie sie oben geschildert wurde, hat sich früher, als

Abb. 1: Lockenten

Abb. 2: Wattenjäger im Poolfaß

Fleisch in den Kochtöpfen der Wattanwohner rar war, öfter zugetragen. Die Wattenjagd sicherte die Versorgung der Bevölkerung mit Fleisch.

Heute besteht keine Notwendigkeit mehr, mit Wasservögeln den Speisezettel zu bereichern. Die landwirtschaftliche Überproduktion der westlichen Industrienationen macht das Fleisch wildlebender Vögel zu einem höchst überflüssigen Luxusartikel.

Schon vor rund 30 Jahren wurde nur ein Teil der erlegten Seevögel für den eigenen Kochtopf geschossen: Manche Jäger verkauften ihre Beute an Delikatessenläden, andere ließen die toten Tiere einfach im Watt liegen oder vergruben sie dort: Schießen um des Schießens willen.

Früher durfte jeder Friese, der an der Küste wohnte, im Watt jagen. Später, nach dem ersten Weltkrieg, wurde die Jagd im Watt reglementiert und nur Inhabern eines Jagdscheins genehmigt.

Die Wattenjagd ist heute erlaubt im freien Watt außerhalb der Flächen des Deichvorlandes. Das freie Watt liegt jenseits der sogenannten Linie des Mittleren Tidehochwassers (MThw). Während in der Zwischenzone gejagt werden darf, ist die Jagd in der Ruhezone untersagt. Vom Deich durfte auch vor 25 Jahren nicht gejagt werden; damals nahm man diese Anordnung aber längst nicht so genau wie heute, wo die Bestimmungen wesentlich genauer überwacht werden. Die Jagdweise hat sich gegenüber früher kaum geändert: Es wird vom Ansitz aus (Buhnen oder eingegrabene Tonnen) mit Bleischrot geschossen.

Bis vor etwa 15 Jahren durften noch Seehunde erlegt werden. Heute stehen sie wie folgende Vogelarten ganzjährig unter Schutz: Mantelmöwen, Bleßgänse, Saatgänse, Ringelgänse und Kanadagänse.

Geschossen werden dürfen dagegen z. B. derzeit:
- Stockenten vom 1. September bis zum 15. Januar;
- Pfeifenten, Krickenten und Spießenten vom 1. Oktober bis 15. Januar; diese Arten sind übrigens Gastvögel, die im Watt überwintern;

Abb. 4: Protestaktionen deutscher und niederländischer Tierschützer gegen die Wattenjagd

Abb. 3: Vorstehhunde mit Beute

- Graugänse vom 1. bis 31. August und vom 1. November bis zum 15. Januar. Früher durften gegenüber heute wesentlich mehr Vogelarten ganzjährig geschossen werden, darunter auch solche wie z. B. der Große Brachvogel, der mittlerweile streng unter Schutz steht.

Diskussion um die Wattenjagd

Durch die Einrichtung der Wattenmeer – Nationalparks in Niedersachsen und Schleswig-Holstein wurden die Jagdmöglichkeiten stark eingeschränkt. Die Einführung der Schutzzonen stieß auf erbitterten Widerstand der Jägerschaft. Für viele Wattenjäger bedeutet das Jagdverbot in den Ruhezonen nicht nur einen Eingriff in uraltes Recht, sondern auch den Zwang zum Verzicht auf ein stimmungsvolles Naturerlebnis.

Sie forderten daher sogar für sich Minderheitenschutz, wie aus einem Artikel vom 6.3.1986 in der Tageszeitung Ostfriesischer Kurier "Nationalpark Wattenmeer - Bei den Jägern rumort es an der Basis" hervorgeht.

Der Vorsitzende der Jägerschaft im Altkreis Norden, Graf Knyphausen, klagte im März 1986: "Der Nationalpark Wattenmeer bedeutet das totale Aus für die Wattenjäger. Fast alle Wattengebiete liegen in der Ruhezone I; es bleibt nur noch die Strandpromenade in Norddeich. Wir haben die totale Niederlage in diesem Kampf erlitten."

In der Tat erhielten die Freunde der Wattenjagd von keiner Seite Unterstützung. Der ehemalige Leiter der Vogelwarte Helgoland, Dr. Goethe, und sein Nachfolger im Amt, der Jäger Dr. Vauk, beurteilen die Wattenjagd als völlig überflüssiges Regulativ. Tierbestände regeln sich in einer vom Menschen weitgehend in Ruhe gelassenen Natur selber.

Die "Arbeitsgemeinschaft Wattenjagd ist Vogelmord", arbeitet eng mit Greenpeace Ostfriesland und dem Komitee gegen den Vogelmord, Hamburg, zusammen, möchte die Jagd im Watt generell aus folgenden Gründen verboten wissen: Wattenjagd
- ist tierquälerisch; das Bergen angeschossener Vögel ist oft nicht möglich;
- greift stark in den Naturhaushalt ein;
- verursacht Jagddruck und Schußlärm, stört alle Tiere beim Ruhen und bei der Nahrungsaufnahme. Dies betrifft besonders die Zugvögel, die im Wattenmeer Zwischenstation beziehen, um ihre Fettreserven für den Weiterzug aufzufüllen. Wie in Italien, wo die Jagd auf Singvögel international kritisiert wird, werden im Wattenmeer überwiegend Vögel bejagt, deren heimatlicher Lebensraum außerhalb des Wattenmeers liegt;
- führt zum Abschuß auch geschützter Vogelarten, da ein Unterscheiden der Vogelarten bei Dämmerung nicht zweifelsfrei möglich ist;
- vergiftet den Wattboden durch Blei;
- stört zunehmend das ästhetische Empfinden vieler Menschen.

Jäger nutzen die Natur, um zu "ernten", haben Freude am Beutemachen,

wollen das Gefühl der letzten Freiheit, eines Stücks Romantik auf Kosten des Leides der Kreatur genießen, wollen ihre Abenteuer- und Schießlust befriedigen und dies trotz des aktuellen Robbensterbens in den Wattgebieten. Mit Mißtrauen muß daher der Versuch der Landesjägerschaft Niedersachsen gesehen werden, ein Informationszentrum des Nationalparks Niedersächsisches Wattenmeer, das dem Vernehmen nach in Norddeich eingerichtet werden soll, unter ihre Regie zu nehmen. In Norddeich befindet sich bereits eine Aufzuchtstation für Seehunde, die von der Jägerschaft Norden (Kreisgruppe und Hegering) organisiert wird. Ebenfalls geplant ist eine Waschstation für verölte Wasservögel.

So lobenswert das Engagement der Jägerschaft bei der Aufzucht von verlassenen Seehundheulern auf den ersten Blick zu sein scheint, der Verdacht muß aufkommen, daß ein 'amtliches' Informationszentrum zum Wattenmeer als besonders geeignetes Instrument der Imagepflege ausgenutzt werden könnte. Von dieser Warte aus ließe sich womöglich Politik zum Erhalt der Wattenjagd und Niederwildjagd in den Salzwiesen betreiben. Ein negatives Beispiel gab der Leiter des niedersächsischen Nationalparks, indem er als Jäger und Verteidiger der Wattenjagd an einer

Abb. 5: Wattenjagdromantik?

Treibjagd auf Salzwiesen in der Schutzzone I auf Spiekeroog teilnahm. Hier steht Glaubwürdigkeit auf dem Prüfstand!

Der Boden –
Voraussetzung gesunder Pflanzen
Hedwig Deppner

Der Boden ist die äußerste fruchtbare Schicht der Erdoberfläche. Selten ist diese Schicht dicker als einige Meter, was bei dem gewaltigen Durchmesser unseres Planeten von etwa 12.000 km verschwindend wenig ist. Der besonders wertvolle Oberboden, der zu Recht "Mutterboden" genannt wird, ist meistens nur 30 cm dick, und doch hängt alles höhere Leben von dieser dünnen Schicht ab.

Der Boden - man müßte eigentlich die Böden sagen, so verschieden ist er von Ort zu Ort - entstand, und entsteht noch, durch die Verwitterung des Gesteins unter dem Einfluß von Klima und Vegetation. Physikalische, chemische und biologische Kräfte wirkten über lange Zeiträume auf Fels und Gestein, bis diese zerbröckelten und zermürbten, zu Sand und Staub zerfielen. Unsere heutigen Böden sind etwa 16.000 Jahre alt.

Nach der Korngröße unterscheidet man die Bodenart: Es gibt Sand-, Lehm- und Tonboden. Außerdem findet man im Boden noch Steine, Schutt, Grus, Kies usw., sie bilden das Bodenskelett. Sandiger Boden besteht vorwiegend aus Quarz, die Körner sind verhältnismäßig groß und liegen locker nebeneinander. Dieser Boden erwärmt sich gut und läßt sich leicht bearbeiten. Das Wasser dringt schnell ein, kann aber nicht längere Zeit gespeichert werden. Sandiger Boden ist arm an Nährstoffen.

Das Gegenteil ist toniger Boden. Hier ist die Körnung ganz fein. Bei Feuchtigkeit kleben die Körner aneinander. Man kann den Boden formen; trocknet er, so wird er hart. In einem solchen Boden dringt das Wasser schwer ein, kann aber längere Zeit gespeichert werden. Er ist schwer zu bearbeiten, denn er ist meist zu naß oder zu trocken. Tonboden ist schlecht durchlüftet und erwärmt sich langsam, aber er ist reich an Pflanzennährstoffen.

Lehmboden enthält Sand und Ton in einem ausgewogenen Verhältnis und ist die Grundlage der fruchtbarsten Böden, die wir kennen.

Im verwitterten Gestein befinden sich wohl eine Reihe Mineralien, die Pflanzenwachstum ermöglichen, aber wahre Fruchtbarkeit entsteht erst durch das Bodenleben im Zusammenwirken mit den Wurzeln der höheren Pflanzen. Jeder, zumindest aber diejenigen, die einen Garten haben, sollte wissen, welch komplexe Welt er häufig mit Füßen tritt. Diese Kenntnis lehrt uns die Ehrfurcht vor dem Leben und den pfleglichen Umgang mit dem Boden. Am Ausgangspunkt der Verwitterung ist das Tonkristall, das durch die Aktivität von Mikroorganismen in einen kolloidalen (gallertartigen) Zustand gerät. An seiner Oberfläche wirken Kräfte, die die Fähigkeit haben, verschiedene Mineralien festzuhalten, ohne daß chemische Reaktionen stattfinden. In einem Quadratmeter Mutterboden mit durchschnittlichem Tonkristallgehalt existiert eine biologisch aktive Oberfläche von mindestens 24 km^2. Diese Oberflächenaktivität ist ungeheuer wichtig für die Bodenfruchtbarkeit. Die Pflanzennährstoffe werden dadurch festgehalten und können vom Wasser nicht in die Tiefe gespült, aber bei Bedarf jederzeit von den Pflanzen aufgenommen werden. Verstärkt werden diese Bindekräfte, wenn sich der Ton mit Humus in den sogenannten Ton-Humuskomplexen verbindet.

Die Bildung von Humus

Humus ist nicht irgendein bestimmter Stoff. Der Aufbau ist sehr verschieden je nach den Huminstoffen, die er enthält. Die Struktur der Huminstoffe ist bisher nicht genau bekannt. Humus entsteht aus abgestorbenen Pflanzenteilen und Resten von Tieren durch die Aktivität des Bodenlebens. Unendlich vielfältig und zahlreich ist dieses Bodenleben. Eine Handvoll Erde enthält mehr Lebewesen, als Menschen auf der Erde sind. Am zahlreichsten sind die mikroskopisch kleinen, die wir mit bloßem Auge nicht sehen können: In der 30 cm tiefen Schicht eines Quadratmeter Bodens können 60 Billionen Bakterien leben, daneben u. a. Algen, Pilze, Actinomyceten (Strahlenpilze), Einzeller von der Art der Amoeben, Pantoffeltierchen, Nematoden (Fadenwürmer), Colembolen (Springschwänze), Gliederwürmer, Insekten,

Abb. 1: Typische Bodenbakterien im Humus

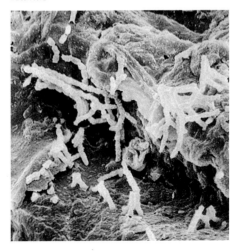

Milben u. a. Sie bilden eine komplizierte Lebensgemeinschaft (Biozönose) in der überwiegend Zersetzer (Destruenten) vertreten sind. Die Pflanzen und Tierreste werden gefressen, aufgelöst in ihre Bestandteile und wieder ausgeschieden. Der Kot der einen ist Nahrung für andere Lebewesen, und häufig lebt die eine Art von der anderen. Bei diesem regen Stoffwechselumsatz werden Nährstoffe frei, die von den Pflanzenwurzeln als Nahrung aufgenommen werden. Der Abbau organischer Substanz bis hin zu den mineralischen Bestandteilen wird als "Mineralisierung" bezeichnet.

Aber nicht nur ein Abbau, sondern auch ein Aufbau erfolgt. Bakterien z.B. haben die Fähigkeit, bestimmte - für sie wichtige - Stoffe aufzubauen. Es handelt sich vor allem um Enzyme, Vitamine und Antibiotika. Verschiedene Bakterienstämme bauen verschiedene - für den jeweiligen Stamm spezifische - Substanzen auf, sie profitieren auch gegenseitig von ihren Syntheseprodukten. Pflanzliche Mikroorganismen sind in der Lage, Huminstoffe aufzubauen. Außerdem werden im Darmtrakt der Bodentiere Humusvorstufen gebildet. Sie nehmen mit ihrer Nahrung auch Feinerde auf. Die in ihrem Darm entstehenden Huminstoffe werden mit ihren Exkrementen im Boden fein verteilt.

Die Bodentiere, besonders der Regenwurm, lockern den Boden. Er gräbt seine Gänge und tapeziert sie mit Humus aus. Oft folgen Pflanzenwurzeln seinen Gängen. Seine Nahrung sind abgefallene Blätter, Stengelteilchen und abgestoßene Würzelchen. Zusammen mit diesen nimmt er auch mineralische Feinteilchen auf, Ton - bis hin zu stecknadelgroßen Sandkörnchen. In seinem Verdauungsschlauch wird alles gut vermischt und mit Verdauungsfermenten versetzt. Die mit der Nahrung und der Erde aufgenommenen Mikroorganismen vermehren sich in seinem Verdauungstrakt. Schließlich setzt er alles als wohlbekanntes Regenwurmkothäufchen an der Erdoberfläche ab. In diesem befindet sich etwa 5 mal mehr Stickstoff, 7 mal mehr Phosphor, 11 mal mehr Kali, 2 mal mehr Calcium und Magnesium als im umliegenden Boden. Diese Kothäufel besitzen außerdem eine ungeheuer stabile Krümelstruktur. Sie werden vom Wasser nicht leicht ausgewaschen und enthalten alle Nährstoffe in pflanzenverfügbarer Form.

Die Krümelstruktur des Bodens

Im Boden gibt es ein Hohlraumsystem, das sich aus verschieden großen Krümeln zusammensetzt. Dieses Hohlraumsystem hat grobe Poren (größer als 0,03 mm) zur Durchlüftung des Bodens, mittlere Poren (0,003 - 0,03 mm), die das Wasserleitungssystem des Bodens bilden und der Regenspeicherung dienen, und schließlich feine Poren (unter 0,003 mm), die in Zeiten der Dürre die letzten Wasserreserven speichern. Die Bodenstruktur ist optimal, wenn das Hohlraumsystem eines Bodens jede Porengröße aufweist.

Ein Boden mit einer guten Struktur kann bis zu zwei Drittel seines Gesamtvolumens an Wasser aufnehmen und speichern, ohne daß Staunässe entsteht und die Pflanzenwurzeln und Bodenlebewesen an Luftmangel leiden. Bei 20 % Feuchtigkeitsgehalt, wenn der Boden total trocken erscheint, kann er doch noch ein bescheidenes Leben ermöglichen.

Die Krümelstruktur wird zum einen auf kolloid-chemischem Weg gebildet, in dem die ausgeflockten Bodenkolloide nach dem Prinzip von Baustein und Mörtel Primäraggregate von 0,1 - 0,2 mm Größe bilden. Diese werden dann von den Bodenorganismen und Humussubstanzen zu 1-3 mm großen Krümeln verbaut. Zum anderen tragen die Pflanzen, besonders die Pflanzenwurzeln, wesentlich zur Bildung der Bodenkrümelstruktur bei. Das System Bodenorganismen - Pflanze gleicht einem komplexen Organismus, dessen Stoffwechselfunktionen auf die pflanzlichen Organe und die verschiedenen Bodenlebewesen verteilt sind: Die Pflanzenwurzeln scheiden große Mengen von Schleimstoffen ab. Diese bilden die Nahrung für eine Vielzahl spezifischer Bakterien, die sich in der Wurzelregion (Rhizosphäre) ansiedeln. Für eine große Zahl von wurzelbewohnenden Bakterien ist nachgewiesen, daß sie Pflanzenhormone und Wuchsstoffe ausscheiden. Das bedeutet, daß die Rhizosphäre die Regulation der pflanzlichen Entwicklung mitbestimmt.

Die Pflanzenwurzeln entziehen jährlich den Weltböden etwa 61 Mrd. Tonnen Mineralstoffe. Dabei verschleimen die Membranen der äußeren, älteren Wurzelhaubenzellen bei gleichzeitiger Ablösung vom Zellverband. Wurzelhaare mit einer dünnen Schleimauflage bewegen sich amöbenhaft in den Bodenporen, wobei sie mit den verschiedenen Bodenbe-

Tab. 1: Ausgezähltes Bodenleben in den obersten 30 Zentimetern /m² Boden

Bakterien	60 000 000 000 000
Strahlenpilze (Aktinomyzeten)	10 000 000 000
Pilze	1 000 000 000
Algen	1 000 000
Einzeller (Protozoen)	500 000 000
Fadenwürmer	10 000 000
Milben	150 000
Springschwänze	100 000
Weiße Ringwürmer	25 000
Regenwürmer	200
Schnecken	50
Spinnen	50
Asseln	50
Tausendfüßler	200
Käfer	100
Fliegenlarven	200
Wirbeltiere	0,001

standteilen Kontakt aufnehmen. Wurzelhaube und Wurzelhaarsaum bilden mit dem Schleim sogenannte Rhizozoogleen, die Mikroorganismen, Wurzelzellen, organische und anorganische Bodenteile umfassen. Es handelt sich hier um ein lockeres Zusammenleben mehrerer Organismen, eine sogenannte Polyparabiose, in der Stoffwechselprodukte als Signale zwischen den einzelnen Partnern hin- und herwandern. Die Rhizozoogleen können als Bindeglied zwischen Boden und Pflanzen angesehen werden.

Gesunder Boden für reiches Pflanzenleben

Da die Bodenfruchtbarkeit nur durch Lebewesen erzeugt und erhalten wird, müssen die Bedingungen geschaffen werden, daß dieses Leben gedeihen kann. Voraussetzung für jedes Bodenleben sind Luft, Wasser, Wärme und Nahrung, und zwar ohne Unterbrechung. Am besten werden diese Bedingungen unter einer dauernden Pflanzendecke erfüllt, im Wald oder auch auf der Wiese. Von den Pflanzen, die hier wachsen, kann die Menschheit nicht leben, aber der Mensch muß in seinen Ackerkulturen soweit als möglich die Bedingungen in der Natur nachahmen.

Der ursprüngliche Pflanzenbewuchs der Wiese wird zwar, zu Gunsten der Pflanzen, die unsere Nahrung bilden, entfernt. Das ist ein unvermeidbarer Eingriff in die Natur. Den kahlen Boden aber monatelang den Unbilden der Witterung aussetzen, wie das gängige Praxis ist, das muß nicht sein. Es können fast das ganze Jahr über Pflanzen auf einem Boden stehen, man muß sich nur richtig Gedanken darüber machen und Methoden ersinnen. Eine ganze Reihe Maßnahmen sind schon erprobt. Für den Garten sind es verschiedene Gründüngungspflanzen, die Ende August/Anfang September gesät werden. Frau Dr. Müller schrieb in ihrem Büchlein "Praktische Anleitung zum organisch-biologischen Gartenbau", man sollte möglichst Pflanzen wählen, die im Winter abfrieren, weil man sonst im Frühjahr zu viel Arbeit habe. Die Zeitschrift "Anders Leben" gab die Anregung, Roggen im Herbst auf Beeten auszusäen, auf denen man im Frühling Möhren anbauen will. Der Roggen wird dann nur in der Saatreihe entfernt und sonst noch eine Weile stehen gelassen. Auf diese Weise wird der Boden geschützt und gleichzeitig ein Befall mit Möhrenfliege vermieden.

Wo man den Boden nicht mit Pflanzenwuchs bedecken kann, sollte man wenigstens eine Decke von Pflanzenresten aufbringen. Rasenschnitt z. B. eignet sich hervorragend zum Mulchen. Noch besser ist, wenn man dem Rasenschnitt etwas tierische Abfälle wie Horn-Knochen-Blutmehl (Oscorna) und Steinmehl beimengt. Sekera (1984) wies nach, daß Dauerhumus nur entstehen kann, wenn sowohl pflanzliche als auch tierische Abfälle vorhanden sind, und daß dies nur auf der Bodenoberfläche geschieht. Mit Nachdruck warnt sie vor dem Vergraben von Mist oder Grünmasse. Im besten Fall würde er nur nutzlos veratmet, könne aber auch den Pflanzenwurzeln schaden: Grüne Abfälle locken im Boden Schädlinge wie z. B. Drahtwürmer an. Da an der Bodenoberfläche mehr die abbauenden, Sauerstoff liebenden Organismen leben und bei der Zersetzung der organischen Substanz vorübergehend auch wachstumshemmende Stoffe entstehen, ist es verständlich, warum im biologischen Anbau der Boden nur gelockert, aber nicht gewendet wird.

Die Mulchdecke muß dünn sein, damit sich keine Fäulnis entwickelt, die die Pflanzen schädigt, und damit wirbellose Pflanzenfresser keine günstigen Vermehrungsbedingungen finden. Durch eine Mulchdecke wird der Boden vor Verschlämmung geschützt, da der Aufprall der Regentropfen abgemildert wird. Er trocknet nicht so leicht aus, die Temperaturextreme werden gemildert, und vor allem wird das Bodenleben gefördert. Der Humus, der von ihm gebildet wird, ist nicht nur wichtig für die Bodenstruktur, sondern auch für die Ernährung der Pflanze. Je vielfältiger die Nahrung für die unterirdischen Helfer ist (z. B. in Mischkulturen), um so größer die Bodenfruchtbarkeit.

Der Boden mit seinen Lebewesen ist eine Art "Drehscheibe" des Lebens: Hier endet alle Verwesung, hier beginnt alles neue Leben.

Tab. 2: Bodennutzung

Nutzungsarten	Angaben in Prozent
Gewerbe- und Wohngebäude mit Gärten und Plätzen	6,5
Straßen, Schienen, Flughäfen	4,9
Landwirtschaft (einschl. Moor und Heide)	55,1
Wald	29,6
Wasser	1,8
Sonstiges (Felsen, Dünen, Erholungsanlagen)	2,1
Gesamt genutzte Fläche: 24 869 000 Hektar	100.0

Quelle: Statistisches Bundesamt, 1985

Literatur

Margareth Sekera: Gesunder und kranker Boden. Leopold Stocker Verlag, Graz 1984.

Das Hügelbeet – eine Alternative zur Beetkultur

Berndt Kühn

Abb. 1: Hügelbeete - eine effektive Anbaumethode

Abb. 2: Innerer Aufbau eines Hügelbeetes

Bedingt durch die hohen Grunderwerbskosten in der heutigen Zeit werden meist nur noch Grundstücke klein bemessener Größe bebaut, die die Anlage eines ausreichend großen Nutzgartens aus Platzgründen nicht zulassen. Aber auch nasser und kalter Boden, schlechte klimatische Lage oder durch Krankheiten (Kohlhernie) verseuchtes Gartenland verleiden manchem Gartenbesitzer den Anbau von Gemüse; das Anpflanzen von südländischen Gemüsen (Zucchini, Fenchel, Melonen, usw.) ist grundsätzlich mit der üblichen Flachbeetkultur nur bedingt möglich.

Mit der Errichtung eines Hügelbeetes können Wünsche hinsichtlich Gemüseanbau auch in klimatisch ungünstigen Gegenden (z. B. im Harz, im Moor oder auf Sandböden) verwirklicht werden. Staunässe, die etwa bei Gurken die Welkekrankheit hervorrufen kann, wird durch die Anlage von Hügelbeeten vermieden. Selbst auf einem sehr kleinen Grundstück ist die Anlage eines Hügelbeetes zur Frischgemüseversorgung möglich. Die vorhandene Anbaufläche läßt sich dadurch um ein Drittel vergrößern.

Das Hügelbeet erleichtert aufgrund seiner Höhe die Bearbeitung. Die im Hügelinneren entstehende Verrottungswärme bringt eine merkliche Ernteverfrühung mit sich.

Besonders in kalten und nassen Jahren zeigt es sich, daß der Anbau auf dem Hügelbeet gegenüber der Beetkultur einen augenfälligen Vorsprung hat. Das Erstellen eines Hügelbeetes bereitet zwar einige Mühe, aber dafür entfallen für die Dauer der folgenden vier Jahre sämtliche Arbeiten wie das Umgraben und die Gabe von Mist und Humus. Nur im Frühjahr, kurz vor dem Bestellen, sollte die Hügelfläche leicht gelockert werden. Dabei ist eine Tiefe von 3 cm nicht zu überschreiten, da sonst die im Hügelinneren vorhandene Winterfeuchtigkeit verdunstet und der eingebrachte Samen durch die Austrocknung mangelhaft keimt. Da das Hügelbeet ein künstlich aufgeschichteter Haufen ist, fehlt ihm jegliche gewachsene Verbindung zum Untergrund, so daß die natürliche Kapillarkraft (das in feinen Haarröhrchen von unten zur Erdoberfläche aufsteigende Grundwasser) nicht wirken kann und der Hügel somit sehr leicht von innen her austrocknet.

Aufgrund der schrägen Seiten des Hügelbeetes läuft das Regenwasser ab, bevor es in die tieferen Schichten dringen kann. Eine Gießrinne entlang des Hügelfirstes ist unerläßlich. Man kann auch einen Riesel- oder Tropfschlauch verlegen, um einer Trockenheit entgegenzuwirken.

Bei einem frisch aufgesetzten Hügel besteht sehr leicht die Gefahr, daß der eingebrachte Samen bei einem starken Regenguß oder beim Begießen nach unten geschwemmt wird, da sich die Deckerde noch nicht gesetzt hat und noch nicht von feinen Wurzeln durchzogen ist. Aus diesem Grunde ist es ratsam, bei frischangelegten Hügelbeeten Jungpflanzen zu verwenden. Ist eine Aussaat nicht zu vermeiden, legt man den Samen 3 cm tief, so daß er der Wechselwirkung durch Trockenheit und Feuchtigkeit weniger ausgesetzt ist.

Um die Bodenfeuchte über einen längeren Zeitraum zu erhalten (z. B. in der Urlaubszeit), werden die verbleibenden Freiräume zwischen den Gemüsepflanzen mit angefeuchtetem Rindenmulch, Rohkompost oder mit Rasenschnitt abgedeckt. Dieses Mulchmaterial hindert auch keimendes Unkraut am Wachsen.

Abgeerntete Hügelbeete sollten, wie auch bei der Beetkultur, während des Winters nicht ganz ohne Bedeckung sein. Eine Einsaat mit Senf, Perserklee oder Lupinen ist immer sinnvoll. Sehr spät abgeerntete Beete werden mit Laub, Ernterückständen, Stroh o. ä. bedeckt.

Die während des Winters erfrorenen Pflanzenteile sind im Frühjahr leicht mit einer Harke zu beseitigen und zu verkompostieren.

Bei der Anlage eines Hügelbeetes sind folgende Punkte zu berücksichtigen:
- Die Anlage des Beetes in Nord-Süd-Richtung garantiert gleichmäßiges Wachstum auf beiden Seiten.
- Die Breite des Hügels sollte 1,60 m nicht überschreiten.
- Die Höhe sollte nicht mehr als 1 m betragen; die Länge kann beliebig gewählt werden.
- Die Grundfläche wird abgesteckt, 0,20 m tief ausgehoben und die Erde seitlich gelagert.

Die unterste Schicht der Grube besteht aus groben, schlecht verrottbaren Pflanzenteilen wie Ästen, Heckenschnitt, holzigen Kohl- und Staudenstengeln. Diese Schicht wird etwa 0,50 m hoch und 0,60 - 0,70 m breit aufgeschichtet und fest angetreten. Selbstverständlich sollten sämtliche Materialien für den Bau eines Hügelbeetes aus dem eigenen Garten kommen. Sie dürfen auf keinen Fall der freien Natur entnommen werden, da dort sonst die notwendigen Humus- und Nährstoffe fehlen.

Diese grobe Schicht wird mit Rasensoden abgedeckt. Auch angefeuchtete Wellpappe erfüllt den selben Zweck in Kombination mit einer Lage Stallmist oder Gartenerde von 0,10 - 0,15 m Stärke.

Die dritte Lage besteht aus einer 0,20 m starken, gut angefeuchteten Laubschicht, die mit etwa 50 g/qm Kalkstickstoff bestreut wird. Kalkstickstoff bindet im Laub vorhandene Gerbsäure und hebt den sonst entstehenden sehr sauren Boden-pH-Wert. Auch zerknülltes Zeitungspapier (keine Illustrierte) erfüllt diesen Zweck.

Überdeckt wird die Laubschicht mit 0,20 m Frisch- oder Rohkompost (halbverrottete organische Masse), der mit ca. 500 g/qm organischen Düngers (Oscorna, Hornoska oder ähnlichen Sorten) durchgemischt ist.

Den Abschluß bildet eine Mischung aus der seitlich aufgeschütteten Gartenerde mit Rindenmulch oder reifem Kompostgemisch. Diese Abdeckung wird mit der Schaufel- oder Spatenbreite festgeklopft, damit nicht beim nächsten Regen die Auflage zum Hügelfuß abgespült wird.

Vor dem Säen oder Pflanzen ist ein ordentliches Durchwässern des Hügelbeetes mit einer feinen Brause unerläßlich.

Werden mehrere Hügelbeete nebeneinander angelegt, sollte der Sohlenabstand 0,70 m betragen und der Weg am Hügel entlang mit wasserdurchlässigem Material belegt sein.

Der Gemüseanbau erfolgt in Mischkulturen mit den üblichen Abständen, die wegen des guten Pflanzenwuchses nicht unterschritten werden dürfen.

Auf den Hügelfirst sollten hochwüchsige Gemüsearten gepflanzt werden, wie z. B. Tomaten, Erbsen, Rosenkohl oder Grünkohl. Die Flanken werden mit Kohlrabi, Zwiebeln und Möhren als Leitpflanzen - wie üblich in Reihen besetzt. In die Zwischenräume sät man Radies, Spinat oder Schnittsalat. Erdbeeren sind wegen ihrer sich stark entwickelnden Laubmasse, die sich aufgrund des hervorragenden Nährstoffangebotes bildet, am Fuße des Hügels anzupflanzen. Deshalb ist es auch empfehlenswert, sie nur als einjährige Kultur anzubauen.

Um den Stickstoffhaushalt im Hügelbeet, der durch die Ernten vermindert wird, auszugleichen, bepflanzt man dreijährige Beete verstärkt mit Leguminosen (Bohnen, Erbsen), die mit ihren Knöllchen an den Wurzeln Stickstoff sammeln und den Boden damit anreichern. Eine Gründüngung mit Lupinen oder Perserklee ist aus diesem Grund immer von Vorteil.

Im letzten Anbaujahr ist der Hügel meist ziemlich stark zusammengesunken und bietet dadurch Frühkartoffeln hervorragende Wachstumsbedingungen.

Nach vier bis fünf Jahren ist ein Hügelbeet abgewirtschaftet, so daß es eingeebnet werden kann. Der im Laufe der Jahre entstandene Feinkompost eignet sich gut als Aussaaterde, mit Dünger versetzt, für Balkonkästen oder Topfpflanzen.

Literatur

Beba, H. / Beba, A.: Hügelkultur - die Gartenmethode der Zukunft; Obst- und Gartenbauverlag München, 1982

Kletterpflanzen – grünes Kleid für graue Mauern

Hedwig Deppner

Schon die alten Ägypter ließen Lauben von klimmendem Wein überwachsen, die Griechen pflanzten Efeu, und die Römer kannten schon kletternde Rosen. Lange Zeit kannte man nur Rosen, Wein, Efeu und Geißblatt als Kletterpflanzen. Erst im 17. und 18. Jahrhundert wurden der fünfblättrige Wilde Wein, Trompetenwinde, Zierwein und Pfeifenwinde aus Amerika bei uns heimisch, und im 19. Jahrhundert folgten die ostasiatischen Kletterer: Glycine, Knöterich, Wilder Wein, Clematis u. a. Um die Jahrhundertwende war die Hausbegrünung mit Kletterpflanzen weit verbreitet. Heute sind begrünte Fassaden selten geworden. Aus Unkenntnis über die Zusammenhänge und durch Vorurteile schreckten viele Hausbesitzer vor einer Fassadenbegrünung zurück. Inzwischen hat das wachsende Umweltbewußtsein jedoch wieder zu neuer Liebe zu Kletterpflanzen geführt.

Grüne Pflanzenkleider verschönern häßliche Mauern und Wände, machen harte, sachliche Architektur weicher. Clematis und Rosen, Geißblatt und Kletterhortensie sowie Blauregen und Trompetenwinde erfreuen uns mit ihren wundervollen Blüten, Wilder Wein kleidet die Wände im Herbst in ein leuchtendes Rot, und der immergrüne Efeu ist das ganze Jahr über schön.

In der Bundesrepublik Deutschland ist eine Fläche von über 5 % mit Gebäuden überbaut. Diese Fläche muß aber für die Natur nicht verloren sein: Kletterpflanzen lassen sich fast überall einsetzen. Einem Wilden Wein genügt beispielsweise ein Viertelquadratmeter offener Boden, um eine Fläche von bis zu 100 qm^2 zu begrünen. Je nach Art gedeihen Kletterpflanzen selbst in engen, schattigen Hinterhöfen, begrünen Balkone oder geben sich mit einem Plätzchen im Vorgarten zufrieden. Selbst da, wo ein asphaltierter Gehweg bis ans Wohnhaus reicht, kann man sie in großen Pflanzkübeln ziehen.

Der grüne Hauspelz ist nicht nur ein schöner Anblick, er kann auch Meßbares produzieren: Bei der Photosynthese erzeugen Kletterpflanzen pro qm^2 Bewuchs in einem Jahr 0,5 kg Sauerstoff und verwerten gleichzeitig 1 kg Kohlendioxyd. Außerdem binden sie aufgewirbelten Straßenstaub und darin enthaltene Viren und reinigen die Luft somit bis zu 90 %.

Im Sommer reflektiert und absorbiert die Blattmasse die Sonnenwärme und kühlt durch Verdunstung. Im Winter liegen die Blätter der immergrünen Pflanzen wie Schuppen übereinander und halten damit die kalten Winde ab, da ein Isolierpolster aus unbewegter Luft als Windbremse wirkt. Durch die Wärmedämmung im Winter können bis zu 30 % Heizkosten gespart werden, da der Energieabfluß durch den grünen Pelz vermindert wird. Bei nur 5 % Energieeinsparung durch Pflanzenteppiche würde das in der Bundesrepublik eine Ersparnis von 50 Millionen Mark bedeuten.

Auch für den Schallschutz leisten grüne Pflanzenwände gute Dienste: Sie reflektieren die Schallwellen durch Mitschwingen der Blätter.

Oben: Weinranken mit Reben

Rechte Seite, oben: Wilder Wein in der Herbstfärbung

Rechte Seite, unten: Winter- und Frühjahrsaspekt eines Knöterich-Bewuchses

unten: Clematis

Abgesehen von diesen Vorteilen für den Menschen bieten Kletterpflanzen Kleinlebewesen wie Insekten und Spinnen Lebensraum. Die Singvögel finden dadurch Nahrung und bauen häufig sogar ihre Nester im Blattwerk. In Efeuwänden brüten Amsel, Zaunkönig und Rotkehlchen besonders gerne. Der Efeu nimmt unter den Pflanzen eine Sonderstellung ein, weil seine Beeren von März bis Mai reifen, also zu einer Zeit, zu der es sonst nirgends Beeren gibt. Wem es unangenehm ist, wenn ab und zu eine Spinne sich in die Wohnung verirrt, kann durch Fliegendraht an den Fenstern das Kleingetier aussperren.

Der herbstliche Blattwurf aller nicht immergrünen Kletterpflanzen und die damit verbundene Arbeit sollten nicht von einer Fassadenbegrünung abhalten, lassen sich doch die Blätter leicht kompostieren.

Auch die Befürchtung, der Putz würde durch Haftwurzeln zerstört, ist längst widerlegt. Sofern der Putz nicht schon vorher schadhaft war, können Haftwurzeln von Efeu und Wildem Wein nicht zerstören, sondern schonen den Putz. Es entstehen weniger Risse, da die Aufheizung und das Eindringen von Wasser verringert wird. Nur wenn der Putz schon schadhaft ist, können verholzende Triebe in die Mauer gelangen und den Schaden eventuell vergrößern.

Das Regenwasser wird durch die Fassadenbegrünung von der Wand abgehalten, rinnt zu den Wurzeln oder wird verdunstet. Das Vorurteil, Pflanzenbewuchs mache ein Haus feucht, trifft also auch nicht zu. Neubauten sollte man allerdings erst begrünen, wenn die Wand trocken ist.

In seltenen Fällen ist es möglich, daß sich Spitzentriebe unter Dachziegeln verkeilen und diese bei weiterem Wachstum anheben. Das Dach wird dadurch windanfälliger (dagegen ist ein völlig überwuchertes Dach besonders sturmgeschützt!). Bei nur teilwei-

se überwachsenen Ziegeldächern sollten die Pflanzentriebe deshalb während der Hauptwachstumsphase gelegentlich kontrolliert und ggf. geschnitten werden.

Angesichts der vielen Vorteile und des geringen finanziellen Einsatzes für Kletterpflanzen wäre es jedem zu raten, darüber nachzudenken, wie er die zahlreichen Möglichkeiten nutzen kann, sein Haus mit Pflanzen zu verschönern, es zu schützen und gleichzeitig etwas für den Naturschutz zu tun.

Da Kletterpflanzen am Haus keine kurzfristige Angelegenheit sind, sondern über längere Zeit dort wachsen sollen, muß die Anpflanzung gut geplant werden.

Bei der Pflanzenauswahl sollte man darauf achten, insbesondere an Nord- und Ostseite Immergrüne wie die Efeuarten einzusetzen, deren Schutzwirkung das ganze Jahr anhält. An Süd- und Südwestseiten eignen sich Sommergrüne wie Rosen, Wilder Wein und Glyzinien.

Für die Neuanlage einer grünen Fassade muß man die unterschiedlichen Klettertechniken der Pflanzen kennen und berücksichtigen. Nur wenige Kletterpflanzen, und zwar solche mit Haftwurzeln oder Haftscheiben, kommen ohne Kletterhilfen aus. Für Schlingpflanzen spannt man senkrecht Drähte, an denen sie sich emporwinden können. Für zierliche Kletterpflanzen, wie Clematis und alle Einjährigen, kann der Draht über lange Haken beliebig geführt werden. Der Abstand zur Wand sollte mindestens 5 Zentimeter betragen.

Kletterpflanzen mit Blatt- oder Sproßranken sowie Spreizklimmer brauchen ein Spalier aus rechteckig, quadratisch oder rautenförmig angeordneten Latten, an denen sie sich festhalten können oder an die man sie vorsichtig bindet. Diese Holzspaliere kann man aus Dachlatten, die man übereinander mit Dübeln an der Wand

Efeu - eine beliebte Fassadenbegrünung

befestigt, selber bauen. Dabei empfiehlt es sich, die Kreuzungspunkte der Dachlatten noch zusätzlich mit Abstandhaltern aus Holz in Dachlattenstärke zu unterlegen. Selbstverständlich sollte man nur umweltfreundliche Holzschutzmittel verwenden. Gute Erfahrungen wurden auch mit Baustahlmatten gemacht.

Vorgefertigte Holzgitter, die in Heimwerkergeschäften erhältlich sind, eignen sich z. B. für Rosen, Clematis, Trompetenwinde oder Geißblatt. In allen Gartenzentren werden auch kunststoffüberzogene Stahlspaliere als komplette Sets mit Dübeln, Schrauben und Abstandhaltern angeboten. Sie eignen sich für alle Kletterpflanzen. Alle Gerüste können in an der Wand eingebrachten Haken eingehängt werden.

Den Boden für die Kletterpflanzen sollte man, falls es nicht gute Gartenerde ist, mit Kompost oder Rindenhumus, Gesteins- oder Hornmehl verbessern. Torf sollte nicht verwendet werden.

Das Pflanzloch muß 60 x 40 cm groß und 80 cm tief sein. Bei stark verdichtetem Untergrund empfiehlt es sich, ein noch größeres Pflanzloch auszuheben. Die Pflanzballen werden in gut angefeuchtetem Zustand so eingesetzt, daß der obere Rand auf einer Ebene mit der Bodenfläche zu liegen kommt. Dabei sollten die Jungpflanzen möglichst nah an die Wand gesetzt werden, damit sie es bei den ersten Kletterversuchen nicht zu weit haben. Die besten Pflanzzeiten sind das zeitige Frühjahr und der Herbst.

Die nebenstehende Tabelle gibt eine Übersicht über die gebräuchlichsten Kletterpflanzen, ihre Eigenschaften und ihre Bedürfnisse.

Bücher zum Thema

"Begrünte Architektur" von Rudi Baumann. Erschienen im Verlag Callwey, München. 244 Seiten mit 93 Farb- und 337 Schwarzweißbildern.

"Das begrünte Haus", herausgegeben von der Forschungsgesellschaft Landschaftsentwicklung, Landschaftsbau. Verlag C. F. Müller, Karlsruhe. 119 Seiten mit 120 Abbildungen, davon 56 in Farbe.

"Häuser mit grünem Pelz" von Gernot Minke und Gottfried Witter. Erschienen im Verlag Dieter Fricke, Frankfurt. 128 Seiten mit 180 Abbildungen, 30 davon in Farbe.

"Das Naturhaus" von Rudolf Doernach und Gerhard Heid. Erschienen im Verlag Wolfgang Krüger, Frankfurt. 91 Seiten mit 72 farbigen Abbildungen.

"Mut zu grünen Wänden", eine Informationsbroschüre des Senators für Stadtentwicklung und Umweltschutz in Berlin. Erhältlich u. a. beim Zentralverband Gartenbau, Kölner Straße 142, 5300 Bonn - Bad Godesberg, oder beim Bund deutscher Baumschulen (BdB), Postfach 12 29, 2080 Pinneberg.

"Kletterpflanzen" von Martin Haberer, Falken-Verlag, 63 Seiten, 70 Farbfotos.

"Kletterpflanzen" von Karl Ludwig, 127 Seiten, 64 Farbfotos.

Kletterpflanzen

Pflanzennamen	maximale Höhe in m	Wuchs	Kletterhilfe nötig	Bevorzugte Wandseite	Vermehrung	Bemerkungen VS = Vogelschutzgehölz VN = Vogelnährgehölz IW = Insektenweide IR = Insektenreich F = besonders wichtig für Falter
Baumwürger *(Celastrus orbiculatus)*	7	schnell	ja	SW, SO	Hartholzstecklinge von Oktober-November; Absenker, Samen	zweihäusig; laubabwerfende Kletterpflanze mit leuchtend orangeroten Beeren; verträgt keine Staunässe und keinen kalkhaltigen Boden
Blauregen *(Wisteria sinensis)*	10	mittel	ja	SW, S	Schößlinge	IW; braucht tiefgründigen nahrhaften Boden und regelmäßige Düngung;
Efeu *(Hedera helix)*	20	langsam	nein	W, N, O	Stecklinge vom halbreifen Holz im Juli-August oder vom Hartholz (15 cm lang) im November	VS, VN, IW; robuste immergrüne Kletterpflanze; im Winter an frostfreien Tagen gießen
Geißblatt *(z. B. Lonicera heckroti)*	4	mittel	ja	W, O	Hartholzstecklinge von September-November	IW, IR, F; lange blühend, duftende Blüten; liebt tiefgründigen nahrhaften Boden und Mulch im Wurzelbereich
Hopfen *(Humulus lupulus)*	6	schnell	ja	W, O	Anleger und Ausläufer	zweihäusig; Blüte Juli-August; zapfenartige, hängende Früchte; gelegentlich düngen, bei Trockenheit gut wässern
Kletterhortensie *(z. B. Hydrangea petiolaris)*	7	mittel	sinnvoll	W, O	von August-September von halbreifem Holz, von Juni-Juli 7 cm lange Weichholzstecklinge; Absenker	weiße Dolden im Juni-Juli; man muß anfangs etwas Geduld haben, bis die Hortensie sich eingelebt hat
Kletterrose *(Rosa-Arten)*	5	mittel	ja	S	nur in Baumschulen; Stecklinge sind möglich, aber nicht zu empfehlen	Sortenempfehlungen: Sympathie (tiefrot), New Dawn (weißrosa), Goldstern (gelb), Lawinia (reinrosa), Ilse Krohn (weiß)
Kletter-Spindelstrauch *(Euonymus fortunei)*	3	langsam	sinnvoll	alle	Stecklinge im Sommer	für Detailbegrünung; Bewässerung an frostfreien Tagen; als Bodendecker geeignet
Knöterich, auch Klettermaxe und Architektentrost genannt *(Polygonum auberti)*	15	schnell	ja	S, O, W	Oktober Hartholzstecklinge von 22-30 cm	IW; wächst sehr üppig, blüht am schönsten in der Sonne, liebt Mulch im Wurzelbereich
Pfeifenblume *(Aristolochia macrophylla)*	10	mittel	ja	alle	nur in Baumschulen	Kletterpflanze mit großen dekorativen Blättern, aber unscheinbaren Blüten
Trompetenwinde *(Campsis radicaus)*	8	langsam	sinnvoll	S	Absenker im Herbst oder Frühling	liebt nährstoffreichen durchlässigen Boden; in Trockenzeiten wässern und mulchen; wunderschöne exotisch wirkende Trichterblüten
Waldrebe *(Clematis)*	10	schnell	ja	SW, SO	Stecklinge von halbreifem Holz im Juli, Absenker im März	zwei Formen: kleinblütige Wildarten und großblumige Hybriden; der Fuß der Pflanze muß beschattet sein; bei Trockenheit gießen
Weinrebe *(Vitis vinifera)*	10	mittel	ja	S	nur in Baumschulen	wenig schädlingsanfällige Sorten: Auguste Luise, hell, früh; Siegler, rot, sehr früh
Wilder Wein *(Partenocissus tricuspidata)*	15	schnell	nein	S, O	keine Stecklinge, da veredelt	schönes Herbstlaub
Winterjasmin *(Jasminum nudiflorum)*	5	langsam	ja	S	Absenker, Samen	Winterblüher; vor kalten Winden schützen, Wurzelbereich mulchen

Bachrenaturierung – eine Jahrhundertaufgabe

Bernd Lampe

Seit Mitte der 70er Jahre wurde viel Geld in den Bau von Kläranlagen investiert. In der Bundesrepublik Deutschland wurden allein zwischen 1975 und 1985 über 8 Milliarden DM an staatlichen Zuschüssen und über 2 Milliarden DM an zinsgünstigen Krediten für Abwasseranlagen gewährt (Martin 1985/86). Heute sind etwa 85 % der niedersächsischen Bevölkerung an Kläranlagen mit einer mechanisch-biologischen Grundreinigungsstufe angeschlossen (LBU 1987). Werden weitere Anforderungen an die Kläranlagentechnik konsequent verfolgt und durchgesetzt (z. B. in bezug auf De-/Nitrifikation, Phosphatfällung), ist das Erreichen der Gewässergüteklasse II in Fließgewässern keineswegs illusorisch.

Während also die Wasserwirtschaft seit gut einem Jahrzehnt zweifellos Erfolge bei der Verbesserung der Wasserqualität verbuchen kann, steht Niedersachsen hinsichtlich der strukturellen Veränderung der Fließwasserbiotope in Richtung auf ihre naturnahe Gestaltung noch am Anfang. Die von Naturschützern und weitsichtigen Wasserwirtschaftlern bereits in den 60er Jahren geforderte Wende im Wasserbau steht - von wenigen Ausnahmen abgesehen - weiterhin aus.

Die Folgen eines Gewässerausbaus sind weitreichend

Fließgewässer gehören zu den Lebensräumen, die in besonderem Maße von Umgestaltung und Zerstörung betroffen sind. Um Hochwasser schneller abzuführen und somit die Talauen besser und unter vermindertem Risiko für Wirtschaft, Siedlungen, Verkehr und vor allem Landwirtschaft nutzen zu können, wurden Fließgewässer begradigt und in Betonbahnen gebändigt. Obwohl man ein Großteil der Fließgewässer bereits im 19. Jahrhundert begradigt hat, wurden in der Bundesrepublik Deutschland allein von 1960 bis 1970 noch rund 25.000 km Bachläufe kanalisiert, in Betonschalen verlegt oder gar verrohrt (Zucchi/Zwafelink 1987). Heute sind nur noch weniger als 10 % der Fließgewässer in ihrem ursprünglichen Verlauf erhalten (Heydemann 1980). Bei einer Kartierung der für den Naturschutz wertvollen Bereiche in Niedersachsen wurden von den 133.000 km Fließgewässerstrecke lediglich noch 3000 km als "naturnah" eingestuft.

Die negativen Folgen der Strategie, möglichst jeden Tropfen Wasser so schnell wie möglich dem Meer zuzuführen, sind weitreichend. So gelten alle naturnahen Pflanzengesellschaf-

ten der Bachauen und rund zwei Drittel aller Fließgewässerlibellen und -fische als ausgerottet bzw. bestandsbedroht; und diese Liste ließe sich beliebig fortsetzen.

Selbst der ursprünglich angestrebte Hochwasserschutz wurde nicht erreicht. Durch Abkoppelung der Aue vom Fließgewässer, Laufverkürzung, Abflußbeschleunigung, Nutzungsänderungen und Flächenversiegelungen wurde das Hochwasserproblem noch verschärft und lediglich in die großen Flußtäler verlagert. Die sich in jüngster Zeit häufenden Spitzenhochwasser an Weser, Aller und Leine (z.B. 1981, 1983, 1986/87, 1988) sind ein Beleg dafür. Umgekehrt ist der Effekt in Trockenzeiten, wenn durch die schnelle Wasserabführung - die zunehmende Trinkwassergewinnung aus Grundwasser tut ein übriges - die Grundwasserreservoire nur noch unzureichend aufgefüllt werden. Der Wasserstand pendelt zwischen den Extremen Hochwasserspitze und Trockenheit, da die Landschaft ihre puffernde Wirkung auf den Wasserhaushalt verloren hat.

Die schnelle Wasserabführung hat auch negative Auswirkungen auf die Wasserqualität, da die Selbstreinigungskraft der Gewässer reduziert und die Filterwirkung der ehemals regelmäßig überschwemmten Aueböden ausgeschaltet wird. So ist der besorgniserregende Nitratanstieg im Grundwasser u. a. damit zu erklären, daß der Nitratabbau (Denitrifikation) - gebunden an organisches Material und sauerstoffarmes Milieu - in den zunehmend entwässerten und damit sauerstoffreichen, aber an Humus verarmenden Aueböden, nicht mehr in ausreichendem Maße stattfindet.

Bei alledem ist der gesetzlich verankerte "ordnungsgemäße" Wasserabfluß nur durch kostspielige, regelmäßig zu wiederholende Unterhaltungsmaßnahmen (z. B. Entkrauten, Mähen, Sohlräumung) zu gewährleisten. Der Mensch muß hier Leistungen erbringen, die in einem intakten Ökosystem unnötig sind.

Abb. 1: Begradigter Bach mit zu geringem Abstand zum Feld

Abb. 2: Schaffung eines mäandrierenden Bachlaufs

Abb. 3: Natürlicher Bachlauf

Gesetzeslage

Angesichts der weitreichenden Folgen, die mit der Zerstörung und Belastung der Fließgewässer und ihrer Auen verbunden sind, erscheint es dringend geboten, sie in einen naturnahen Zustand zurückzuversetzen. Die Rechtslage in Niedersachsen gewährt allerdings selbst den naturfeindlichsten Ausbauten praktisch Bestandsschutz (§ 98; Abs. 4 NWG). Wesentlich umweltfreundlicher sind demgegenüber die Bestimmungen des Hess. Wassergesetzes, die zwingend vorschreiben, naturfern ausgebaute Gewässer in einem angemessenen Zeitraum wieder in einen naturnahen Zustand zu versetzen (§ 46, Abs. 2). Hessen ist derzeit das einzige Bundesland mit einem Sonderetat zur naturnahen Gestaltung von Fließgewässern (rd. 22 Mio DM zwischen 1984 und 1986). Die gesetzlich verankerte Rückbauverpflichtung - übrigens 1980 auf Antrag der Hessischen CDU-Fraktion eingebracht - könnte Vorbild sein für das zur Zeit zur Novellierung anstehende NWG. Auf einen solchen "Rückbau-Paragraphen" fußend könnte man auch den fortschrittlichen Kräften in den Unterhaltungsverbän-

den und Gemeinden den Rücken stärken.

Bisher können sich nämlich die Befürworter von Gewässerausbaumaßnahmen aus Wasserwirtschaft und Unterhaltungsverbänden bei jedem Renaturierungsansinnen auf den Paragraphen 98, Abs. 1 der NWG berufen, der den Unterhaltungspflichtigen die Aufrechterhaltung eines "ordnungsgemäßen Zustandes" für den Wasserabfluß aufträgt. Deshalb ist es z. B. auch nach wie vor nicht opportun - unsere Gewässerkartierungen in Hess.-Oldendorf und Hameln bestätigen das - Gehölze (etwa Erlen und Weiden) im Bereich des Böschungsfußes zum Zwecke der Ufersicherung zu pflanzen. Sie würden - was durchaus zutrifft - das Bachprofil einengen und damit den gewünschten ordnungsgemäßen Wasserabfluß verhindern. Letzteres trifft allerdings nur in den seltensten Fällen zu, da die ausgebauten Bäche größtenteils überdimensioniert sind. Diese übrigens selbst von vielen Wasserbauingenieuren nicht bestrittene Tatsache konnte Detlef Meyer für den Großraum Hannover in den letzten Jahren eindrucksvoll nachweisen. So stellte er 1981 und 1986/87 - in diesen Jahren wurden nach dem Jahrhunderthochwasser von 1946 die höchsten Pegelstände gemessen - fest, daß der überwiegende Teil der Leine-Zuflüsse das durch Extremwetterlagen mit Dauerregen und Tauwetter entstandene Hochwasser verkraften und ableiten konnte. Nur an ganz wenigen Stellen kam es zu Überschwemmungen und Ausuferungen (ALG 1987).

Wenn dem so ist - und meine Erfahrungen im Raum Hameln (1988) und Hess.-Oldendorf (1986-1988) bestätigen das - dann müssen sich daraus Konsequenzen für die Gewässerunterhaltung ergeben. Denn der Grundsatz des NWG (§ 2 Abs. 1) besagt u.a., daß die Gewässer so zu bewirtschaften sind, daß sie dem Wohl der Allgemeinheit dienen und jede ver-

Tab. 1: Möglichkeiten zur Bachrenaturierung mit Berücksichtigung unterschiedlicher Voraussetzung

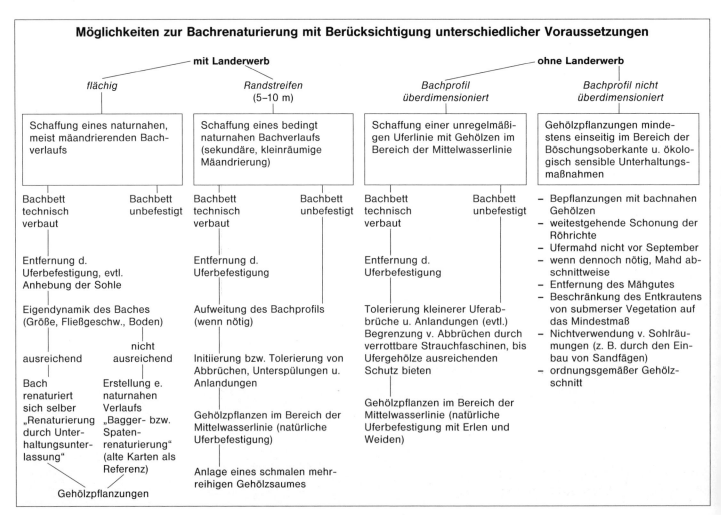

meidbare Beeinträchtigung unterbleibt. Bei einem überdimensioniert ausgebauten Gewässer sind demnach Unterhaltungsmaßnahmen, wie Entkrauten, Ufermahd, Gehölzschnitt, Grundräumung oder die Beseitigung von Kiesbänken, Anlandungen und Uferbrüchen häufig nicht notwendig, um den Wasserabfluß zu gewährleisten. Damit können diese unzulässigen weil vermeidbaren Beeinträchtigungen entfallen (vgl. NWG § 2 Abs. 1). Es wäre deshalb denkbar, die Unterhaltungsverbände für solche seit langem nicht überschwemmten und ausgeuferten Gewässer (nach § 98, Abs. 4) von ihrer Unterhaltungspflicht teilweise zu entbinden bzw. eine das Ufer auf natürliche Weise festigende Gehölzpflanzung im Bereich der Mittelwasserlinie vorzuschlagen. Von den Wasserbehörden muß die Überprüfung aller nicht ausufernden Gewässerstrecken gefordert werden. Insbesondere sind die aktuellen Querprofile der Fließgewässer mit den alten Berechnungsgrundlagen (meist 10-jähriges Hochwasser) zu vergleichen, und gegebenenfalls ist darauf einzuwirken, daß ökologische Verbesserungsmaßnahmen erfolgen. Diese Untersuchungen könnten im Rahmen der bereits anlaufenden Erstellung von Unterhaltungsrahmenplänen - durch Arbeitsbeschaffungsmaßnahmen erfolgen. Der Kreis Hameln-Pyrmont hat bereits einen Wasserbauingenieur mit ähnlicher Zielsetzung eingestellt.

Die Zeit für eine Wende im Wasserbau ist günstig

Das Niedersächsische Umweltministerium stellt in absehbarer Zeit erstmals Gelder für Fließgewässerrenaturierung zur Verfügung. Damit sollen vornehmlich Rückbaumaßnahmen an den Gewässern gefördert werden, die im Niedersächsischen Fließgewässer-Schutzsystem (Dahl 1986) als "Hauptgewässer" ausgewiesen sind. Inwieweit auch andere Projekte förderungswürdig sind, konnte vom Umweltministerium noch nicht abschließend beantwortet werden. Der niedersächsische Umweltminister Remmers setzt sich persönlich für Uferrandstreifen von 5 m Breite und eine in Teilbereichen zeitlich begrenzte Aussetzung von Unterhaltungsmaßnahmen ein (z.B. an der Emmer).

Die Einführung von Unterhaltungsrahmenplänen wird zunehmend zu einer ausgewogenen Abwägung zwischen Wasserwirtschaft und Ökologie führen. Für den Hochwasserschutz steht den Wasserbauingenieuren seit neuestem ein Rechenmodell zur Verfügung (Flußgebietsmodell), mit dem die Wirksamkeit von dezentralisierten Wasserrückhaltemöglichkeiten zur Vermeidung von Hochwasser gezeigt werden kann (Information: Ing. Büro Schinke, Hameln). Nicht zuletzt verbessert die allgemeine Tendenz zu Flächenstillegungen und die zunehmende Bereitschaft vieler Landwirte, Flächen zu verkaufen, zu verpachten oder zu extensivieren, die Voraussetzung für Renaturierungsmöglichkeiten. Hier müssen jedoch alle Beteiligten in Zukunft stärker darauf hinwirken, daß besonders Flächen im Auenbereich zur Verfügung gestellt werden.

Erste Pilotprojekte

Bereits die heutige Rechtslage läßt mehr ökologische Verbesserungen an den Gewässern zu, als gemeinhin behauptet wird. Im folgenden sollen wichtige Aspekte einer naturnahen Bachgestaltung anhand zweier Pilotprojekte kurz dargestellt werden.

Als nachahmenswertes Beispiel für eine Gewässerrenaturierung kann der vom Kreis Hameln-Pyrmont vorgenommene Ankauf von bachnahen Flächen angesehen werden. Durch ihre Anbindung an Flächen der Stadt Hess.-Oldendorf und an Gelände des DBV ist es nunmehr möglich, dem begradigten Osterholzer Bach (III. Ordnung) auf einer Länge von rund 1,5 km einen naturnahen, mäandrierenden Bachlauf wiederzugeben. Das Projekt selbst wird vom DBV-Hess.-Oldendorf durchgeführt. Der erste Abschnitt (ehemals fast 200 m Verrohrung) ist bereits fertiggestellt. Durch die gleichzeitige Anhebung des Gewässerbettes auf Geländeniveau konnte eine Wiedervernässung der angrenzenden Wiesenflächen und damit eine wirkliche Renaturierung der Bachaue erreicht werden. Auch mit regelmäßigen Ausuferungen - wie im Frühjahr 1988 bereits geschehen - ist jetzt wieder zu rechnen.

Ein weiteres Pilotprojekt wurde von der Arbeitsgemeinschaft Limnologie und Gewässerschutz (ALG) an der Ihme durchgeführt. Das Projekt beruht auf der Erkenntnis, daß Fließgewässer von Natur aus die Tendenz haben, ihren Lauf zu verlängern. Der Bach renaturiert sich quasi selber ("Renaturierung durch Unterhaltungsunterlassung").

Dieser ökologisch sensible und zudem kostengünstige Ansatz ist der sonst oft üblichen "Bagger- oder Spatenrenaturierung" so weit wie möglich vorzuziehen. Voraussetzung ist jedoch, daß der Bach seine Eigendynamik entfalten kann. Hierzu sind - wie an der Ihme geschehen - gegebenenfalls die Uferbefestigungen zu entfernen. Sind Ausuferungen angestrebt, ist das fast immer eingetiefte Bachbett anzuheben. Der Eingriff ist meist vertretbar, da sich gezeigt hat, daß eine Wiederbesiedlung sehr schnell erfolgt. Schwieriger sind die Verhältnisse bei kleinen langsam fließenden Bächen, insbesondere bei stark lehm- bzw. tonhaltigem Boden. Hier reicht die Eigendynamik oft nicht aus, so daß dem Bach entweder Starthilfen oder auch ein ganz neuer Verlauf vorgegeben werden müssen (wie am Osterholzer Bach).

Renaturierung durch schmale Randstreifen

Wo keine bachnahen Flächen zur Verfügung stehen - und das wird auch in Zukunft der "Normalfall" sein - können ebenfalls Maßnahmen ergriffen werden, die die Artenvielfalt bzw. die ökologische Wertigkeit erhöhen, ohne den "ordnungsgemäßen Wasserabfluß" zu verhindern. Hier hängt vieles davon ab, inwieweit ein Bachprofil überdimensioniert ist. In solchen Fällen ist zumindest durch Gehölzpflanzungen im Mittelwasserbereich die Schaffung einer unregelmäßigen, sich leicht schlängelnden strukturreichen Uferlinie möglich. Wird darüber hinaus noch ein 5 - 10 m breiter Randstreifen erworben, kann in den meisten Fällen (gegebenenfalls nach einer Profilaufweitung) eine kleinräumige Mäandrierung erreicht werden. Nach einiger Zeit hat sich der Rauhigkeitsbeiwert des Baches so erhöht (Ausholzungen, Wurzeln, Anlandungen u. a.) und damit die Fließgeschwindigkeit so verringert, daß mit keiner weiteren Vergrößerung der Mäander zu rechnen ist (bei entsprechender Ufersicherung durch Gehölze). V. Luckwald (1985) konnte an einem unbefestigten, gehölzlosen aber mäandrierenden Emmerabschnitt durch Vergleich von Luftbildern (1966 und 1982) diese Tatsache eindrucksvoll nachweisen. Der über 10 m breite Fluß hatte seinen Lauf innerhalb von 16 Jahren (trotz flacher Tallage) nicht verändert.

Naturnahe Bäche im Interesse aller

Die Bedeutung eines naturnahen Fließgewässersystems für den Wasser- und Naturhaushalt ist unbestritten. Die Forderungen der Wasserwirtschaft und des Naturschutzes können unter bestimmten Voraussetzungen durchaus deckungsgleich sein. So strebt der Arbeits- und Kostenaufwand für Unterhaltungsmaßnahmen bei einem naturnahen, gehölzbestandenem Gewässer gegen Null. Böttger (1986) hat bei einer Renaturierungsmaßnahme am Unteren Schierenseebach (Schleswig-Holstein) dokumentiert, daß sich allein durch die Bepflanzung mit standortgerechten Gehölzen die jährlich aufgewendeten Stunden für Unterhaltungsarbeiten innerhalb von 8 Jahren (1977 - 1984) von 350 auf 25 verringerten. Es dürfte sicherlich im Interesse aller sein, die jährlich anfallenden Kosten für Gewässerunterhaltung (in Niedersachsen ca. 80 Mio. DM) in ähnlicher Weise zu senken. Allein mit der Freisetzung von 40 Mio. DM könnten jährlich an mindestens 1000 km Bachstrecke 5 m breite Randstreifen (beidseitig) erworben werden.

Abb. 4: Steinschüttungen sind an kleinen Bächen fast immer überflüssig. Sie verhindern die Bildung von Unterständen durch Wurzeln.

Literatur

Zucchi, H./Zwafelink, K: Lebensadern in der Landschaft. In: Naturschutz heute 3/1987
Martin, W. (Hrsg.): Biologische Abwasserreinigung im Haus, Freiburg 1985/86
LBU (Hrsg.): Umweltinformationen für Niedersachsen - Abwasser. Februar 1987
DBV-Hess.-Oldendorf (Hrsg): Fließgewässer: gestern - heute - morgen, Hess.-Oldendorf 1987
ALG (Hrsg.): Ein Jahrzehnt im Dienste des Gewässerschutzes, Hannover 1987
Dahl, H-J.: Das niedersächsische Fließgewässerschutzsystem - Referat - . Laufen/Salzach 1986
v. Luckwald, G.: Ökologische Untersuchungen im Emmertal unter besonderer Berücksichtigung des Fließgewässers. Diplomarbeit, Helpensen 1985

Ein Platz für Fischotter

Norbert Prauser

Abb. 1: Fischotter bei der Mahlzeit

Es war einmal - halt: Zwar sind Fischotter schon in früheren Jahrhunderten zu Fabelwesen der Mythologie erklärt worden, aber noch ist es nicht wie im Märchen, noch ist diese Tierart nicht von allen unseren Gewässern verschwunden. Allerdings ist der Bestand dieser noch im letzten Jahrhundert in ganz Deutschland flächendeckend verbreiteten Tierart mit dem lateinischen Namen *Lutra lutra* schon derartig dezimiert, daß Fischotter seit Jahren in der Roten Liste der gefährdeten Tier- und Pflanzenarten in der Rubrik "vom Aussterben bedroht" verzeichnet sind. Im Jahre 1968 wurde zwar die im letzten Jahrhundert unter dem Motto "Tod dem Otter" begonnene Verfolgung des Fischotters durch die Festlegung einer bundesweiten ganzjährigen Schonzeit unterbunden, die Zerstörung geeigneter Lebensräume hält jedoch weiter an.

Und Lebensraum braucht der Fischotter nicht zu knapp: Bis zu 40 km eines Fließgewässers werden unter günstigen Bedingungen von einem dieser 120 cm langen und 12 bis 15 kg schweren Wassermarder genutzt. Auf seinen ausgedehnten nächtlichen Wanderungen entlang der Gewässer hält sich der Fischotter gleichermaßen im Wasser und an Land auf. Englische Forscher stellten fest, daß die von ihnen untersuchten Tiere während der Aktivitätszeit immer mehrere, zum Teil hunderte von Metern auseinander liegende Unterschlupfplätze am Ufer aufsuchten. Längere Wanderungen werden oft schwimmend zurückgelegt. Der Speisezettel der sehr geschickt schwimmenden und tauchenden Fischotter ist abwechslungsreich. Zwar stellen Fische wie Flußbarsch und Plötze, aber auch Hecht und Forelle mit einer Länge von 10 bis 20 cm den Hauptteil seiner Nahrung, aber es werden je nach Saison auch Frösche, Mäuse, Krebse und Wasservögel erbeutet.

Der Fischotter zeigt im Vergleich zu Dachs oder Iltis, die derselben biologischen Familie der Marderartigen angehören, deutliche Anpassung an den Gewässer-Lebensraum: Gut ausgeprägte Schwimmhäute, stromlinienförmiger Körperbau und die fast auf einer Linie liegenden Sinnesorgane Nase, Auge und Ohr erlauben den

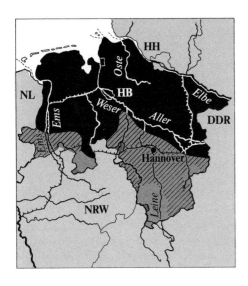 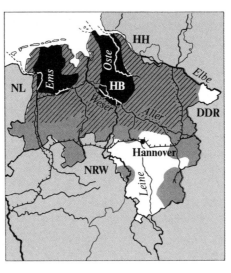 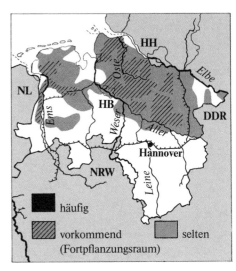

Abb. 2: Rückgang des Fischotters in Norddeutschland

Tieren, sich im Wasser in optimaler Weise fortzubewegen und ihre Umwelt nahezu unbemerkt erkunden zu können. In einem weiteren Punkt scheinen sich Fischotter nach bisherigen Beobachtungen von den anderen Mitgliedern der Marderfamilie zu unterscheiden: Sie haben offenbar keine feste Fortpflanzungszeit. Nachweise über Würfe und Jungtiere existieren aus jeder Jahreszeit. Die hierzu vorliegenden Daten müssen aber noch durch detaillierte wissenschaftliche Untersuchungen weiter untermauert werden.

Neben der noch notwendigen Klärung verschiedener Fragen zur Biologie und zum Verhalten der Fischotter muß auch dringend weitere Grundlagenforschung über die Ursachen der rückläufigen Bestandsentwicklung durchgeführt werden. Bekannt, zum Teil aber noch nicht eingehend untersucht, sind eine ganze Reihe von Gefährdungen. Hierzu gehören neben dem Straßenverkehr, durch den eine nicht unerhebliche Anzahl von Fischottern getötet wird, auch die Reusen, die zur Fischerei oder gerade auch in kleinen Fließgewässern zur Bisambekämpfung gestellt werden und in denen Fischotter ertrinken können. Daneben führen in unserer stark genutzten Zivilisationslandschaft auch so vielfältige Störungsquellen wie Angeln, Bootsverkehr oder wildes Zelten von Fall zu Fall zu Streßsituationen und zur Beunruhigung der letzten Fischotter. Dabei geht es gar nicht so sehr darum, daß Fischotter durch eine bestimmte der am oder im Gewässer ausgeübten menschlichen Aktivitäten beeinträchtigt werden. Es ist vielmehr die Summe der innerhalb kurzer Zeitintervalle oder auch gleichzeitig an verschiedenen Abschnitten verursachten Störungen. Überaus negative Folgen hat die Verschmutzung unserer Gewässer. Indirekte Auswirkungen auf den Fischotterbestand kann z.B. die durch Abwassereinleitungen in einem Gebiet veränderte Nahrungsgrundlage haben, direkte Auswirkungen werden beispielsweise in zunehmendem Umfang den in das Wasser eingetragenen, langlebigen Umweltgiften nachgesagt. Zu diesen hochgradig gefährlichen Stoffen mit ihrer schleichenden Giftwirkung zählt auch die Chemikaliengruppe der polychlorierten Biphenyle (PCB), die vielfach in Hydraulikflüssigkeiten und in Kühlmitteln sowie in Kunststoffen verwendet wurden. Diese Produkte wirken sich bei vielen Säugetieren sehr nachhaltig auf den Hormonhaushalt aus. Darüber hinaus ist der Rückgang unseres Fischotterbestands überwiegend begründet in der stetigen Zerstörung des Lebensraumes der Tiere: Ausgedehnte Sumpfgebiete, Bruchwälder und Flußauen werden trockengelegt und kultiviert. Außerdem hat der Mensch zielstrebig viele der einst vielgestaltigen Fließgewässer zu monotonen Abflußrinnen umgebaut und ehedem unberührte Stillgewässer zu Freizeitparks mit Massenbetrieb umfunktioniert.

Abgelegene, ungestörte und dicht bewachsene Gewässerabschnitte aber braucht der Fischotter zur Jungenaufzucht und zur Anlage von Wohnbauten, außerdem Flachwasserbereiche zum Beutefang. Schließlich ist auch der notwendige gute Fischbestand von der Gewässerstruktur abhängig. Leider ist der allein nach technischen Gesichtspunkten betriebene Ausbau unserer Gewässer noch nicht zum Stillstand gekommen. Allmählich werden allerdings auch in den für die Gewässerunterhaltung zuständigen Behörden und Institutionen Stimmen lauter, die die stärkere Berücksichtigung ökologischer Belange fordern. Und neben strengeren gesetzlichen Aufla-

Abb. 3: Fischotter in seinem Lebensraum

gen zur Wasserreinhaltung ist gerade die schonende Pflege und die Renaturierung von Gewässern eine wesentliche Voraussetzung für die Erhaltung unserer letzten Fischotter.

Der notwendige Schutz durch das Washingtoner Artenschutzabkommen, das den Handel mit diesen Tieren unterbindet, allein reicht nicht aus. Gerade in Gebieten, in denen Fischotter noch vorkommen, ist es von größter Bedeutung, Lebensräume zu erhalten oder wieder instandzusetzen. Erst ein umfassender Biotopschutz, zu dem sich die Bundesrepublik Deutschland nach der Berner Konvention zum Schutz der Lebensräume für Tier- und Pflanzenarten verpflichtet hat, kann das Überleben der Fischotter sichern. Dazu beitragen könnte auch ein von der Niedersächsischen Landesregierung seit Jahren angekündigtes, bisher aber noch immer nicht in die Praxis umgesetztes Fischotter-Lebensraum-Schutzprogramm, dessen Grundlage eine Kartierung ist, die nahezu 5000 km niedersächsischer Fließgewässer umfaßt.

Abb. 4: Das Otterzentrum

Das Otterzentrum

Zur Erhaltung der Fischotter beizutragen ist auch das besondere Anliegen der 1979 gegründeten Aktion Fischotterschutz e. V. Da das von dieser Organisation mitgetragene Fischotter-Forschungsgehege Oderhaus seitens der Niedersächsischen Landesforstverwaltung vorzeitig geschlossen wurde, hat der Verein aus eigener Initiative das in Europa einzigartige Otter-Zentrum in Hankensbüttel (Landkreis Gifhorn) gegründet.

Die Konzeption des Otter-Zentrums verfolgt dabei einen ganzheitlichen Ansatz: Forschung - Biotopschutz - Umweltbildung sind die Schlagworte, mit denen die Tätigkeitsbereiche dieser Institution beschrieben werden können.

Der Begriff "Forschung" steht dabei für das Angebot an die Hochschulen und Universitäten, die Einrichtungen des Otter-Zentrums für Untersuchungen zur Ethologie, Physiologie oder Morphologie der Fischotter zu nutzen. Parallel dazu und sehr praxisbezogen ausgerichtet sind die Aktivitäten des Otter-Zentrums hinsichtlich des Schutzes von Fischotter-Lebensräumen. Hierzu zählen beispielsweise Pflanzaktionen an Ufern und die Anlage von Fischotter-Rückzugsräumen. Ein umfangreiches, langfristig angelegtes Projekt befaßt sich mit der Renaturierung eines ganzen Fließgewässersystems vom Quell- bis zum Mündungsbereich. Mit diesem Vorhaben, an dem Wissenschaftler aus den Fachgebieten Landespflege, Zoologie, Botanik, Limnologie, Agronomie und Wasserbau beteiligt sind, wird zudem auch versucht, eine Verbreitungslücke zwischen den Fischotter-Vorkommen in Ost-Niedersachsen und der DDR wieder zu schließen.

Der Schutz der Fischotter und damit zusammenhängend der Schutz ihrer Lebensräume kann aber nur dann langfristig erfolgreich durchgeführt werden, wenn Institutionen, Behörden und Öffentlichkeit entsprechend über die Voraussetzungen für ein funktionierendes Ökosystem aufgeklärt sind. Im Otter-Zentrum wird deshalb auf einem 55.000 m^2 großen Freigelände ein breit gefächertes Bildungsangebot unterbreitet, das den Lebensraum der Tiere in den Vordergrund stellt. Den Besuchern werden in besonderen Aktivitäts- und Erlebnisbereichen Informationen zu Naturschutzproblemen nach dem Motto "Spiele und Lernen" vermittelt.

Und wer im Otter-Zentrum einmal die Gelegenheit nutzt, Fischotter in den naturnah gestalteten Gehegen bei ihren akrobatischen "Wasserspielen" zu beobachten, der wird sich wohl kaum der großen Faszination entziehen können, die diese Tierart unzweifelhaft ausübt.

Die Wiedereinbürgerung des Uhus – ein Spannungsfeld im Naturschutz

Peter Mannes

Journalistisch gesehen ist der Uhu ein "Selbstläufer". In einer Zeit, in der die Probleme im Umweltschutz mit immer längeren Negativbilanzen eskalieren, kann es nicht wundern, daß Themen mit positiver Tendenz hohen Marktwert haben. Alle großen Tageszeitungen, fast alle großen Magazine und Illustrierten berichteten in den letzten Jahren meist mehrfach und ausführlich über die Wiedereinbürgerung des Uhus. Rundfunk und Fernsehen brachten das Thema in vielen Kurzreportagen, aber auch in längeren Sendungen im Hauptprogramm.

Obwohl oder gerade weil die Wiedereinbürgerung des Uhus so nachhaltig zum Gegenstand des öffentlichen Interesses wurde, konnte Kritik nicht ausbleiben. Mit zunehmendem Erfolg wachsen auch ernstzunehmende Widerstände.

Die gegensätzlichen Pole des aktuellen Spannungsfeldes lassen sich wie folgt kennzeichnen: auf der einen Seite eine breite, oft enthusiastische und kritiklose Zustimmung in der Öffentlichkeit, auf der anderen Seite teils verdeckter Widerstand von vermeintlich betroffenen Interessengruppen, z.B. Artenschützern, Taubenhaltern, Jägern, teils offene und aggressive Kritik von Vertretern des privaten und behördlichen Naturschutzes und der Wissenschaft.

Erst Ausrottung, dann Wiedereinbürgerung

Einige Elemente dieser kontroversen Diskussion, die auch für die Wiedereinbürgerung anderer Beutegreifer typisch sind, sollen hier vorgestellt werden. Doch zum allgemeinen Verständnis der Situation sei zuerst eine Zusammenfassung der unstrittigen Fakten vorangestellt.

Der Uhu ist die größte europäische Eulenart. Noch zu Beginn des letzten Jahrhunderts war der Uhu in fast allen Regionen Deutschlands ein verbreiteter Brutvogel. Als Ergebnis einer intensiven, systematischen und mit hohen Prämienzahlungen forcierten Verfolgung brachen die Bestände des Uhus in wenigen Jahrzehnten nahezu völlig zusammen. Um die Jahrhundert-

Abb. 1: Ein "Uhu-Portrait"

wende war der Uhu in Deutschland auf so kleine isolierte Vorkommen an abgelegenen Orten zurückgedrängt, daß das Ende der letzten verbliebenen Uhus trotz nachlassender Bejagung nur eine Frage der Zeit war. So starben die letzten Uhupaare im Schwarzwald um 1920, im Westharz um 1937, in der Schwäbischen Alb um 1938 und in der Eifel um 1963.

Auch in Bayern, wo sich der Uhu im Altmühltal, in dem Frankenjura, im Bayerischen Wald und am Alpenrand bis 1950 mit insgesamt etwa 30 bis 50 Paaren behaupten konnte, waren die Vorkommen so sehr aufgesplittert, daß, wenn überhaupt, nur noch ein geringer Austausch zwischen den Gebieten möglich war.

Wenn man sich vergegenwärtigt, daß alle Beutegreifer einschließlich des Uhus für große Teile der Jägerschaft und der Geflügelhalter verhaßtes "Raubzeug" waren, so ist heute noch nachvollziehbar, wie katastrophal und letztlich hoffnungslos sich die Situation des Uhus für die Naturschützer darstellte. Trotzdem und trotz Anfeindungen, fehlendem "Know-how" und ungesicherter Finanzierung wagten einige mutige Artenschützer, das Experiment der Wiedereinbürgerung des Uhus anzugehen, so zum Beispiel als einer der ersten Sebastian Pfeiffer 1925 in der Schwäbischen Alb, Gerhard Haas und Alfons Klett 1956 im Oberen Donautal, Claus König 1967 im Südschwarzwald und schließlich Hubert Weinzierl 1965 in Bayern, und zwar erstmals in der Konzeption eines großangelegten, vom Deutschen Naturschutzring (DNR) getragenen Projektes.

In den 60er Jahren entwickelten sich auf Anregung der zuständigen staatlichen Vogelschutzwarten oder der Naturschutzministerien auch in den nördlichen Bundesländern Bestrebungen, die Wiedereinbürgerung des ausgerotteten Uhus zu organisieren. Dabei ging die erste wegweisende und konsequente Initiative, die die Wiederbesiedlung des Harzes zum Ziel hatte, von Rudolf Berndt aus.

Die Freilassungen erfolgten schließlich ab 1967 in Niedersachsen, ab 1968 in Rheinland-Pfalz, ab 1974 in Nordrhein-Westfalen und im Saarland und zuletzt ab 1983 in Schleswig-Holstein. Seit der DNR 1973 seine "Uhuschutzaktion" eingestellt hat, haben sich die bundesweit tätigen Artenschützer in einer privaten ungebundenen Vereinigung organisiert: die "Aktion zur Wiedereinbürgerung des Uhus" (AZWU). Sie wurde bis 1986 von Oswald von Frankenberg geleitet und wird seitdem von Wilhelm Bergerhausen koordiniert.

Inzwischen gibt es in allen Bundesländern Regionen, in denen regelmäßig Uhupaare mit Bruterfolgen nachgewiesen werden. Im südlichen Niedersachsen und in der Eifel konnte die Phase der Wiedereinbürgerung schon zugunsten eines aktiven Schutzmanagements abgeschlossen werden. Zur Zeit wird untersucht, ob diese Uhubestände - den nötigen Schutz vorausgesetzt - sich aus eigener Kraft erhalten können.

Die "Unnütz-These"

Etwa um 1960 erreichte der Bestand des Uhus in Bayern seinen absoluten Tiefstand. Seitdem werden wieder steigende Anzahlen ermittelt. Ungeachtet des Expertenstreits über die tatsächlichen damaligen und jetzigen Bestandszahlen wird heute angenommen, daß sich der Bestand des Uhus inzwischen etwa vervierfacht hat.

Alfons Förstel, der seit Jahrzehnten in Nordbayern im Uhuschutz engagiert ist, ermittelte 1983 nach aufwendigen Recherchen, daß in Bayern zwischen 1965 und 1982 von verschiedenen Aktionsgruppen teils öffentlich, teils geheim insgesamt etwa 300 Uhus in Freiheit gesetzt wurden. Den offensichtlichen zeitlichen Zusammenhang zwischen den Uhu-Aussetzungen und dem Bestandsanstieg wertet Förstel als Erfolg dieser Aktion. Nachweise dafür gelangen aber nur in 11 Fällen, da sich die ausgewilderten Uhus in Freiheit nicht von zugewanderten "Wilduhus" unterscheiden lassen, und nur Todfunde beringter Uhus einige Rückschlüsse erlauben.

Einhard Bezzel, ein international renommierter Ornithologe und Leiter des Instituts für Vogelkunde in Garmisch-Partenkirchen, listete 1986 dagegen einige Argumente auf, denen zufolge das Auswildern der Uhus "unnütz" und "sinnlos" ist und zog als Fazit den Schluß: "Das Aussetzen von Uhus hat in Bayern sicher keine Bedeutung für die Bestandsentwicklung gehabt."

Vergleicht man die Entwicklung in Bayern mit der in Niedersachsen, so erscheint die Glaubwürdigkeit der Behauptung von Bezzel eher durch das Renommée des Autors als durch nachvollziehbare Logik gestützt: In Südniedersachsen, wo, wie in ganz Norddeutschland, der Uhu schon seit Jahrzehnten ausgerottet war, wurden von 1967 bis 1982 343 Uhus ausgewildert. 1984, zu dem Zeitpunkt also, zu dem frühestens die 1982 ausgesetzten Uhus als Brutpaare nachweisbar waren, fanden Albrecht Jacobs im Weserbergland und der Verfasser im Harzgebiet insgesamt 22 Brutpaare! Weitere Bruten wurden aus den grenznahen Gebieten von Hessen, Westfalen und der DDR bekannt. Mit großer Wahrscheinlichkeit blieben auch einige Paare unentdeckt. Die 343 ausgewilderten Uhus und deren in Freiheit aufgezogene Nachkommen haben also einen Bestand von mindestens 30 Paaren ergeben.

Die Auflistung von Bezzel läßt keine Gründe erkennen, warum ausgerechnet in Bayern die entsprechenden Freilassungszahlen nicht zu ähnlichen Ergebnissen geführt haben sollen. Schließlich sind die Verhältnisse in einigen Regionen Bayerns offenbar für den Uhu günstiger als anderswo, denn warum sonst haben dort die letzten Uhus überlebt. Die ausgewilderten Uhus hatten in Bayern sogar den Vorteil, daß sie sich mit erfahrenen wilden Einzelvögeln verpaaren konnten oder in der Nähe vorhandener Paare neue Ansiedlungen begründen konnten. Es war somit die Voraussetzung gegeben, in relativ kurzer Zeit in einigen Gebieten die Siedlungsdichte

Abb. 2: Gefährliche Strommasten vor einem Brutrevier

so weit anzuheben, daß der Bestand künftig Verluste aus eigener Kraft hinreichend schnell ausgleichen kann. Die tatsächliche Bestandsentwicklung des Uhus während der Jahre der Auswilderungen, nämlich der auffällige Bestandsanstieg, entspricht diesem Denkmodell.

Auch die methodischen Wege, die in Bayern beschritten wurden, sprechen nicht gegen gute Erfolgsaussichten. Die Aktionen von Hubert Weinzierl, Hans Zahn, Manfred Bartl und Alfons Förstel waren ebenso wie die von Wolfgang Scherzinger im Nationalpark Bayerischer Wald (100 Freilassungen) wesentlich aufwendiger in der Durchführung als die späteren, routinierteren und gezwungenermaßen kostengünstiger organisierten Projekte in Norddeutschland.

Die Annahme, daß in Bayern mehr als 50 der ausgewilderten Uhus in Freiheit bestehen und mit Erfolg eigene Bruten aufziehen konnten, ist also durchaus begründet. Bei der geringen Ausgangsgröße des Bestandes der letzten Uhus war diese Größenordnung sicher nicht ohne Bedeutung, wahrscheinlich sogar zusammen mit den übrigen Schutzmaßnahmen der entscheidende Schritt überhaupt für die Rettung des Uhus.

Das Tierschutz-Argument

Eine erste Übersicht zur Situation der Wiedereinbürgerung des Uhus in Deutschland veröffentlichte die AZWU 1981. Das Verhältnis zwischen der Anzahl der ausgewilderten Uhus und der Anzahl der angesiedelten Brutvögel wurde darin mit 10 : 1 bis 17 : 1 beziffert. Dieses Zahlenverhältnis nehmen die Gegner der Wiedereinbürgerung zum Anlaß für heftige Kritik.

In dem neuen Standardwerk "Die Vögel Baden-Württembergs" schreibt Wolfgang Epple im Zusammenhang mit Wiedereinbürgerungsaktionen von "enormem Aufwand an Tieren" und "enormem Verschleiß". Für Laien mag diese Sichtweise plausibel sein. Jeder, der biologisch denken gelernt hat, weiß aber, daß nicht nur bei Kleinlebewesen wie Bakterien oder Insekten, sondern auch bei hochentwickelten Wirbeltieren wie Vögeln und Säugetieren ein "enormer Aufwand an Tieren", nämlich hohe Nachwuchsraten, eine übliche und "normale" Anpassungs- und Überlebensstrategie für den Erhalt der Arten ist. Wenn man sich vor Augen führt, daß ein Blaumeisenpaar mit zwei Jahresbruten 15 bis 20 Junge aufziehen kann, daß aber nur ein Jungvogel das erste Lebensjahr überstehen muß, um die durchschnittliche jährliche Todesrate der Elterngeneration von etwa 50 % auszugleichen, dann wird deutlich, mit welchem scheinbar verschwenderischen Spielraum biologische Prozesse arbeiten. Beim Uhu ist die Situation nicht prinzipiell anders; die jährliche Nachwuchsrate ist zwar mit durchschnittlich einem Jungen pro Paar relativ gering, durch die hohe Lebenserwartung der Altvögel kommen aber ebenfalls hohe "Überschüsse" zustande. Auch die Kritik an der Höhe der Freilassungszahlen, an dem "enormen Verschleiß an Tieren", läßt sich nicht aus biologischen Kenntnissen ableiten. Ein Ausschnitt von 1000 km² aus dem Verbreitungsgebiet des Uhus entspricht - genügend Lebensräume vorausgesetzt - dem Flächenbedarf von 30 bis 50 Uhupaaren. Der Gesamtbruterfolg in dieser Teilregion beträgt durchschnittlich 30 bis 50 Junge und ist offenbar notwendig, um den Erhalt dieses Bestandes zu sichern.

Die Wiedereinbürgerungsaktionen hatten erst in den letzten Jahren in den einzelnen Regionen Freilassungsquoten von 20 bis (ausnahmsweise) 50 Junguhus pro Jahr. Ziel ist, damit den Aufbau des Bestandes zu erreichen und den Erhalt der Pionierpaare sicherzustellen. Aus biologischer Sicht ist also nicht das Problem darin zu sehen, ob zuviel Uhus, sondern ob überhaupt genug Uhus ausgewildert wurden.

Das Vorgehen der Kritiker, die üblichen hohen Verluste der Jungvögel im ersten Lebensjahr bei wilden Uhus nach biologischen Kriterien als natürlich gegeben zu registrieren, bei gezüchteten und ausgewilderten Uhus aber nach ethischen Kriterien als Verschleiß abzuwerten, heißt doch nichts anderes, als dieselbe Sache mit zwei verschiedenen Ellen zu messen. Selbst die Annahme, daß die gezüchteten Uhus höhere Verluste erleiden als die wilden Uhus, rechtfertigt nicht, dies als Verschleiß hinzustellen. Schließlich ist es der Zweck der Zucht von Uhus, Jungvögel in der Wiedereinbürgerung einsetzen zu können.

Das Artenschutz-Argument

In dem Bemühen, ihre Schützlinge vor Gefahren abzuschirmen, verdrängen Artenschützer allzu oft, daß die Schutzkategorien der Roten Liste das Handeln des Menschen in Richtung auf einen schonenden Umgang mit der Natur beeinflußen sollen; sie als Werteskala zur Beurteilung der "Schädlichkeit" von Beutegreifern zu mißbrauchen, stellt den Zweck dieses Naturschutzinstrumentes geradezu auf den Kopf. Beutegreifer, ob Prachtlibelle oder Kreuzotter, ob Habicht oder Steinmarder, haben das Recht, jede Tierart zu erbeuten, die sie in ihren Lebensräumen mit ihren Mitteln und ihren Strategien erlangen können. Daß auch dem Uhu gelegentlich seltene Arten wie der Wanderfalke oder beliebte Arten wie der Igel zur Beute fallen, ist für viele Schützer der betroffenen Arten emotional schwer zu ertragen. Dabei ist gerade der Uhu in der Ökologie ein Musterbeispiel für einen "Opportunisten" und "Generalisten", einem Beutegreifer also, der das zu nutzen versteht, was häufig und mit geringem Aufwand zu erreichen ist. Ein Beispiel nur für die Folgen solcher Sichtweisen: Mit dem Argument, Uhus könnten die letzten Birkhühner im belgischen Hohen Venn gefährden, waren in den 60er Jahren die Widerstände selbst im DNR stark genug, um die geplante Wiedereinbürgerung des Uhus in der Nordeifel abzublocken und um Jahre zu verzögern.

Eine besonders emotionale Fehde führten in den 70er Jahren die Artenschützer, die sich für den weltweit vom Aussterben bedrohten Wanderfalken einsetzten. Dieser unversöhnliche Streit ist mittlerweile gegenstandslos, bleibt aber Beispiel dafür, zu welchen abwegigen Schlüssen einseitiges Denken führt, wenn die komplizierten Beziehungsgefüge von Ökosystemen durchschaut werden sollen: In Baden-Württemberg siedelten sich einige Uhupaare in Brutgebieten des Wanderfalken an und verdrängten wohl auch einzelne Falkenpaare; dennoch verlief der Bestandsanstieg des Wanderfalken dank eines umfassenden Artenschutzkonzeptes ungebrochen weiter aufwärts. Im Ost- und Westharz, wo der Wanderfalke bereits ausgestorben war, konnte sich der Falke sogar dank eines Wiedereinbürgerungsprojektes erneut ansiedeln, obwohl der Uhu schon Jahre

Abb. 3 - 5: Futterübergabe zur Fütterung des Jungtiers

Abb. 4: Familie Uhu

zuvor seine ehemaligen Brutplätze wieder besetzt hatte.

Einen besonders eleganten Weg, Artenschutz zu Ungunsten des Uhus zu kaschieren, beschritt Jochen Hölzinger. In seiner Zusammenstellung der Wiedereinbürgerungsaktionen in Baden-Württemberg bezeichnet er sie als "geglückt" und leitet daraus die Forderung ab, daß "weitere Schützungsmaßnahmen ... nicht erforderlich" und "unter Artenschutzgesichtspunkten" wegen des Wanderfalken "nicht erwünscht" seien. Einen Bestand von "10 bis 15" Uhupaaren in einem Bundesland mit einer Flächengröße von immerhin 35.750 km^2 als zufriedenstellendes Ergebnis hinzustellen, bedeutet letztlich, den Uhu nur als attraktive Rarität für begeisterte Naturbeobachter bewahren zu wollen; der ihm zustehende Part als selbstverständliches Element in unseren heimischen Lebensräumen, etwa vergleichbar mit dem Fuchs oder dem Mäusebussard, wird dem Uhu so verwehrt.

Diese Denkweise kommt einer Bankrotterklärung für den Vogelschutz nahe und liefert zugleich ein bequemes wissenschaftliches Alibi für all jene, die unsere Fauna, soweit es größere Tierarten betrifft, ohnehin auf nutzbare Arten beschränkt sehen möchten.

Das politische Argument

Vor Fachpublikum entzündet sich die Diskussion meist mit politisch denkenden jungen Menschen an einem Vorwurf: Wiedereinbürgerungen seien für Politiker, Behörden und "Naturnutzer" ein billiges Alibi, weil mit ihnen der Anschein zu erwecken sei, als ließen sich alle ökologischen Fehler jederzeit wieder reparieren, wenn der Mensch es nur wolle. Wiedereinbürgerungen wären also grundsätzlich eine falsche Artenschutzstrategie; 'Biotopschutz' und 'Ökosystemschutz',

der Erhalt von Lebensräumen, seien die durchzusetzenden Ziele.

Sicher ist richtig, daß die Wiedereinbürgerung des Uhus wie letztlich jedes Projekt vor mißbräuchlicher Darstellung nicht zu schützen ist. Das üble Strickmuster einiger großer Boulevardblätter, komplexe Inhalte auf Schlagzeilenformat zu stauchen und daraus einen "Heile-Weltbild-Cocktail" zu mixen, ist bekannt. Dies aber ausgerechnet denen anzulasten, die ihre Arbeit so scheinheilig verpackt wiederfinden, erscheint bestenfalls weltfremd. Deswegen die Wiedereinbürgerung des Uhus abrupt einzustellen, hätte nur den Effekt, die Liste der ausgestorbenen Tierarten um einen Namen zu verlängern: den Uhu. Der Lebensraumschutz wäre damit noch keinen Schritt weiter.

Ehrenamtliches Engagement und private Spenden lassen sich nicht vom grünen Tisch aus von heute auf morgen auf neue Gleise setzen. Effektiver und aussichtsreicher erscheint es, die Wiedereinbürgerung des Uhus - so wie es schon seit Jahren geschieht! - mit engagierter Arbeit für den Lebensraumschutz zu verbinden und sie schließlich darin ganz aufgehen zu lassen. Wenn es z.B. um das Ziel geht, eine große freistehende Felsformation im Harz vor Nutzungen wie Klettersport, Aufforstung, Stromleitungen, Wege- und Hausbau freizuhalten, ist der Hinweis wenig hilfreich, daß hier sich einmal in ferner Zukunft zugewanderte Uhus oder Wanderfalken ansiedeln könnten. Die Vorführung wiedereingebürgerter Uhus und Wanderfalken ist dagegen für Entscheidungsträger ein ungleich beeindruckenderes Argument.

Die Sicht des Autors, soviel wurde sicher hinreichend deutlich, ist Partei, und zwar entschieden zugunsten eines umfassenden aktiven Artenschutzes für den Uhu, der auch die Wiedereinbürgerung in verwaisten Regionen mit einschließt. Diese kurzgefaßte und notwendigerweise vereinfachende Zusammenstellung der Fakten und Argumente im Uhuschutz soll dennoch keine Antworten vorgeben. Ziel der Arbeit ist, die Agitation gegen die Wiedereinbürgerung des Uhus, die mit dem Selbstbewußtsein scheinbar wissenschaftlich fundierter Kenntnisse vorgetragen wird, einmal in Frage zu stellen. Antworten können nur individuell ausfallen, jeweils bestimmt von den ethischen, politischen und naturwissenschaftlichen Grundüberzeugungen des Einzelnen. Schon deshalb ist nicht zu erwarten, daß sich das Spannungsfeld im Uhuschutz zugunsten eines einheitlichen Schutzkonzeptes auflösen läßt. Entscheidungen für viele der offenen Fragen werden sich in den nächsten Jahrzehnten wohl ohnehin "von selbst" einstellen, hoffentlich nicht durch den Mißerfolg, sondern den Erfolg der Aktionen zur Wiedereinbürgerung des Uhus in Deutschland.

Literatur

Bergerhausen, W.: AZWU-Jahresbericht 1984 - 1986. Heimbach-Hausen 1986

Bergerhausen, W./von Frankenberg, O./Herrlinger, E.: Die Situation der Wiedereinbürgerung des Uhus in der Bundesrepublik Deutschland. In: Natur u. Landschaft 56, 1981, S. 124 - 126

Berndt, R./Mannes, P.: Uhu - Bubo bubo. In: Zang H. u. H. Heckenroth: Die Vögel Niedersachsens. Natursch. Landschaftspfl. Niedersachs. B, H. 2.7, 1986

Bezzel, E./Schöpf, H.: Anmerkungen zur Bestandsentwicklung des Uhus (Bubo bubo) in Bayern. In: I. Orn. 127: 1986, S. 217 - 228

Förstel, A.: Bestandsaufstockung des Uhus (Bubo bubo) in Bayern. In: Anz. orn. Ges. Bayern 22: 1983, S. 145 - 167

Mannes, P.: Hoffnungen für den König der Nacht. In: Voliere 7, 1984, S. 150 - 153

Rockenbauch, D.: Untergang und Wiederkehr des Uhus Bubo bubo in Baden-Württemberg. In: Anz. orn. Ges. Bayern 17: 1978, S. 293 - 328

Scherzinger, W.: Der Uhu Bubo bubo im Inneren Bayerischen Wald. In: Anz. orn. Ges. Bayern 26, 1987, S. 1 - 51

Abtorfung im Naturschutzgebiet Hahnenmoor

Matthias Schreiber

"Wie ich vor einigen Wochen vom Landkreis Emsland erfahren habe, wird die Abtorfung im Naturschutzgebiet Hahnenmoor am 31.12.88 beendet und nicht weiterverlängert." Diese Nachricht verkündete einer der Naturschutzbeauftragten des Landkreises Osnabrück anläßlich des "Grundsatzgesprächs in Naturschutzangelegenheiten" am 8.6.88.

"Sehr erfreulich!", werden sich die meisten Zuhörer gesagt haben. Kopfschüttelnd wenden sich diejenigen ab, die die Entwicklung dieses Naturschutzgebietes bisher verfolgt haben.

Abtorfungsgenehmigungen vor 30 Jahren

Ein erster tiefgreifender Einschnitt widerfuhr dem Hahnenmoor 1956. Denn während bisher Anwohner dem Moor Torf lediglich zum Eigenbedarf entnommen hatten, stellte in diesem Jahr und 1958 eine Torfabbaufirma für das Hahnenmoor zwei Abtorfungsanträge, die 1957 und 1960 für eine Fläche von insgesamt 190 ha für die Dauer von 25 Jahren durch die Bezirksregierung Osnabrück gebilligt wurden. Zu dieser Zeit wurden Abtorfungsgenehmigungen erteilt, oftmals für größere Flächen und längere Zeiträume. Damals standen weder Umweltbewußtsein noch Naturschützer solchen Verträgen im Wege.

Nach Naturschutz verlangte man im Hahnenmoor erstmals zu Beginn der siebziger Jahre. Es war der hiesige Heimatverein, der im Hahnenmoor die Einrichtung eines Naturschutzgebietes vorschlug. Ein erster Erfolg stellte sich 1977 ein: Mit Verordnung vom 21.7.1977 wurde eine bis dahin noch nicht abgetorfte, baumfreie Hochmoorfläche unter Naturschutz gestellt. Unter anderem sollte so die Sicherung eines Restbestandes des Birkhuhns versucht werden. Das Interesse des behördlichen Naturschutzes war mit diesem Vorstoß offensichtlich geweckt, wie die Fertigstellung einer "Landschaftsplanung über den Bereich des Hahnenmoorgebietes in den Landkreisen Emsland und Osnabrück" belegt - der Wirbel, den diese Planung in den folgenden Jahren noch verursachen sollte, war allerdings wohl nicht vorgesehen!

Abb. 1: Wunsch und Wirklichkeit im Hahnenmoor

Illegale Abtorfung

Die Landschaftsplanung kam nämlich zu dem Schluß: "Für beide Abtorfungsflächen liegt keine Genehmigung nach dem Bodenabbaugesetz vom 15.03.1972 vor." Hier bedarf es einer Erläuterung: Zwar waren die Genehmigungen, wie oben ausgeführt, 1957 und 1960 für 25 Jahre erteilt worden und hätten deshalb bis 1982 bzw. 1985 Gültigkeit haben müssen. Zwischenzeitlich hatten sich allerdings die gesetzlichen Grundlagen geändert: Am 15.3.1972 wurde in Niedersachsen das Niedersächsische Bodenabbaugesetz gültig, das bis dahin gültige Moorschutzgesetz trat außer Kraft. Danach mußten alte Abbaugenehmigungen neu erteilt werden. Es war lediglich eine Übergangsfrist bis zum 31.12.1972 vorgesehen, in der alte Genehmigungen relativ problemlos in die neue Rechtslage hätten überführt werden können. Dies wurde im Hahnenmoor (und nicht nur hier) versäumt. Damit lag seit dem 1.1.1973 für den Torfabbau im Hahnenmoor keine gültige Genehmigung mehr vor. Mit Inkrafttreten des Niedersächsischen Naturschutzgesetzes ist das Bodenabbaugesetz im Naturschutzgesetz aufgegangen.

Mit diesem Sachverhalt mochten sich die zuständigen Stellen beim Landkreis Emsland nur mühsam anfreunden: Erst eine Beschwerde beim Niedersächsischen Landwirtschaftsminister im Juli 1980 brachte aus dem Emsland überhaupt die Bestätigung der unglaublichen Zustände, die da im Landschaftsplan beschrieben wurden.

Damit war diese illegale Abtorfung aber noch nicht beendet! Erst am 17.3.1981 wurde der Abbau tatsächlich gestoppt, ein Abräumen schon gestochenen Torfes fand sogar noch im Herbst 1981 statt. Die ungenehmigte Torfentnahme wurde also fast drei Jahre mit Wissen der Behörden, angefangen bei der unteren Naturschutzbehörde des Landkreises Emsland bis hinauf zum obersten Naturschützer des Landes, dem Landwirtschaftsminister, fortgeführt.

Am 29.4.1982 bekam das Torfunternehmen schwarz auf weiß, daß der Abbau illegal erfolgte. Nach Einschätzung des Gerichts bestand für das Torfunternehmen auch kein Anspruch auf Erteilung einer Bodenabbaugenehmigung, denn: "Die Erteilung einer Bodenabbaugenehmigung verstieße nämlich gegen die Verordnung vom 14. Juli 1980 über die einstweilige Sicherstellung von Landschaftsteilen im Hahnenmoor als Naturschutzgebiet." Und: "Es ist gerichtsbekannt, daß gerade durch den Torfabbau ein Moor so nachhaltig in seinem Wesen verändert wird, daß durch die Erteilung einer Abtorfungsgenehmigung das Ziel der Sicherstellungsverordnung vereitelt wird" (Az.: 2 OS VG D 23/81). Für den Landkreis Emsland war dies eine schöne Bestätigung seiner richtigen, wenn auch ziemlich späten Entscheidung, den Abbau stillzulegen, die einige Wochen später auch Bestand vor dem Oberverwaltungsgericht in Lüneburg hatte (Az.: 3 OVG B 61/82).

Nachdem der sofortige Vollzug des Abbaustopps durch den Landkreis Emsland für rechtens erklärt worden war, kam am 19.12.1983 das endgültige „Aus" durch die 2. Kammer Osnabrück des Verwaltungsgerichts Oldenburg. An diesem Tag wies das Gericht nämlich die Klage gegen die Abbaustillegung an sich zurück. Die Richter schlossen sich damit der Erkenntnis des Landkreises Emsland an, wonach ein weiterer Abbau zu irreparablen Schäden führen würde. Sie wiesen ferner darauf hin, daß nur mit Genehmigung der Naturschutzbehörde abgebaut werden dürfe. "Die Genehmigung ist gem. §9 des NatSchG (Naturschutzgesetz) zu erteilen, wenn u. a. gewährleistet ist, daß das Abbauvorhaben mit dem Naturschutzrecht vereinbar ist. Das ist hier aber nicht der Fall."

Das Hahnenmoor als Naturschutzgebiet

Mittlerweile schien sich alles sehr schnell und wirkungsvoll zugunsten des Naturschutzes zu wenden: Mit Verordnung vom 14.7.1980 hatte die Bezirksregierung das gesamte Gebiet als Naturschutzgebiet einstweilig sichergestellt, überhaupt wurde emsige Betriebsamkeit sichtbar:

- Dem ersten, in weiten Bereichen unzureichenden Landschaftsplan (Schnepel 1979) wurde ein zweites Gutachten zur Seite gestellt (Göttke-Krogmann 1981), welches die Mängel des früheren weitgehend ausglich.
- Die staatliche Moorverwaltung Emsland begann mit Entbirkungs- und Vernässungsmaßnahmen.

- Die Landkreise Osnabrück und Emsland ließen Bestandserfassungen durchführen (u. a. Aßmann 1982).
- Der Landkreis Emsland bestellte eine Landschaftswacht für dieses Gebiet. Die Bezirksregierung ging sogar so weit, weiteren Personen "wegen des empfindlichen Biotopinventars" keine Betretungserlaubnis für Bestandserfassungen auszustellen.
- Schließlich leitete man 1983 mit der Auswilderung von Birkhühnern sogar ein anspruchsvolles Artenschutzprojekt ein.

Am 9.5.1984 trat als anscheinend krönender Abschluß die Verordnung über das Naturschutzgebiet Hahnenmoor in Kraft.

Abb. 2: Frühjahr im Hahnenmoor

Abtorfung im Naturschutzgebiet - ganz legal

Um so ungläubiger mußte dann im Juni 1984 festgestellt werden, daß im Naturschutzgebiet "Hahnenmoor" auf einer größeren Fläche mit dem industriellen Torfabbau wieder begonnen worden war.
Eine Befragung verschiedener Behörden brachte interessante Ergebnisse an den Tag.
Am 30.7.84 teilte der Landkreis Emsland mit, daß im Hahnenmoor ansässige Torfwerk habe einen Antrag auf Abtorfung gestellt. Während derselbe Landkreis Emsland noch am 19.12.1983 vor der Kammer Osnabrück des Verwaltungsgerichts Oldenburg den Abbaustopp mit der Begründung verteidigt hatte, ein weiterer Abbau würde zu irreparablen Schäden führen, wurde mit der Genehmigung vom 16.3.1984 einem neuerlichen Antrag auf Abtorfung für eine Fläche von 35 ha bis zum 31.12.88 stattgegeben. Denn: "Der Bestand und die weitere Entwicklung des Naturschutzgebietes Hahnenmoor werden durch diese Abtorfung nicht gefährdet."

Ganz anderer Meinung war da die Fachbehörde für Naturschutz beim Niedersächsischen Minister für Ernährung, Landwirtschaft und Forsten (und ein ganz bißchen Naturschutz) in einem Schreiben vom 29.6.88:
"Ein weiterer Torfabbau würde das Schutzziel erheblich beeinträchtigen, denn zur Erhaltung und Entwicklung des Birkhuhns in diesem Raum gehören weite und offene, störungsfreie Räume."

Schließlich stellte die Bezirksregierung Weser-Ems fest:
"Die vom Naturschutz erhobenen Bedenken wurden bei der Genehmigung im Rahmen der Abwägung der Anforderungen des Naturschutzes gegen die sonstigen Anforderungen der Allgemeinheit an Natur und Land-

Abb. 3: Birkenwald - Zeichen eines gestörten Moores

schaft zurückgestellt. Der Torfabbau wurde in Anbetracht der besonderen Arbeitsplatzsituation im Raum Herzlake genehmigt. Mit dieser Genehmigung sollen für eine Übergangszeit die Arbeitsplätze gesichert und eine Neuorientierung ermöglicht werden. Den Belangen des Naturschutzes wurde jedoch insoweit Rechnung getragen, als für den vorübergehenden Abbau nur Flächen in der Randlage des Naturschutzgebietes ausgewählt wurden und die überwiegenden Flächen mit dem Zentralteil des Moores nicht mehr abgetorft werden dürfen. Im Vergleich zu der Situation in den zurückliegenden Jahren konnte somit eine gute Grundlage für die Entwicklung des Moores im Sinne des Naturschutzes geschaffen werden."
All diese Punkte sind z. T. durch hier zitierte Behördenaussagen oder an anderer Stelle bereits widerlegt worden (Schreiber/Witte 1984), zu kritisieren bleibt jedoch, daß die Fachbehörde für Naturschutz in diese Abtorfungsgenehmigung in einem Naturschutzgebiet nicht eingeschaltet war. Ebenso blieben andere potentielle Kritiker wie die nach § 29 anerkannten Naturschutzverbände sowie die Oppositionsparteien im emsländischen Kreistag außen vor, die Genehmigung wurde in einer Nacht- und Nebelaktion in den Amtsstuben abgewickelt.
Eine letzte Hoffnung, die skandalösen Zustände im Hahnenmoor doch zu wenden, lag in einem Schreiben an Landwirtschaftsminister Gerhard Glup. Von ihm stammt immerhin die Äußerung, neue Abtorfungsverträge werde es nicht geben (Hannoversche Allgemeine Zeitung vom 3.12.79). Aus seinem Hause stammt auch das Moorschutzprogramm (Niedersächsisches Ministerium 1981), in dem das Hahnenmoor in der oberen Hälfte einer Prioritätenliste schutzwürdiger Gebiete zu finden ist. In diesem Programm ist die jetzige Abbaufläche als "Fläche für den Naturschutz" ausgewiesen. Außerdem ließen die lange Zeit illegaler Abtorfung dort und die bisherigen Investitionen (z. B. Birkhuhnansiedlung) eine neuerliche Abbaugenehmigung auch politisch brisant erscheinen.
Ein Brief des Ministers vom 7.1.85 stellte jedoch klar, daß die Abtorfung im Naturschutzgebiet Hahnenmoor durch ihn sogar gedeckt wurde. Ein zentraler Satz lautet: "Mit dieser abgewogenen Entscheidung wurden die Vorgaben des Moorschutzprogrammes eingehalten."

Grund zur Resignation?

Nach der vorliegenden Schilderung muß das Naturschutzgebiet Hahnenmoor beinahe als Niederlage des Naturschutzes empfunden werden. Während hier trotz Aufbietung aller Kräfte, die Naturschutzverbänden zur Verfügung stehen, in allen entscheidenden Fragen keine Erfolge erzielt wurden, ging an anderer Stelle die Ausräumung der Landschaft, die Vernichtung von Biotopen und der

Rückgang der Arten gänzlich ungebremst weiter. Nur schwachen Trost findet man in der Überlegung, um wie vieles schlimmer alles geworden wäre, hätte es diese Bemühungen des ehrenamtlichen Naturschutzes nicht gegeben. (Immerhin war anfangs eine unbefristete Abtorfung von 220 ha im Gespräch!)

Daraus leitet sich die ständige - wenn auch unerfreuliche und undankbare - Aufgabe des Naturschutzes ab, Mißstände wie die im Hahnenmoor vorgefundenen, hartnäckig und immer wieder offenzulegen:

- Wenn es um einen Konflikt zwischen Schützen und Nutzen geht, zieht die Natur trotz vieler anderslautender Lippenbekenntnisse noch immer den Kürzeren.
- Selbst in Naturschutzgebieten werden ungestraft Eingriffe genehmigt, die mit dem Naturschutzrecht gar nicht vereinbar sind.
- Facheinschätzungen der Naturschutzabteilungen finden keine Beachtung.

Wie geht es weiter?

Das Kapitel Abtorfung im Naturschutzgebiet Hahnenmoor wird am 31.12.1988 aller Voraussicht nach endgültig geschlossen, der Abbauunternehmer hat bis zu diesem Datum eine einplanierte Fläche zu hinterlassen.

Erst dann kann im Hahnenmoor ein flächendeckendes Schutzkonzept Raum greifen, im wahrsten Sinne des Wortes. Erst dann, fast zwei Jahrzehnte nach ersten Schutzbemühungen, wird man eine für die gesamte Fläche wirksame Vernässung in Angriff nehmen können. Weitere Probleme warten auf eine Lösung: Die Nutzung der im Naturschutzgebiet gelegenen Wiesenflächen hat sich seit der Sicherstellung derart intensiviert, daß Rotschenkel und Uferschnepfe als Brutvogel verschwunden sind. Eine dem Gebiet angemessene Besucherlenkung steht aus. Kurz: Nach fast zwanzigjährigen Bemühungen steht der Naturschutz vor einer Ruine, an der er nun den Aufbau beginnen darf.

Abb. 4: Stillgelegter Torfabbau - das Ziel der Naturschutzbemühungen

Literatur

Aßmann, T.: Faunistisch-ökologische Untersuchungen in der Carabidenfauna naturnaher Biotope im Hahnenmoor (Coleoptera, Carabidae). In: Osnabrücker naturwiss. Mitt. 9, 1982, S. 105 - 134

Göttke-Krogmann, J.: Beitrag zur Birkwild-Biotopgestaltung und zur Renaturierung im Hahnenmoor (Bez.-Reg. Weser-Ems, Oldenburg), unveröffentlichtes Manuskript, 1983

Niedersächsisches Ministerium: Niedersächsisches Moorschutzprogramm - Teil 1 - Hannover 1981

Schnepel, B.: Landschaftsplanung über den Bereich des Hahnenmoorgebietes in den Landkreisen Emsland und Osnabrück (Bez.-Reg. Weser-Ems, Oldenburg), unveröffentlichtes Manuskript, 1979

Schreiber, M./Witte: Beispiele aus der Naturschutzpraxis in Niedersachsen. In: Ber. Dtsch. Sekt. Int. Rat Vogelschutz 24, 1984, S. 93 - 104

Hummeln – vom Aussterben bedroht

Eberhard von Hagen

Viele Insekten gelten leider in den Augen der meisten Bundesbürger als zu verabscheuendes Ungeziefer, dessen endgültige Vernichtung noch immer nicht gelungen ist. Die chemische Industrie betreibt einen erheblichen Aufwand, um alle Menschen über die angebliche Schädlichkeit der überwiegenden Mehrheit der Insekten 'aufzuklären'. Daß eine Anzahl von Insekten erst durch und vor allem in der Intensivlandwirtschaft und in den Monokulturen zu Schädlingen werden, bleibt unbeachtet. Auch daß Insekten wie Hummeln, Wild- und Honigbienen sowie honigeintragende Wespen eine unersetzbare Aufgabe bei der Bestäubung von Blütenpflanzen erfüllen, wird nicht bedacht. Im Laufe der Evolution hat sich eine enge Beziehung zwischen den bestäubenden Insekten und den Blütenpflanzen entwickelt. Von dem Pollentransport durch Insekten hängt nicht nur der Fortbestand der Wildpflanzen, z. B. dem Eisenhut, sondern auch der unserer Kulturpflanzen wie z. B. den Hülsenfrüchtlern (Bohnen, Erbsen usw.), dem Raps und den Obstarten ab. Und von den rund 70 auf Insektenbesuch angewiesenen Kulturpflanzen sind etwa 30 speziell auf die Bestäubung durch Hummeln angepaßt.

Die kurzrüsseligen Erd-, Stein-, Baum-, Wiesen-, Distel- und Bergwaldhummeln sammeln zudem auch bei besonders niedrigen Temperaturen noch Nektar, wenn andere Insekten nicht mehr ausfliegen. Wenn die Königinnen Nester gegründet haben, sieht man Hummeln noch bei Temperaturen bis unter - 2 Grad Celsius an den Blüten. Damit verhindern die Hummeln gerade in Jahren mit ungünstigen Frühlingswitterungen Ertragsausfälle im Obstanbau.

Gegenüber Bienen haben Hummeln eine weitaus größere Sammelleistung: Insbesondere Hummelköniginnen tragen etwa viermal so viel Blütenpollen pro Trachtflug ein. Außerdem fliegen Hummeln erheblich schneller als Bienen, nämlich etwa vier- bis sechsmal so schnell.

Außer zur notwendigen Bestäubung der Blütenpflanzen im Garten- und Landbau tragen Hummeln sowie auch Bienen und Schmetterlinge dazu bei, daß die für die Gesundheit der Wiederkäuer wie auch der Bienen- und Hummelvölker so wichtige Nektarhefe verbreitet wird. Die Nektarhefe, ein Kreuzhefepilz, hilft den Wiederkäuern bei der Aufspaltung ihrer zellulosehaltigen Nahrung. Bienen- und Hummelvölker sind durch die Kreuzhefe nicht so anfällig für die Bienen- und Hummeldarmseuche (*Nosema apis, Nosema bombi*).

Der Mensch sollte eigentlich in hohem Maße daran interessiert sein, die Hummel und die anderen bestäubenden Insekten zu schützen und ihr Überleben zu sichern.

Abb. 1: Hummel - Arbeiterin und Königin auf den Brutwaben ihres Nestes

Abb. 2: Helle Erdhummel auf einer Apfelblüte

Abb. 3: Bergwaldhummel an einer Winterwicke

Abb. 4: Bergwaldhummel auf einer Lupine

Abb. 5: Gartenhummel auf einer Distelblüte

Abb. 6: Waldhummel-Königin auf einer Kronwicke

Gefährdungsfaktoren

Durch das Abflämmen trockener Gras- und Strohflächen kommen nicht nur die Insekten selbst um, es werden auch ihr Nahrungsangebot und ihr Nistraum vernichtet. In den oberen 23 cm eines Morgens Weideland leben rund 230 Millionen Wirbellose. Bei dichtem Grasbewuchs muß man beim Abflämmen mit einer Hitzeentwicklung von 500 - 1000 Grad Celsius rechnen, also auch mit einer entsprechenden Tiefenwirkung, die z. B. Nestbauten von Hummeln im Boden zerstört und Regenwürmer abtötet. Durch das Flämmen werden natürlich auch Vögel und Niederwild in Mitleidenschaft gezogen. Erfreulicherweise hat sich inzwischen ein ganzjähriges Abflämmverbot für trockene Gras- und Laubflächen bundesweit durchgesetzt; es wird aber leider nicht immer befolgt. Das Abflämmen abgeernteter Getreidestrohflächen wird zudem noch von vielen Gemeinden genehmigt, was schnellstens untersagt werden sollte.

Ein weiterer erheblicher Gefährdungsfaktor ist das Ausbringen von Pflanzenbehandlungsmitteln (Herbizide und Pestizide). In welch bedenklichem Ausmaß die Intensivlandwirtschaft Pestizide einsetzt, beweisen folgende Zahlen: Über 200.000 Tonnen Pestizide werden jährlich in der Bundesrepublik Deutschland von Land- und Forstwirtschaft, Gartenbau, Straßenbauämtern, Klein- und Privatgartenbesitzern versprüht. 25 % der Gesamtfläche der BRD werden mit Pestiziden behandelt. Auf 80-100 % der Getreide- und Rübenflächen werden Unkrautvernichtungsmittel (Herbizide) ausgebracht. Fast 100 % aller Obst- und Rebkulturen werden mit Insektiziden und Fungiziden (Mittel zur Pilzbekämpfung) behandelt. Dabei werden oft ganz unnötigerweise (aus Furcht vor übergreifenden Selbstaussaaten der sogenannten Unkräuter) Böschungen, Straßen- und Wegränder sowie Gräben mitgespritzt, was nach dem Niedersächsischen Naturschutzgesetz vom 1. Juli 1981, § 36, Ziffer 2 verboten ist: "Chemische Pflanzenschutzmittel dürfen nur auf landwirtschaftlich, gärtnerisch oder forstwirtschaftlich genutzten Flächen verwendet werden."

Gerade Böschungen, Gräben, Feldraine, Straßen- und Wegränder sind oft die letzten Rückzugsgebiete und Ersatzbiotope für viele Tierarten. Die von menschlicher Nutzung freigehaltenen Naturbereiche bieten nicht nur geeignete Nistplätze, sondern auch ein vielfältiges Nahrungsangebot. So wachsen auf Böschungen eine Fülle wichtiger Trachtpflanzen für Hummeln, z. B. Wiesenplatterbse, Rotklee, Vogelwicke, Wiesensalbei, Weiße Taubnessel, Große Braunelle, Springkraut oder auch der Natternkopf. Gerade in der Zeit der Sommerdürre verengt sich das Nahrungsangebot so stark, daß die Hummeln auf jede Blüte angewiesen sind.

Die Pflanzen der Straßen- und Weg-

Abb. 7: Kein Lebensraum für Hummeln - ein gespritzter Ackerrandstreifen

ränder und mit ihnen die auf sie angewiesenen Tierarten fallen auch häufig dem Ordnungssinn der Straßenbauverwaltungen zum Opfer: Mechanische Schlägelmäher vernichten mit ihrem rigorosen Rasurschnitt alles, was unter Gras und Gebüsch Zuflucht sucht. Falls hochwüchsige Pflanzen in verkehrsgefährdender Weise die Sicht der Autofahrer behindern, so daß sie aus Sicherheitsgründen gemäht werden müssen, sollte der Schnitt nicht unter 5 cm Stengelhöhe ansetzen. Besteht keine Verkehrsgefährdung, sollte erst am Ende der Vegetationsperiode, also etwa Ende Oktober/Anfang November gemäht werden.

Um alle Wild- und Wiesenkräuter als wichtige Nahrungsquelle blütenbesuchender Insekten zu schonen und zu vermehren, sollten auch die Landwirte ihre Wiesen nicht - wie bisher üblich - schon Ende Mai/Anfang Juni mähen, sondern frühestens 4 Wochen später nach Ende der Blüte- und Fruchtzeit. In Parks und privaten Gärten sollten geeignete Trachtpflanzen, wie z. B. Akelei, Rittersporn, Fingerhut, Lupine, Schwertlilie, Glockenblume und Eisenhut angepflanzt und auf einen sogenannten Englischen Rasen verzichtet werden, um das Nahrungsangebot für Hummeln zu erhöhen und ihre Nester nicht zu zerstören. Außerdem besteht durch eine frühzeitige Mahd die Gefahr, daß die Hummelköniginnen wegen der durch das Mähen veränderten Umgebung ihren Nesteingang nicht mehr wiederfinden. Vier Wochen später besteht diese Gefahr nicht mehr, weil dann die Hummelköniginnen nicht mehr ausfliegen, sondern nur noch die Arbeiterinnen. Wenn von diesen einige das Nistingangsloch nicht wiederfinden sollten, würde das keine Gefahr für den Bestand des betreffenden Hummelvolkes bedeuten.

Das Sterben in der Natur geht leise vor sich. Auf die Dauer wird sich die großflächige Lebensvernichtung auch auf den Menschen katastrophal auswirken. Der Rückgang der Hummel wird sich z. B. in einem Ertragsrückgang im Obst- und Leguminosenanbau zeigen.

Von den etwa 23 einheimischen Hummelarten sind in Norddeutschland bereits fünf Arten ausgestorben: die Cullumanushummel (*Pyrobombus cullumanus*), die Veränderliche Hummel (*Megabombus humilis*), die Sandhummel (*M. veteranus*), die Samthummel (*Confusibombus confusus*), die Bergwaldhummel (*Alpigenobombus wurfleini mastrucatus*). Weitere sechs Arten sind vom Aussterben bedroht: die Obsthummel (*Megabombus pomorum*), die Feldhummel (*M. ruderatus*), die Deichhummel (*M. distinguendus*), die Erdbau- oder Unterirdische Hummel (*M. subterraneus*), die Distelhummel (*Pyrobombus soroeensis*), die Mooshummel (*M. muscorum*). Folgende vier Hummelarten sind stark gefährdet: die Waldhummel (*Megabombus sylvarum*), die Grashummel (*M. ruderarius*), die Heidehummel (*Pyrobombus jonellus*) und die Große Erdhummel (*Bombus magnus*).

Die Steinhummel (*Pyrobombus lapidarius*) ist gefährdet.

Schließlich sind folgende sieben Hummelarten als potentiell gefährdet einzustufen: die Dunkle Erdhummel (*Bombus terrestris*), die Helle Erdhummel (*Bombus lucorum*), die Kryptarum Erdhummel (*Bombus cryptarum*), die Wiesenhummel (*Pyrobombus pratorum*), die Baumhummel (*P. hypnorum*), die Gartenhummel (*Megabombus hortorum*) und die Ackerhummel (*M. pascuorum*).

Schutzmaßnahmen

Das Verschwinden von Hummelarten würde eine Verarmung der Natur bedeuten. Effektiver Hummelschutz läßt sich nahezu an jeder Stelle des Siedlungsbereichs und der umgebenden Landschaft verwirklichen. Er sollte allen Menschen am Herzen liegen und nicht einigen wenigen Naturfreunden überlassen bleiben.

Wichtigste Maßnahmen zum Schutz vieler Hummelarten vor der Gefahr des Aussterbens sind:

1. Grundsätzliches Abflämmverbot - auch auf den Getreidefeldern - durch die Gemeinden (Änderung der diesbezüglichen Gesetze);
2. striktes Einhalten der Bienenschutzverordnung vom 19.12.1972, § 2 ("Bienengefährdende Pflanzenschutzmittel dürfen nicht an blühenden Pflanzen oder offenen Blüten angewandt werden.") und des Niedersächsischen Naturschutzgesetzes vom 1. Juli 1981, § 36 (2) ("Chemische Pflanzenbehandlungsmittel dürfen nur auf landwirtschaftlich, gärtnerisch oder forstwirtschaftlich genutzten Flächen verwendet werden.");
3. Einsatz von bienenungefährlichen und biologischen Spritzmitteln anstelle der bisher üblichen bienengefährlichen Mittel (Insektizide, Herbizide, Fungizide), falls überhaupt die Notwendigkeit zum Einsatz von Pflanzenbehandlungsmitteln besteht; genaues Einhalten der vorgeschriebenen Konzentration bei Spritzmitteln;
4. Förderung des Hummelbestandes durch Biotopsicherung, Überlassen brachliegender Äcker oder Sozialbrachen als Ersatzbiotope, Anpflanzung von Trachtpflanzen in aufgelassenen Sand- und Steinbrüchen, Kiesgruben, Müllhalden u.ä.; Begünstigung von Heckenrosen und aller ackerbegrenzenden Gebüsche;
5. verstärkte Ansiedlung von Hummeln in Nistkästen durch dafür ausgebildete Personen; ausführliche Hinweise zur Ansiedlung von Hummelköniginnen in Nistkästen gibt mein Buch "Hummeln bestimmen - ansiedeln - vermehren - schützen" (Neumann - Neudamm, Melsungen 1985).

Straßentrasse durch Beverniederung verhindert

Hans-Jörg Helm

Die Beverniederung ist Rückzugsgebiet für zahlreiche bedrohte Pflanzen und Tiere. Sie gehört zu den immer seltener werdenden großflächigen Feuchtgebieten und ist Lebensraum für entsprechend viele Rote-Liste-Arten. Die Bever zwischen Bevern und der Ostemündung ist ein Fluß, der von wasserwirtschaftlichen Eingriffen weitgehend ausgenommen wurde. Weite Teile der Beverniederung werden jeden Winter großflächig überschwemmt und sind Überwinterungsaufenthalt für nordische Vogelarten. Dieser Naturraum ist für Straßenverkehr kaum erschlossen und nicht zuletzt deshalb für viele Bremervörder seit jeher ein 'weißer Fleck' auf der Landkarte gewesen.

Die Bedeutung für den Naturschutz wurde lange nicht erkannt oder nicht zur Kenntnis genommen. Bis zu 20.000 Fahrzeuge passieren täglich die Ostebrücke in Bremervörde. Darunter befinden sich sehr viele Lastkraftwagen, Containerfahrzeuge, die zwischen Hamburg und Bremerhaven pendeln. Schon seit nunmehr Jahrzehnten werden Umgehungsstraßenplanungen für Bremervörde angestellt.

Eine wahrscheinlich praktikable Umgehungsstraßenlösung wurde zu Beginn der 70er Jahre durch den Bau eines über 100 ha großen Sees im Zuge von Deichbauarbeiten zunichte gemacht.

Anfang der 80er Jahre wurden zwei neue Trassen erarbeitet, die am 14.2.84 dem Naturschutzverband Deutscher Bund für Vogelschutz (DBV) zur Stellungnahme vorgelegt wurden. Der Nordtrasse wurde vordringlicher Bedarf, der Südtrasse langfristiger Bedarf zugesprochen. Die Nordtrasse sollte den Verkehr Bremerhaven - Stade - Hamburg aufnehmen, die Südumgehung den Verkehr Bremerhaven - Zeven. Im März ´84 konnten die Pläne von jedermann eingesehen werden.

Die gesetzte Frist für eine Stellungnahme konnte nicht eingehalten werden, da u.a. die Beverniederung (Südtrasse) auch im März noch überschwemmt und verschneit war. Der DBV erkannte die grundsätzliche Notwendigkeit einer innerstädtischen Entlastung Bremervördes an, wies jedoch auf die ökologische Bedeutung des Bever-Überschwemmungsgebiets hin und lehnte eine Trassenführung durch dieses Gebiet ab.

Nach eingehender Begutachtung verfaßte der DBV-Kreisvorsitzende Werner Burkart am 14.6.84 die abschließende Stellungnahme. Er wies auf die verkehrspolitisch zu verantwortende Schwächung des Schienenverkehrs hin, ging aber dann von den augenblicklich herrschenden Prioritäten und Rahmenbedingungen aus. Trotz erheblicher Bedenken wurden gegen die Pläne der Nordtrasse keine grundsätzlichen Einwände erhoben, da dort die Möglichkeit besteht, Eingriffe durch entsprechende Biotopneugestaltung auszugleichen. Die Südtrasse wurde mit Nachdruck abgelehnt. Es konnten schwere Pla-

nungsfehler nachgewiesen werden. Wegen der außerordentlichen Schutzwürdigkeit und der überregionalen Bedeutung wurde ein Ortstermin erbeten und Alternativvorschläge unterbreitet. Dieser Stellungnahme schloß sich der BUND an. Auch die Forstverwaltung erhob Einwände.

Inzwischen hieß es in der Bremervörder Zeitung, daß man mit dem Bau der Südtrasse wohl schon für das Jahr 1985 rechnen könne.

Auf einer nur von rund 20 Interessierten besuchten DBV - Veranstaltung zu diesem Thema im Juni ´84 nannte der DBV-Kreisvorsitzende die geplante Südtrasse eine ökologische Katastrophe.

Diese Südtrasse wurde weiterhin von Landkreis, Stadt und Straßenbauamt favorisiert. Die Notwendigkeit der Nordtrasse wurde angezweifelt. Am Erörterungstermin vom 18.7.84 wurde deutlich, daß die Südtrasse an die Landstraße 123 (Bremervörde - Hasefeld) angebunden werden sollte, deshalb wäre man auch nur mit einer leichten Verschwenkung einverstanden. Es bestand die Gefahr, daß man den Verkehr von der Bundesstraße auf die Landstraße verlagern würde. Acht Ortschaften im Nachbarkreis entlang der L 123 wären mit ihren engen, kurvenreichen Ortsdurchfahrten noch mehr belastet worden, zumal durch einen Straßenausbau (Asphalt statt Kopfsteinpflaster) der Fernverkehr hier schon zugenommen hatte.

Durch Zufall erfuhr der DBV im September ´84 von einem aktuellen Fischottervorkommen in der Beverniederung. Zwei honorige Bremervörder Bürger hatten mehrfach eine Fähe mit drei Jungen beobachtet, aber die

Abb. 1: Die Bever
Abb. 2: Ungenehmigte Anlage neuer Vorfluter
Abb. 3: Graben vor und nach der Räumung
Abb. 4: Arbeiten am Be- und Entwässerungsgraben

Bedeutung der Beobachtung nicht erkannt. Vom DBV wurde sofort Claus Reuther von der Aktion Fischotterschutz und Behördenvertreter in Kenntnis gesetzt. Dringend bat der DBV um die Einschaltung des Landesverwaltungsamtes in das Verfahren. Das Landesverwaltungsamt kann nur auf Anforderung hinzugezogen werden. Selbst wenn die oberste Naturschutzbehörde eindeutige Daten hat, darf sie diese von sich aus nicht weitergeben, wenn sie nicht gefragt wird. Inzwischen zog die Landesjägerschaft ihre Zustimmung zur Trassenführung zurück und schloß sich der Argumentation des DBV an: sicher ein Erfolg der engen und guten Zusammenarbeit der am Naturschutz interessierten Gruppierungen im Landkreis Rotenburg/Wümme. In der Ortschaft Bevern traten über 550 Einwohner einer Initiative zur Rettung der Beverniederung bei. Die örtliche SPD lotete in mehreren Veranstaltungen die Problematik der Trassen aus, revidierte ihre Meinung und sprach sich im November ´84 gegen die geplante Südtrasse aus. Im Dezember ´84 wandte sich Claus Reuther für die Aktion Fischotterschutz gegen eine Beverquerung. Er stellte fest, daß dieser Naturraum ein wichtiges Verbindungsglied zwischen der Stader Geest und der Wümmeniederung sei. Dieser Raum ist schon immer Otterlebensraum gewesen. Es gelang ebenfalls, Stader Behördenvertretern die Folgen für die L 123 bei Verwirklichung der Südtrasse darzulegen.
Am 17.12.84 fand in Rotenburg ein bemerkenswerter Erörterungstermin statt. Das inzwischen beteiligte Landesverwaltungsamt kündigte an, das Bever-Mündungsgebiet unter Naturschutz stellen zu wollen. In der oberen Naturschutzbehörde werde an entsprechenden Plänen gearbeitet. Die vom DBV favorisierte Trassenvariante wurde mehrheitlich unterstützt. Der Landkreis Stade und überraschend

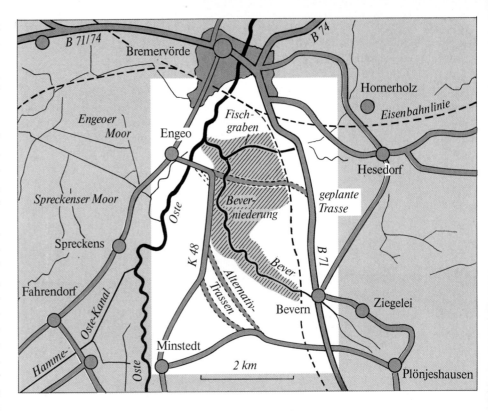

auch die entsprechende Industrie- und Handelskammer sprachen sich gegen eine Anbindung an die L 123 aus. Nur die Stadt Bremervörde setzte sich nachhaltig für die alte Planung ein. Obwohl in einem Zeitungsinterview Kreisdirektor Blume im Februar ´85 noch sagte, daß die Südtrasse nicht wie geplant gebaut werden könne, da die Bever-Niederung unter Naturschutz gestellt werden solle, sprach sich der Planungsausschuß des Kreises im März ´84 mehrheitlich für die von der Stadt gewünschte Anbindung der Südtrasse an die L 123 aus.
Das Fischottervorkommen wurde bezweifelt, obwohl beim Landesverwaltungsamt die Bever-Niederung seit Jahrzehnten als Otter-Lebensraum ausgewiesen ist und Otter-Meldungen verschiedener Personen für die Bereiche Bever / Oste aus den letzten Jahren vorliegen.
In einer Presseerklärung stellte der DBV zusammen mit der Jägerschaft dar, daß es sich nicht allein um den Otterlebensraum handle, sondern daß hier ein intaktes Stück Restnatur für viele vom Aussterben bedrohte Pflanzen und Tiere gerettet werden muß. Im Mai/Juni ´85 nahm ein Biologie-Leistungskurs eine erste Kartierung der Beverniederung vor und stellte die Ergebnisse öffentlich vor.
Im Oktober ´85 forderte der Heimatbund in der Roten Mappe die Unter-Schutz-Stellung der Beverniederung. Schließlich wurden dann noch offizielle Gutachter für eine Umweltverträglichkeitsprüfung bestellt. Für die ökologische Beurteilung begann ein Planungsbüro mit seinen Arbeiten, zur verkehrlichen Analyse wurde eine Verkehrszählung vorgenommen.
Die unmittelbare Hektik hatte sich gelegt. Es bestand nicht mehr die Gefahr eines sofortigen Baubeginns. Dennoch trauten wir von den Naturschutzverbänden der Ruhe nicht und versuchten, unsere Argumente in

Hannover direkt vorzutragen. Mit etwas Hilfe durch den hiesigen Landtagsabgeordneten wurde uns für den 10.12.86 ein Termin beim für den Naturschutz in Niedersachsen zuständigen Landwirtschaftsminister Dr. Ritz eingeräumt. Neben dem DBV nahmen auch andere am Verfahren beteiligte Verbandsvertreter sowie ein Vertreter des örtlichen Fischereisportvereins und Vertreter der Beverner Initiative teil.

Wir fanden bei Dr. Ritz offensichtlich offene Ohren für unser Anliegen. Beim Betrachten der mitgebrachten Fotos meinte er: "Da kann es nicht durchgehen." Er sagte uns am Ende des fast einstündigen Gesprächs zu, sich nach Beendigung der Umweltverträglichkeitsprüfung für den Erhalt der Beverniederung einzusetzen.

Bei dem Gespräch wurde deutlich, daß das geschlossene Eintreten für eine Sache durch die verschiedensten Interessenvertreter Eindruck hinterlassen hatte.

Zwischenzeitlich fanden viele Behördentermine in der Sache statt. Anfang '87 wurde sogar eine noch engere Südumgehung ins Gespräch gebracht. Dem DBV wurde eine Kopie dieser neuen Trasse zugespielt, die wir lange Zeit nicht ernst nahmen. Im Herbst '87 mußten wir jedoch konstatieren, daß exakt diese Trasse möglicherweise in Kürze verwirklicht werden sollte.

Wir sahen nun die Notwendigkeit, eine neuerliche Veranstaltung zu diesem Thema durchzuführen, zu der wir den ökologischen Gutachter zu einer entsprechenden Veranstaltung einluden. Dieser sagte seine Teilnahme nach Rücksprache mit dem Landesamt für Straßenbau zunächst zu; erst 4 Stunden vor der Veranstaltung hörten wir, daß der Referent nicht kommen könne. Merkwürdigerweise wußten einige Bremervörder dies schon 3 Tage vorher. Obwohl die Veranstaltung nicht in der Zeitung angekündigt worden war, kamen über 70 Zuhörer und ein Redakteur der Bremervörder Zeitung. Den betroffenen Ortschaften um Bremervörde wurde spätestens jetzt deutlich, welche Folgen eine derartige Trassierung für sie haben würde.

Das Forstamt Bremervörde erklärte noch einmal öffentlich die Ablehnung der engen Trassierung.

Im April '88 legten die Gutachter nun endlich ihre Ergebnisse vor. Wie erwartet, wurde unsere Einschätzung des ökologischen Wertes der Beverniederung voll bestätigt. Plötzlich trat niemand mehr mit Nachdruck für eine Trasse durch dieses Gebiet ein. Favorisiert wurde nunmehr eine von uns vorgeschlagene Variante, die lediglich einen Ausbau der vorhandenen Kreisstraßen mit einer Trassierung überwiegend durch Ackerflächen vorsieht. Da es inzwischen genügend landwirtschaftliche Ersatzflächen gibt, wurde auch von dieser Seite her zugestimmt.

Es ist klar, daß jeder neue qm Asphalt verhindert werden müßte. Trotzdem haben die Naturschutzverbände grundsätzlich einer innerstädtischen Entlastung Bremervördes durch eine 8 - 12 km lange Nordtrasse zugestimmt, um dafür wohl fast 600 ha zukünftiges Naturschutzgebiet zu erhalten.

Die Freude über die nun wohl sichere Erhaltung der Beverniederung war jedoch nur von kurzer Dauer. Bagger rückten in der Region an und räumten erst einmal kräftig einen 18 Jahre lang nicht geräumten Graben aus. Rigoros wurde Ende April '88 die gelbe Teichrose und die Wasserschwertlilie in größeren Mengen herausgerissen. So nebenbei wurde auch noch ein neuer Vorfluter ohne Genehmigung angelegt. Anfang Juni wurden an anderer Stelle ca. zwei Kilometer Gräben geräumt. Röhricht wurde ohne Genehmigung herausgerissen. Direkt an der Bever kippte man über 300 m³ Boden auf eine Feuchtwiese ins Überschwemmungsgebiet der Bever.

Wir waren zutiefst entsetzt über diese neuerliche Wende und schrieben sofort an den Niedersächsischen Landwirtschaftsminister Dr. Ritz mit dem Hinweis auf das uns im Dezember '86 gegebene Versprechen, sich für den Erhalt der Beverniederung einzusetzen, und der dringenden Bitte, die Unter-Schutz-Stellung nunmehr vornehmen zu lassen, damit die vor dem Straßenbau gerettete Flußniederung nicht durch landwirtschaftliche Entwässerungsmaßnahmen doch noch zerstört wird.

Der Stadt Bremervörde schlugen wir vor, sich für eine mögliche sofortige innerstädtische Verkehrsentlastung einzusetzen. Durch den dreispurigen Umbau der Ostebrücke ließe sich der Rückstau in die Stadt vermeiden. Bei möglichen Umgehungsstraßenkosten von 80 Mio. DM in 8 Jahren müßten wohl ca. 500.000 DM für solche Maßnahmen sofort zur Verfügung stehen. Wir sind daher zuversichtlich, daß unsere Alternativvorschläge trotz gewisser Vorbehalte Berücksichtigung finden werden.

Abb. 5: Drachenwurz - eine Pflanze der Beverniederung

Autoren

Günter Buhse, geb. 1911; Studium der Naturwissenschaften (Chemie, Physik, Biologie); Promotion im Bereich Fischereiwissenschaften; Fischerei-Dezernent beim Reg.Präsidium Kassel, ab 1966 Nds. LVA Hannover; seit 1968 Hon. Professor an der Universität Göttingen. Schwerpunkte: Binnenfischerei, Wirtschafts- und Abwasserfragen.

Albert Caspari, geb. 1956; Ausbildung als Graphik-Designer; 1 1/2-jähriger Auslandsaufenthalt in Norwegen, dort landwirtschaftl. Ausbildung als Agronom; seit April 1988 tätig beim Landesverband Niedersachsen des DBV.

Hedwig Deppner, geb. 1929; Studium der Landwirtschaft am Agronomischen Institut in Bukarest; tätig als Agraringenieurin; 1978 Ausreise in die Bundesrepublik Deutschland; z.Z. beim DBV Osterode beschäftigt.

Volkert Dethlefsen, geb. 1941; Promotion als Fischereibiologe; Leiter der Außenstelle Cuxhaven der Bundesforschungsanstalt für Fischerei, Untersuchungen von schadstoffbedingten Effekten an Fischen in Nord- und Ostsee.

Detlev Gaumert, geb. 1946; Studium der Hydrobiologie und Fischereiwissenschaft in Hamburg, Dipl.-Biologe; seit 1976 in der niedersächsischen Fischereiverwaltung tätig, derzeit im Niedersächsischen Landesamt für Wasserwirtschaft, Hildesheim; dort u.a. zuständig für den Fischartenschutz.

Helmut Grimm, geb. 1941; Studium der Biologie, Chemie, Meereskunde und Mikrobiologie in Hamburg und Kiel; Staatsexamen, Promotion, Schuldienst, Hochschulassistent, Redakteur von "Unterricht Biologie"; jetzt beschäftigt im Nationalparkamt Wattenmeer in Tönning.

Eberhard von Hagen, geb. 1936; 1964 Staatsexamen zum staatlich geprüften Landwirtschaftlich-technischen Assistenten an der Justus v. Liebig-Universität Gießen/Lahn; Tätigkeit im biologischen Land- und Gartenbau; seit 1975 ausschließlich im Natur- bzw. Hummelschutzbereich tätig; zahlreiche Publikationen.

Gerhard Hartmann, geb. 1928; Studium in Kiel; Promotion im Fach Zoologie; 1959-61 Professor an der Universität Concepción, Chile; 1963 Habilitation, Leiter der Sammlung Wirbellose Tiere am Zoologischen Institut Hamburg; 1967 Ernennung zum apl. Professor; mehrere Forschungsreisen; 1987 Teilnahme an der Antarktisexpedition der "Polarstern".

Hans-Jörg Helm, geb. 1948; Studium in Hamburg und Göttingen; Studienrat; stellvertr. Vorsitzender der Kreisgruppe Altkreis Bremerode des DBV; Geschäftsführer der Arbeitsgruppe der Naturschutzverbände im Landkreis Rotenburg/Wümme.

Georg Irion, geb. 1942; Studium der Geologie in Tübingen und Heidelberg; 1970 Promotion; 1972-1975 als Mitarbeiter des Plöner Max-Planck-Institutes mit sedimentologischen Studien befaßt; ab 1975 am Senckenberg-Institut in Wilhelmshaven tätig; 1987 Habilitation an der Universität Heidelberg.

Thomas Kaiser, geb. 1963; Studium der Forstwissenschaften an der Universität Göttingen; Vorstand der DBV-Ortsgrupppe Celle; Chefredakteur der Jugendzeitschrift für Natur- und Umweltschutz "Abgesägt".

Heidrun Kleinert, geb. 1957; Studium der Erziehungswissenschaften und der Biologie an der Universität Bonn; wissenschaftl. Angestellte beim DBV, Bundesgeschäftsstelle; zuständig u.a. für Öffentlichkeitsarbeit.

Gabriele Köppe, geb. 1952; Studium der Landespflege an der Universität Hannover, Vertiefungsrichtung Naturschutz und Landschaftspflege; seit 1981 Fachreferentin für Naturschutz beim DBV, Landesverband Niedersachsen e.V.

Berndt Kühn, geb. 1946; Gärtnerlehre, Meisterbrief, Studium der Gartenarchitektur in Weihenstephan; Planer für Kleinsiedlungen und Berater für Gemüse- und Obstbau.

Bernd Lampe, geb. 1955; Studium der Fächer Biologie und Sport für das Lehramt an Realschulen an der Universität Kiel; Lehrtätigkeit, Fachkraft für Umweltschutz beim DBV mit den Arbeitsschwerpunkten Biotopkartierung, Gewässergüteuntersuchung, Biotopschutz.

Matthias Ließ, geb. 1960; Studium der Biologie an der TU-Braunschweig; Tätigkeit im Rahmen der vom Land Niedersachsen geförderten Forschungsprojekte zum Themenbereich "Nährstoffdynamik und Fließgewässer".

Peter Mannes, geb. 1947; Biologielehrer; Leiter der AG. Uhuschutz in Niedersachsen und Sprecher der AZWU; Vorstandsmitglied im DBV-Landesverband Niedersachsen.

Norbert Prauser, geb. 1953; Studium der Biologie in Heidelberg; Promotion an der Universität Braunschweig; Leiter der Abteilung Biotopschutz und Freilandforschung des Otter-Zentrums in Hankensbüttel; Arbeitsschwerpunkte: Säugetier- und Landschaftsökologie.

Jürgen Prenzel, geb. 1948; Studium der Biologie in Göttingen, Promotion; derzeit wissenschaftl. Mitarbeiter am Institut für Bodenkunde und Waldernährung in Göttingen; Arbeitsschwerpunkt: Bodenchemie saurer Waldböden.

Gunnar Rehfeldt, geb. 1957; Studium der Fächer Biologie und Chemie an den Universitäten Regensburg und Braunschweig; Promotion; derzeit wiss. Angestellter am Zoolog. Institut der TU Braunschweig; Arbeitsschwerpunkte: Landschaftsökologie und Öko-Ethologie.

Günther Rose, geb. 1940; Ausbildung zum Diplom-Verwaltungswirt; Tätigkeit als Verwaltungsbeamter; Interesse an Vogelkunde und Fotografie.

Klaus Ruge, geb. 1933; Studium der Biologie und Pädagogik in Basel; Leiter einer Vogelschutzwarte, Lehrbeauftragter an der Fachhochschule Nürtingen; Redakteur der Zeitschriften "Umwelt lernen" und "Naturschutz heute".

Jürgen Schauermann, geb. 1941; Studium in Münster, Kiel, Göttingen; Promotion 1972 in Göttingen; danach wiss. Ass; jetzt Akad. Rat. in Göttingen; Arbeitsschwerpunkte: Ökosystemforschung, Bodenbiologie, Bodenzoologie.

Eckhard Schmatzler, geb. 1945; Ausbildung als Gärtner, Studium in Osnabrück und Hannover, Fachrichtung Grünplanung, Landschaftspflege und Naturschutz; seit 1976 in der Fachbehörde für Naturschutz tätig; Arbeitsschwerpunkte: Erfassung, Bewertung und Schutz der niedersächsischen Hochmoore.

Matthias Schreiber, geb. 1958; Studium der Biologie, Promotion in Osnabrück; seit 15 Jahren im DBV tätig; seit 1984 Kreisvorsitzender im DBV Osnabrück.

Olaf Tschimpke, geb. 1955; Studium der physischen Geographie, Bodenkunde und Landeskultur an der Universität Gießen; seit 1985 Geschäftsführer des DBV-Landesverbandes Niedersachsen.

Reiner Uloth, geb. 1936; kaufmännische Lehre; Studium in Göttingen, Promotion im Fach Zoologie; Tätigkeiten als Kaufmann, in der Verwaltung, als Redakteur; derzeitig beschäftigt beim DBV-Landesverband Niedersachsen.

Eilert Voß, geb. 1948; DBV-Gründungsmitglied Emden; beschäftigt beim örtl. Katasteramt im vermessungstechn. Außendienst; arbeitet an einer Bilddokumentation der Watt- und Umweltzerstörungen.